中国通信学会普及与教育工作委员会推荐教材

21世纪高职高专电子信息类规划教材·移动通信系列
21 Shiji Gaozhi Gaozhuan Dianzi Xinxilei Guihua Jiaocai

U0650782

电信营销与渠道建设

范波勇 主编

欧红玉 蔡卫红 副主编

Electronic Information

人民邮电出版社

北 京

图书在版编目（CIP）数据

电信营销与渠道建设 / 范波勇主编. -- 北京：人
民邮电出版社，2014.2（2022.8重印）
21世纪高职高专电子信息类规划教材
ISBN 978-7-115-33989-8

Ⅰ．①电… Ⅱ．①范… Ⅲ．①电信－邮电企业－市场
营销学－高等职业教育－教材 Ⅳ．①F626

中国版本图书馆CIP数据核字(2014)第000077号

内 容 提 要

本书主要针对电信市场（指电信业务市场，以及电信设备市场中的手机市场）的营销与通信产品
渠道建设两个方面进行阐述。

全书共分为6个模块。前三个模块是从模块化的角度出发，主要讲电信市场营销，重点介绍了电
信市场营销认知、电信市场竞争分析、电信市场营销技能；后三个模块是从通信产品渠道建设的角度
出发，重点介绍了通信产品渠道建设、通信产品销售渠道管理、通信产品渠道促销。全书结合大量的
实际案例说明了进行电信营销与渠道建设的基本方法。

本书适于通信类高职高专营销、管理、通信技术、移动通信技术等专业学生的学习，还可供从事
电信营销工作的人员参考、自学及相关培训班使用。

◆ 主　编　范波勇

　副主编　欧红玉　蔡卫红

　责任编辑　滑　玉

　责任印制　彭志环　杨林杰

◆ 人民邮电出版社出版发行　　北京市丰台区成寿寺路 11 号
　邮编　100164　电子邮件　315@ptpress.com.cn
　网址　http://www.ptpress.com.cn
　北京七彩京通数码快印有限公司印刷

◆ 开本：787×1092　1/16
　印张：15.25　　　　　　　2014 年 2 月第 1 版
　字数：382 千字　　　　　2022 年 8 月北京第 9 次印刷

定价：39.80 元

读者服务热线：(010)81055256　印装质量热线：(010)81055316
反盗版热线：(010)81055315
广告经营许可证：京东市监广登字 20170147 号

前　言

　　随着电信业 3G 市场的进一步扩大，一个庞大的 3G 产业群正在形成，社会对这类移动通信市场营销人才的需求也在急剧增加并且十分迫切。在高职院校的通信类相关专业开设电信营销与渠道建设课程、培养电信市场营销人才是未来一段时间的高职通信类院校人才培养的重点之一。

　　作者在总结多年教学、企业培训与实践的经验基础上，编写了这本《电信营销与渠道建设》教材，重点介绍现在发展迅速的移动通信领域的电信业务营销与手机营销，以满足教学和培训之需。

　　本教材坚持"以就业为导向，以能力培养为本位"的改革方向；打破传统学科教材编写思路，在基于工作过程的基础上，根据岗位任务需要合理划分课程内容，以工作任务的形式进行讲解；体现了"理论够用、突出岗位技能、重视实践操作"的编写理念；较好地突出了面向应用型人才培养的高职高专教育特色。在编写过程中，为了使本书更贴近企业、更符合岗位需求，作者特别邀请了经验丰富的企业专家直接参与本教材的编写与审核。

　　本书适用于通信类高职高专营销、管理、通信技术、移动通信技术等专业学生的学习，还可供从事电信营销工作的人员参考、自学以及相关培训班使用。全书建议 50 个课时。

　　范波勇为本书主编，并负责全书的整体构思、大纲设计、统稿和全书审阅。全书写作安排如下：模块一、模块二、模块三由范波勇编写，模块四由欧红玉编写，模块五、模块六由范波勇、蔡卫红编写。

　　本书在整体构思和编写过程中，得到了湖南邮电职业技术学院的领导和众多老师无私奉献；得到了中国移动湖南公司、中国电信湖南公司、中国联通湖南公司众多企业专家的大力支持和热心帮助，提出了许多有益的宝贵意见，特此致谢。本书也参考了一些国内外学者的著作和文献，在此对相关作者表示衷心的感谢。

　　鉴于编者水平有限，书中难免有不足之处，敬请读者批评指正。

编　者

目 录

模块一　电信市场营销认知……… 1

任务 1　营销概论……………… 1
一、电信市场的含义…………… 1
二、市场营销的内涵…………… 2
三、市场营销的相关概念……… 2
四、营销观念的演进…………… 5
五、营销新思维………………… 7
六、市场营销的各类组合
　　理论………………………… 9

任务 2　电信营销调研………… 12
一、营销调研概述……………… 12
二、电信营销调研设计
　　与实施……………………… 15
三、信息的收集………………… 18
四、信息的分析………………… 22
五、统计预测…………………… 23
六、电信营销调研结论
　　的提出……………………… 24

任务 3　电信营销管理和精
　　　　确营销………………… 27
一、电信营销管理过程………… 28
二、电信精确营销概述………… 32
三、电信交叉销售与升级销售中
　　的精确营销………………… 34

任务 4　电信品牌营销………… 43
一、品牌与品牌营销…………… 43
二、品牌策略…………………… 47
三、电信品牌管理……………… 48

过关训练 ……………………… 50

模块二　电信市场竞争分析……… 52
一、三大运营商 3G 业务现状… 52
二、三大运营商的战略转型…… 54

任务 2　电信消费者行为分析……… 56

一、消费者行为的基本概念……… 57
二、影响消费者购买行
　　为的因素…………………… 57
三、移动通信业与消费者……… 59
四、移动通信市场不同年龄段消
　　费者行为特点的分析……… 61
五、电信居民客户购
　　买行为分析………………… 64
六、电信集团客户购
　　买行为分析………………… 67

任务 3　电信市场细分
　　　　与定位分析…………… 69
一、三家运营商品牌概况……… 69
二、移动运营商产品的定位…… 72
三、中国移动的品牌战略和
　　定位………………………… 73

过关训练 ……………………… 76

模块三　电信市场营销技能……… 78

任务 1　营销策划技能………… 78
一、新产品开发策划…………… 78
二、新产品市场扩散…………… 82
三、营销策划书的编写技能…… 84

任务 2　营销活动组织技能…… 87
一、营销活动的概述…………… 87
二、营销活动的组织技能……… 94
三、会议组织管理技能………… 100

任务 3　电信大客户营销技能… 103
一、电信大客户营销六阶段…… 103
二、电信大客户战略营销的三
　　个关键点…………………… 108

任务 4　团队管理技能………… 113
一、团队管理技能讲解………… 114
二、团队冲突处理技能………… 118

三、电信销售团队管理 ········· 120
过关训练 ········· 127

模块四　通信产品销售渠道建设·130

任务1　销售渠道认知 ········· 130
　一、销售渠道认知 ········· 130
　二、销售渠道基本成
　　　员认知 ········· 134
　三、目前我国运用的基本销售渠
　　　道模式 ········· 138
任务2　销售渠道的设计 ········· 139
　一、确定企业的渠道目标 ········· 140
　二、分析影响渠道构建的重
　　　要因素 ········· 141
　三、确定渠道设计的步骤 ········· 143
　四、制订销售渠道系统的
　　　设计方案 ········· 146
　五、模拟案例 ········· 148
任务3　销售渠道的开发与建设 ········· 149
　一、销售渠道的开发 ········· 149
　二、营销渠道建设 ········· 156
　三、电信市场销售渠道建设 ········· 157
过关训练 ········· 168

模块五　通信产品销售渠道
　　　　　的管理 ········· 171

任务1　通信产品销售渠道督导 ········· 171
　一、巡店准备 ········· 172
　二、巡店步骤 ········· 173
任务2　手机售点管理 ········· 175
　一、怎样掌握手机销售终端 ········· 175
　二、手机销售终端KA管
　　　理模型 ········· 176
任务3　营业厅前台管理 ········· 180
　一、营业厅的认知 ········· 180
　二、营业厅四大能力 ········· 180
　三、怎样培养营业厅
　　　四大能力 ········· 181
　四、影响营业厅服务能力的原
　　　因分析 ········· 185
　五、营业厅服务能力的提

升措施 ········· 186
任务4　电信渠道冲突的应对 ········· 187
　一、电信企业分销渠道冲突
　　　的类型 ········· 188
　二、电信企业分销渠道冲突
　　　的原因 ········· 189
　三、电信企业处理分销渠道冲
　　　突的策略 ········· 189
　四、深入理解电信行业分销渠
　　　道冲突 ········· 190
过关训练 ········· 191

模块六　通信产品渠道促销 ········· 193

任务1　渠道促销的认知 ········· 193
　一、促销的概念 ········· 193
　二、促销的重要性 ········· 194
　三、促销的市场作用 ········· 194
　四、促销的步骤 ········· 195
　五、促销信息的有效沟通 ········· 197
　六、影响促销组合的因素 ········· 197
任务2　渠道促销的方法 ········· 199
　一、广告 ········· 199
　二、人员推销 ········· 200
　三、销售促进 ········· 203
　四、公共关系 ········· 207
　五、直接营销 ········· 211
　六、其他促销活动 ········· 211
任务3　电信企业促销 ········· 214
　一、电信企业促销认知 ········· 214
　二、电信企业推销人员 ········· 215
　三、电信企业促销案例 ········· 216
任务4　手机业务促销 ········· 222
　一、人员促销 ········· 223
　二、销售促进 ········· 232
　三、广告媒介 ········· 234
　四、终端建设 ········· 235
　五、公共关系 ········· 235
过关训练 ········· 236

参考文献 ········· 238

电信市场营销认知

【本模块问题引入】成功的营销需要仔细筹划和不折不扣的执行。营销既是艺术也是科学，还是一门不断发展着的学科。对于电信营销人员而言，需要掌握一些营销的理论知识，并将其应用到实际的营销工作中去。本模块通过介绍一系列的营销概念、营销调研的方法、电信营销管理的方法、精确营销的方法以及品牌营销的理念等知识，为后续的营销和渠道的学习打下良好的基础。

【本模块内容简介】本模块介绍营销概论、电信营销调研、电信营销管理与精确营销以及电信品牌营销。

【本模块重点难点】营销的基本概念、各种营销观念、营销调研的方法、精确营销和品牌营销。

【本课程模块要求】

1. 识记：营销的核心概念、营销观念的演进、电信营销调研、信息的收集方法、调研结论的书面报告及图表格式；营销管理相关核心概念、精确营销理念、交叉销售概念、升级销售概念、交叉销售和升级销售的营销管理、品牌的相关核心概念、品牌营销的三阶段、品牌的基本策略、成功品牌管理的七大黄金法则。

2. 领会：市场营销组合、营销人员素质、调研信息的分析、统计预测、市场细分的方法、交叉销售与升级销售的关系、品牌管理的重要性、品牌的扩展和防御策略。

任务1　营销概论

【问题引入】市场营销是企业成功的关键因素。市场营销是企业的基础，从营销的最终成果，即从顾客的角度看，市场营销是整个企业的命脉。企业经营的成功不是取决于生产者，而是取决于顾客。市场营销已成为企业经营活动首先考虑的第一任务，这在市场经济条件下尤为突出。任务1介绍了营销的核心概念、营销观念的演进、营销的新思维、市场营销的各类组合理论，让读者对营销有一个全面的了解。

【本任务要求】

1. 识记：市场营销的核心概念、营销观念的演进。

2. 领会：市场营销组合、营销人员素质。

一、电信市场的含义

电信市场是商品市场的一个重要组成部分，随着市场经济和信息化的发展，电信市场的内涵也在不断地拓宽。

电信市场就是指电信产品的营销场所，电信企业和用户在这一场所达到电信产品交换的目的。例如，电信营业厅就是一个电信市场，它是专门为电信客户提供产品的。

一般来说，电信市场可分为电信设备市场和电信业务市场。本书所指的电信市场是指电信业务市场，以及电信设备市场中的手机市场。

随着 4G 移动通信市场的到来，我国的电信业务市场和手机市场正处于大发展阶段，随着网络规模的不断扩大、技术层次的提高以及综合能力的增强，我国已具备跨入世界电信市场前列的基础条件。

二、市场营销的内涵

市场营销是一种交换活动。生产者从事的是以出售为目的的商品生产，其产品必须能够满足消费者的某种需要才能被消费，从而顺利地实现交换。市场营销是以满足消费者的需要为目的，主动通过市场把潜在交换转变为现实交换的各种活动。市场营销是一种管理职能，是现代企业管理的核心职能。市场营销管理要解决企业与目标顾客相适应、产品顺利通过市场交换的问题。

美国著名的营销学者菲利浦·科特勒对市场营销的核心定义作了这样的描述："市场营销是个人或集体通过创造，提供并同他人交换有价值的产品，以满足其需求和欲望的一种社会和管理的过程。"市场营销核心定义有如下四个基本点。

（1）市场营销的核心功能是交换

交换是以提供某种价值作为回报而与他人换取所需价值的行为，交换活动存在于市场经济条件下的任何社会经济生活当中。

（2）市场交换活动的基本动因是满足交换双方的需求和欲望

依据市场营销的观点，顾客购买的是对某种需求和欲望的"满足"，企业产出的是能使顾客的这种需求和欲望"满足"的方法或手段。

（3）市场营销是一种创造性的行为

市场营销不仅寻找已经存在的需要并满足它，而且激发和解决顾客并没有提出或意识到的潜在需要，使他们热烈响应企业的营销行为。

（4）市场营销是一个系统的管理过程

它不仅包括生产、经营之前的具体经济活动，而且还包括生产过程完成之后进入销售过程的一系列具体的经济活动，是一个远远超出流通范围而涉及生产、分配、交换和消费的总循环过程。

三、市场营销的相关概念

在市场经济条件下，市场营销是一个很宽泛的经济术语。从服务到制造、从信息到渠道、从个人到组织，甚至从政治到社会，都可以有自己特定的市场营销含义。然而，需要、欲望、需求、商品和服务、效用、交换和营销管理等，始终是构成市场营销的基本核心要素。

1. 需要、欲望和需求

（1）需要（Need）

指人们没有得到某些基本满足的感受状态。如人类为了生存必然有对吃、穿、住、安全、归属、受人尊重的需要。这些需要都不是社会和营销者所能创造的，它们存在于人自身的生理结构和情感生活中。

（2）欲望（Want）

指想得到上述需要的具体满足品的愿望，是个人受不同文化及社会环境影响表现出来的对基本需要的特定追求。为满足某种需要的具体满足物可能有多种，如米饭、馒头、面包等都可以满足人们充饥的需要。市场营销者无法创造需要，但可以影响欲望，通过开发及销售特定的产品和服务来满足欲望。

（3）需求（Demand）

指人们有能力购买并愿意购买某种具体商品的欲望。需求实际上也就是对某种特定产品及服务的市场需求，市场营销者总是通过各种营销手段来影响需求，并根据对需求的预测结果，决定是否进入某一产品（服务）市场。从这个意义上讲，营销管理实质上就是需求管理。

2．商品和服务

（1）商品（Goods）

指任何能满足人类某种需要或欲望而进行交换的物品。商品的价值不在于拥有它，而在于它给人们带来的对欲望的满足。商品实际上只是获得服务的载体或工具。

（2）服务（Service）

指一方能够向另一方提供的任何一项活动或利益，它本质上是无形的，并且不产生对任何东西的所有权问题，它的生产可能与实际产品有关，也可能无关。

3．效用、费用、价值

（1）效用（Utility）

指顾客对商品和服务满足其需要的整体能力的评价。这种整体能力既包括满足消费者购买该商品对其属性的需要，还包括顾客心理层次上的一种满足感。消费者通常根据这种对商品价值的主观评价和支付的费用来做出购买决定，效用的最大化是顾客选择产品的首要原则。

（2）费用（Cost）

指顾客用于购买商品及使用该商品的支出。支出中既包括购买商品所支付的成本，还包括使用成本，即顾客为了获得某种效用而必须的支出。

（3）价值（Value）

指消费者对产品满足各种需要的能力评估，即消费者通过对产品效用和费用进行比较而得到的一种主观心理评判。

4．交换与交易

（1）交换（Exchange）

指从他人处取得所需之物，而以自己的某种物品作为回报的行为。只有通过等价交换，买卖双方彼此获得所需的商品或服务，才能产生市场营销活动。可见，交换是市场营销的核心概念。

交换的发生，必须具备五个条件：至少有交换双方；每一方都有对方所需要的有价值的物品；每一方都有沟通和运送货品的能力；每一方都可以自主地接受或拒绝；每一方都认为与对方交易是满意或合适的。

（2）交易（Transactions）

指交换的基本组成单位，是交换双方之间的价值交换。交换是一个过程，在这个过程中双方达成的一致协议被称为发生了交易。交易通常有两种方式：一是货币交易；二是非货币交易，包括以物易物、以服务易服务的交易等。一项交易通常要涉及至少两件有价值的物品，确定双方同意交易的条件、时间、地点，以及维护和迫使交易双方执行承诺的法律制度。

5．市场与目标市场

狭义的市场是指买卖双方进行交换的场所；广义的市场是指那些有特定需要或欲望，而且愿意并能够通过交换来满足这种需要或欲望的全部顾客。市场营销学的市场是广义的市场。市场的大小取决于人口、购买力和购买欲望三个因素，即：市场＝人口＋购买欲望＋购买力。

目标市场是指企业在对整体市场和子市场进行分析评价的基础上，结合企业自身的条件和能力，确定地将满足其需要并提供相应服务的相似顾客群。目标市场营销包括市场细分、目标市场选择和市场定位。

6．营销活动与营销者

营销活动指企业围绕满足消费者需要、为获取最大利润开展的总体经营活动。营销活动的范围十分广泛，可以说涵盖了企业经营的全过程，如图 1-1 所示。

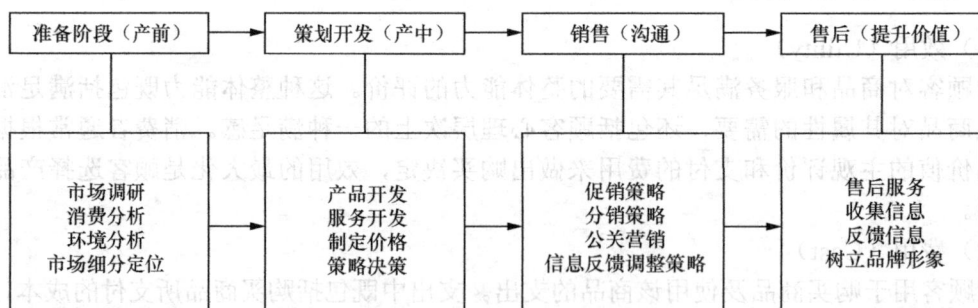

准备阶段（产前）	策划开发（产中）	销售（沟通）	售后（提升价值）
市场调研 消费分析 环境分析 市场细分定位	产品开发 服务开发 制定价格 策略决策	促销策略 分销策略 公关营销 信息反馈调整策略	售后服务 收集信息 反馈信息 树立品牌形象

图 1-1　市场营销活动过程

营销者指希望从他人那里得到资源并愿意以某种有价之物作为交换的所有人。营销者可以是卖方，也可以是买方。

7．营销管理

营销管理是指为实现营销目标而对整个营销活动，包括营销计划的编制和执行，对营销手段、分销渠道、产品价格等进行的控制，如图 1-2 所示。营销管理是市场营销活动不可或缺的重要环节。

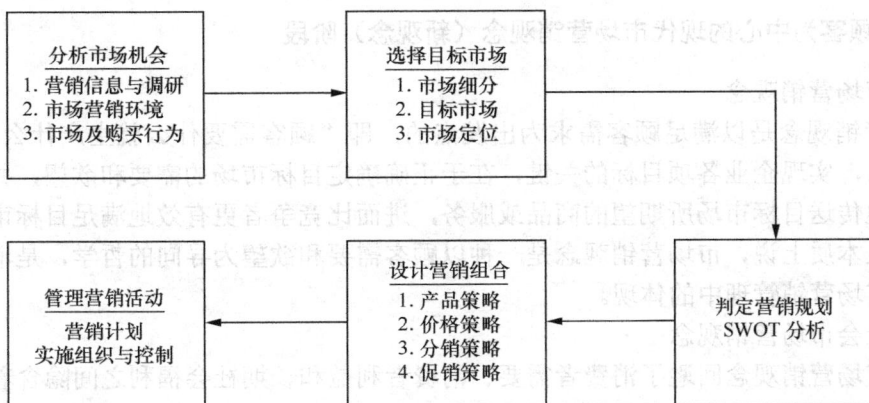

图1-2　市场营销管理过程

四、营销观念的演进

营销观念是指企业经营活动的指导思想，即如何看待顾客和社会的利益，也就是如何处理企业、顾客和社会三者之间的利益关系。无论是西方国家企业还是我国企业，营销观念都经历了由"以生产为中心"转变为"以顾客为中心"，从"以产定销"变为"以销定产"的演变过程。随着世界经济和市场的发展，企业营销观念也不断变革，主要有以下两个阶段。

1. 以企业为中心的传统观念（旧观念）阶段

（1）生产观念（Production Concept）

生产观念是指导销售者行为的最古老的观念之一。这种观念产生于20世纪20年代以前，其主要表现是从企业生产出发，"我生产什么就卖什么"。生产观念认为，消费者喜欢那些可以随处买到而且价格低廉的产品，企业应致力于提高生产效率和分销效率，扩大生产、降低成本以扩展市场。显然，生产观念是一种重生产、轻市场的经营哲学，是与特定的市场条件相适应的。

（2）产品观念（Product Concept）

产品观念也是一种古老的经营思想，其基本指导思想是，消费者或用户总是喜欢那些质量好、性能优越、有特色、价格合理的产品，企业的产品只要物美价廉，顾客就会找上门，无须大力推销。产品观念与生产观念从本质上来看还是生产什么就销售什么，但二者又有所不同。产品观念是在产品供给不太紧缺的情况下产生的，它强调"以货取胜"、"以廉取胜"。

（3）推销观念（Selling Concept）

推销观念（或称销售观念），产生于20世纪20年代末至50年代前，表现为"我卖什么顾客就买什么"。推销观念认为，消费者通常表现出一种购买惰性或抗衡心理，一般不会足量购买某一企业的产品，因此，企业必须积极推销和大力促销，以刺激消费者大量购买本企业的产品。推销观念的本质仍然是生产什么销售什么，即以生产为起点，先生产后推销，以产定销。这种观念开始重视广告术及推销术，但其实质仍然是以生产为中心。推销观念在现代市场经济条件下被大量用于推销那些非渴求物品，许多企业在产品过剩时也常常奉行推销观念。

2．以顾客为中心的现代市场营销观念（新观念）阶段

（1）市场营销观念

市场营销观念是以满足顾客需求为出发点的，即"顾客需要什么就生产什么"。市场营销观念认为，实现企业各项目标的关键，在于正确确定目标市场的需要和欲望，并且比竞争者更有效地传送目标市场所期望的商品或服务，进而比竞争者更有效地满足目标市场的需要和欲望。从本质上说，市场营销观念是一种以顾客需要和欲望为导向的哲学，是消费者主权论在企业市场营销管理中的体现。

（2）社会市场营销观念

因为市场营销观念回避了消费者需要、消费者利益和长期社会福利之间隐含着冲突的现实，致使许多工商企业为牟取暴利，用虚假广告和伪劣产品损害消费者利益，妨碍了社会整体福利水平的提升。所以，社会市场营销观念认为，企业提供的产品不仅要满足消费者的需求和欲望，而且要符合消费者和社会的长远利益，关心与增进社会福利。企业必须全面兼顾企业利益、消费者需要、社会利益三个方面，使三方利益协调一致，达到整体利益的优化。

（3）大市场营销观念

进入 20 世纪 80 年代后，随着经济全球化的发展，国际市场上贸易保护主义出现，政府干预加强，从而使市场通道受阻，企业运用原有的市场营销组合手段已难以奏效。在这种背景下，企业为成功进入和占领某一特定市场，必须综合运用经济、心理、政治、公共关系等各方面的手段，因此，面向国际市场的营销组合除了传统的产品、价格、渠道、促销（"4P"）四要素外，还要加上权力和公共关系两要素，才能更好地促进企业市场营销工作，这就是大市场营销的观念。

3．新旧营销观念的对比分析

新旧营销观念的对比主要从营销观念、市场特征、出发点、手段、策略和目标这几方面进行分析，如表 1-1 所示。

表 1-1　　　　　　　　　　　　　　　新旧营销观念的对比分析

营销观念		市场特征	出发点	手段	策略	目标
旧观念	生产观念	供不应求	生产	提高产量，降低成本	以产定销	增加生产，取得利润
	产品观念	供不应求	产品	提高产量，降低成本	以高质取胜	提高质量，获得利润
	推销观念	生产能力过剩	销售	推销与促销	以多销取胜	扩大销售，获得利润
新观念	市场营销观念	买方市场	顾客需求	整体市场营销	以比竞争者更有效地满足顾客需要取胜	满足需要，获得利益
	社会市场营销观念	买方市场	顾客需要社会利益	整体市场营销	以满足顾客需要和社会利益取胜	满足顾客需要，增进社会利益，获得经济效益
	大市场营销观念	买方市场	对抗国际贸易保护主义	权力，公共关系	借助综合营销手段在国际市场取胜	在国际市场上获得成功

五、营销新思维

企业市场营销管理哲学在经历了生产观念、产品观念、推销观念、市场营销观念、社会市场营销观念、大市场营销观念 6 个阶段之后，随着实践的发展而不断深化、丰富。代表性的有整合市场营销观念、顾客让渡价值理论、关系营销和绿色营销等。

1．整合市场营销观念

1992 年，市场营销学界的权威菲利普·科特勒提出了跨世纪的市场营销新观念——整合市场营销。整合营销是指企业在营销调研、把握目标顾客需求的基础上，运用整个营销组合，包括产品、渠道、促销和定价策略，通过企业内部各部门的协调配合，全面地满足目标顾客的需要，包括潜在需要。

因为营销观念强调企业的经营活动应以满足顾客需求为中心，所以企业应实行整合营销。具体包括如下方面。

第一，进行营销调研，选择特定的顾客群，包括潜在顾客群，将其作为自己的目标市场。

第二，满足目标顾客对产品的整体需求，即不仅满足顾客对实体产品的需求，而且满足顾客对产品一系列的附加利益的需求。

第三，选择好销售时间和地点，以便于目标顾客购买。

第四，定价要恰当，以目标顾客能够并愿意接受为前提，既不能过高，也不能过低。

第五，提供目标顾客希望得到的信息，帮助他们买到希望买到的产品。

第六，企业的营销活动应取得企业所有部门和人员的支持和配合。

2．顾客让渡价值理论

菲利普·科特勒在 1994 年出版的《市场营销管理——分析、规划、执行和控制》（第 8 版）中，新增了"通过质量、服务和价值建立顾客满意"一章，提出了"顾客让渡价值"的新概念。这一概念的提出，是对市场营销理论的最新发展。

（1）顾客让渡价值理论

顾客让渡价值是指顾客总价值与顾客总成本之间的差额。顾客总价值是指顾客购买某一产品与服务所期望获得的一组利益，它包括产品价值、服务价值、人员价值和形象价值等，顾客总成本是指顾客为购买某一产品所耗费的时间、精力、体力以及所支付的货币资金等，因此，顾客总成本包括货币成本、时间成本、精神成本和体力成本等。由于顾客在购买产品时，总希望把有关成本，包括货币、时间、精神和体力等，降到最低限度，而同时又希望从产品中获得更多的实际利益，最大限度地满足自己的需要。

企业要想在竞争中战胜对手，就必须向顾客提供比竞争对手具有更多顾客让渡价值的产品。为此，企业可从两个方面改进自己的工作：一是通过改进产品、服务、人员与形象，提高产品的总价值；二是通过降低生产与销售成本，减少顾客购买产品的时间、精力与体力的耗费，从而降低货币与非货币成本。

（2）顾客购买的总价值

使顾客获得更大顾客让渡价值的途径之一是增加顾客购买的总价值。顾客购买的总价值，是由产品价值、服务价值、人员价值和形象价值构成的。其中每一项价值因素的变化均对总价值产生影响。

① 产品价值。产品价值是指由产品的功能、特性、品质、品种与式样等所产生的价值。它是顾客需要的中心内容，也是顾客选购产品的首要因素，因而在一般情况下，它是决定顾客购买总价值大小的关键和主要因素。

② 服务价值。服务价值是指伴随产品实体的出售，企业向顾客提供的各种附加服务，包括产品介绍、送货、安装、调试、维修、技术培训、产品保证等所产生的价值。服务价值是构成顾客总价值的重要因素之一。因此，在提供优质产品的同时，向消费者提供完善的服务，已成为现代企业市场竞争的新焦点。

③ 人员价值。人员价值是指企业员工的经营思想、知识水平、业务能力、工作效益与质量、经营作风和应变能力等因素所产生的价值。企业员工直接决定着企业为顾客提供的产品与服务的质量，决定着顾客购买总价值的大小。因此，高度重视对企业人员综合素质与能力的培养，加强对员工日常工作的激励、监督与管理，使其始终保持较高的工作质量与水平就显得至关重要。

④ 形象价值。形象价值是指企业及其产品在社会公众中形成的总体形象所产生的价值，包括由企业的产品、技术、质量、包装、商标、工作场所等所构成的有形形象所产生的价值；公司及其员工的职业道德行为、经营行为、服务态度、作风等行为形象所产生的价值以及企业的价值观念、管理哲学等理念形象所产生的价值等。形象对于企业来说是宝贵的无形资产，良好的形象会对企业的产品产生巨大的支持作用，赋予产品较高的价值，从而带给顾客精神上和心理上的满足感、信任感，从而增加顾客购买的总价值。

（3）顾客购买的总成本

使顾客获得更大顾客让渡价值的途径之二，是降低顾客购买的总成本。顾客总成本不仅包括货币成本，而且还包括时间成本、精神成本、体力成本等非货币成本。一般情况下，顾客购买产品时首先要考虑货币成本的大小，因此，货币成本是构成顾客总成本大小的主要和基本因素。在货币成本相同的情况下，顾客在购买时还要考虑所花费的时间、精力、体力等，因此，这些支出也是构成顾客购买总成本的重要因素。

（4）顾客让渡价值的意义

在现代市场经济条件下，企业树立"顾客让渡价值"观念，对于加强市场营销管理，提高企业经济效益具有十分重要的意义。主要体现如下。

① 顾客让渡价值的多少受顾客总价值与顾客总成本两方面因素的影响，其中顾客总价值是产品价值、服务价值、人员价值和形象价值等因素的函数，任何一项价值因素的变化都会影响顾客总价值。顾客总成本是包括货币成本、时间成本、精神成本等因素的函数，其中任何一项成本因素的变化均会影响顾客总成本，由此影响顾客让渡价值的大小。

② 不同的顾客群对产品价值的期望与对各项成本的重视程度是不同的，企业应根据不同细分市场顾客的不同需要，努力提供实用价值强的产品，这样才能增加其购买的实际利益，减少其购买成本，使顾客的需要获得最大限度的满足。

③ 企业为了争取顾客，战胜竞争对手，巩固或提高企业产品的市场占有率，往往采取顾客让渡价值最大化策略，但其结果却往往会导致成本增加，利润减少。因此，在市场营销实践中，企业应掌握一个合理的度的界限，而不应片面追求顾客让渡价值最大化，企业的顾客让渡价值的大小应以能够达到实现企业经营目标的经济效益为原则。

3．关系营销观念

20 世纪 80 年代末以来，企业面临的市场环境发生了很大变化，由于物质产品供给剧增，市场竞争激烈，在这种情况下，谁与顾客建立稳定的交易关系，谁就能拥有更多的未来销售机会；其次，企业从经济利益出发，认识到市场营销不仅要争取新顾客，而且要保持老顾客，因为保持老顾客所花费的支出比争取新顾客要少得多。因此，关系营销在实践中逐渐被认同并加以运用。其基本含义是：企业要与顾客、经销商创造更亲密的工作关系和相互依赖的关系，从而加强双方的连续性交往，以提高品牌忠诚度，巩固和扩大市场销售。

4．绿色营销观念

绿色营销观念兴起于 20 世纪 80 年代，是指企业以环境保护为经营指导思想，以绿色文化为价值观念，以消费者的绿色消费为中心和出发点的营销观念、营销方式和营销策略。它要求企业在营销活动中，要顺应时代可持续发展战略的要求，注重地球生态环境保护，促进经济与生态环境协调发展，以实现企业利益、消费者利益、社会利益及生态环境利益的协调统一。绿色营销是指企业在生产经营过程中，将企业自身利益、消费者利益和环境保护利益三者统一起来，以此为中心，对产品和服务进行构思、设计、销售和制造。

六、市场营销的各类组合理论

企业的营销工作是一门艺术，也是一门科学，有些营销学家将不同的营销策略进行简化提炼，提出了一系列影响深远的营销组合理论。

1．经典的 4P 理论

4P 理论产生于 20 世纪 60 年代的美国，是随着营销组合理论的提出而出现的。杰罗姆·麦卡锡于 1960 年在其《基础营销》一书中将营销要素概括为 4 类：产品（Product）、价格（Price）、渠道（Place）、促销（Promotion），即著名的 4P。1967 年，菲利普·科特勒在其畅销书《营销管理：分析、规划与控制》中进一步确认了以 4P 为核心的营销组合方法。

（1）产品

产品（Product）是指企业要根据自身的能力，确定提供给目标市场的商品和劳务的组合。包括产品的质量、特点、式样、品牌、包装、服务等，产品要有实质上的创新，应把产品的功能放在第一位。

（2）价格

价格（Price）是指企业要根据不同的市场定位和企业、行业的特点，制定不同的价格策略，包括产品的基本价格、折扣、付款时间、信贷条件等。产品的定价依据是企业的品牌战略。

（3）渠道

渠道（Place）是指企业为了使其产品进入和到达目标市场所进行的各种活动，包括销售方式、储存措施、运输条件、库存控制等。企业并不直接面对消费者，而是注重经销商的培育和销售网络的建立，通过分销商来加强企业与消费者的联系。

（4）促销（Promotion）

促销（Promotion）是指企业宣传介绍其产品的各种活动，包括人员促销、广告、公共关系和营业推广等。企业注重以销售行为的改变来刺激消费者，以短期的行为（如让利、买一送一、营造营销现场气氛等）促进消费的增长，吸引其他品牌的消费者或导致提前消费来促进销售的增长。

4P 的提出奠定了管理营销的基础理论框架。企业营销活动的实质是一个利用内部可控因素适应外部环境的过程，即通过对产品、价格、分销、促销的计划和实施，对外部不可控因素作出积极的动态的反应，从而促成交易的实现和满足个人与组织的目标，即科特勒所说的"如果公司生产出适当的产品，定出适当的价格，利用适当的分销渠道，并辅之以适当的促销活动，那么该公司就会获得成功"。

2．4C 营销理论

随着市场竞争日趋激烈，媒介传播速度越来越快，4P 理论越来越受到挑战。到 20 世纪 90 年代，美国的罗伯特·劳特朋针对 4P 存在的问题提出了 4C 营销理论。4C 为顾客（Customer）、成本（Cost）、便利（Convenience）和沟通（Communication）。

（1）顾客

4C 理论中的顾客（Customer）主要是指顾客的需求。企业必须首先了解和研究顾客，然后根据顾客的需求来提供产品。同时，企业提供的不仅仅是产品和服务，更重要的是由此产生的顾客价值。

（2）成本

4C 理论的成本（Cost）不单是企业的生产成本，或者说 4P 中的价格，它还包括顾客的购买成本。产品定价的理想情况应当是既低于顾客的心理价格，又能够让企业有所盈利。此外，顾客购买成本不仅包括其货币支出，还包括其为此耗费的时间、精力和体力以及购买风险。

（3）便利

4C 理论中的便利（Convenience）即所谓为顾客提供最大的购物和使用便利。4C 理论强调，企业在制定分销策略时要更多地考虑顾客的方便，而不是企业自己的方便。要通过好的售前、售中和售后服务，让顾客在购物的同时也享受到便利。便利是顾客价值不可或缺的一部分。

（4）沟通

沟通（Communication）被用以取代 4P 中的促销。4C 理论认为，企业应通过同顾客进行积极有效的双向沟通，建立基于共同利益的新型"企业——顾客"关系。这不再是企业单向的促销和劝导顾客，而是在双方的沟通中找到能同时实现各自目标的通途。

总体来看，4C 营销理论注重以消费者需求为导向，与市场导向的 4P 相比，4C 有了很大的进步和发展。但从企业的营销实践和市场发展的趋势看，4C 依然存在以下几个方面的不足：

① 4C 理论是顾客导向，而市场经济要求的是竞争导向，中国的企业营销也已经转向市场竞争导向阶段。顾客导向与市场竞争导向的本质区别是：前者看到的是新的顾客需求；后者不仅看到了需求，还更多地注意到了竞争对手，冷静分析自身在竞争中的优势和劣势并采取相应的策略，在竞争中求发展。

② 4C 理论虽然已融入营销策略和行为中，但企业营销又会在新的层次上同一化。不同企业也只是程度的差异问题，并不能形成营销个性或营销特色，不能形成营销优势以保证企

业顾客份额的稳定性、积累性和发展性。

③ 4C 理论以顾客需求为导向，但顾客需求有其是否合理性问题。顾客总是希望质量好、价格低，特别是在价格上，其要求是无界限的。只看到满足顾客需求的一面，企业必然要付出更大的成本，久而久之会影响企业的发展。所以，从长远来看，企业经营要遵循双赢的原则，这是 4C 理论需要进一步解决的问题。

④ 4C 理论仍然没有体现既赢得客户，又长期地拥有客户的关系营销思想，没有解决满足顾客需求的操作性问题，如提供集成解决方案、快速反应等。

⑤ 4C 理论总体上虽是 4P 的转化和发展，但被动适应顾客需求的色彩较浓。根据市场的发展，需要在更高层次、以更有效的方式在企业与顾客之间建立起有别于传统营销的新型的主动性关系，如互动关系、双赢关系、关联关系等。4P 与 4C 是互补而非替代的关系，两者间的关系如表 1-2 所示。

表 1-2　　　　　　　　　　　　　4P 与 4C 的相互关系对照

类　别		4P		4C
阐释	产品	服务范围、项目、服务产品定位和服务品牌等	顾客	研究顾客需求欲望，并提供相应的产品或服务
	价格	基本价格、支付方式、佣金折扣等	成本	考虑顾客愿意付出的成本，代价是多少
	渠道	直接渠道和间接渠道	便利	考虑让顾客享受第三方物流带来的便利
	促销	广告、人员推销、营业推广和公共关系等	沟通	积极主动与顾客沟通，寻找双赢的认同感
时间		20 世纪 60 年代中期（麦卡锡）		20 世纪 90 年代初期（劳特朋）

3．4R 营销理论

针对 4C 理论的缺陷，美国学者舒尔茨提出了 4R 营销新理论，阐述了一个全新的营销四要素——4R，包括关联（Relevance）、反应（Reaction）、关系（Relationship）和回报（Reward）。

（1）与顾客建立关联

在竞争性市场中，顾客具有动态性。顾客忠诚度是变化的，是会转移到其他企业的。要提高顾客的忠诚度，赢得长期而稳定的市场，重要的营销策略是通过某些有效的方式在业务、需求等方面与顾客建立关联，形成一种互助、互求、互需的关系。

（2）提高市场反应速度

在如今供求相互影响的市场中，对经营者来说最现实的问题不在于如何控制、制订和实施计划，而在于如何站在顾客的角度倾听顾客的呼声，及时地了解他们的需求并迅速做出反应，满足顾客的需求。

（3）维护与顾客的关系

在企业与顾客的关系发生了本质性变化的市场环境中，抢占市场的关键已转变为与顾客建立长期而稳固的关系，从交易变成责任，从顾客变成用户，从管理营销组合变成管理和顾客的互动关系。

（4）获得顾客的回报

对企业来说，市场营销的真正价值在于其为企业带来短期或长期的收入和利润的能力。

当然，顾客的回报不仅仅体现在短期收入的增长上，还体现在通过创造满意的顾客所获得的长期的多方面的收益上。

4R 理论作为以顾客为中心的营销理论的发展方向，强调与顾客共同成长，合作共赢，总的来说，具有以下优势。

① 4R 理论的最大特点是以竞争为导向，在新的层次上概括了营销的新框架。4R 根据市场不断成熟和竞争日趋激烈的形势，着眼于企业与顾客互动与双赢。

② 4R 理论体现并落实了关系营销的思想。通过关联、关系和反应，提出了如何建立关系、长期拥有顾客、保证长期利益的具体操作方式。

③ 反应机制为互动与双赢、建立关联提供了基础和保证，同时也延伸和升华了便利性。

④ 回报兼容了成本和双赢两方面的内容。追求回报，企业必然实施低成本战略，充分考虑顾客愿意付出的成本，实现成本的最小化，并在此基础上获得更多的顾客份额，形成规模效益。这样，企业为顾客提供价值和追求回报相辅相成，相互促进，客观上实现的是双赢的效果。

当然，4R 理论同任何理论一样也有其不足和缺陷，如与顾客建立关联、关系需要实力基础或某些特殊条件，并不是任何企业都可以轻易拥有的。但 4R 理论提供了很好的思路，是经营者和营销人员都应当了解和掌握的。

任务2　电信营销调研

【问题引入】一个企业成功营销的基础是什么？它是建立在营销调研的基础上。营销调研是一种通过信息将营销人员与消费者、客户和公众连接起来的职能。这些信息用于识别和确定营销机会及问题，产生、提炼和评估营销活动，监督营销绩效，改进人们对营销过程的理解。任务2通过对营销调研概念、调研设计、调研方法和调研结论的阐述，力求读者能从各个不同的侧面了解营销调研、认识营销调研。

【本任务要求】

1. 识记：电信营销调研相关核心概念、信息的收集方法、调研结论的书面报告及图表格式。

2. 领会：调研信息的分析、统计预测。

一、营销调研概述

1. 营销调研的定义

电信市场调研是电信企业针对特定的营销问题，运用科学的方法，有目的、有计划、有系统地收集、整理和分析市场的信息资料，提出解决问题建议的一种科学方法。电信市场调研也是一种以客户为中心的研究活动。

从营销调研过程看，营销调研指对与营销决策相关的数据进行计划、收集和分析并与管理者沟通分析结果的过程。

从营销调研的用途和基本活动方面看，营销调研是一种通过信息将营销人员与消费者、客户和公众连接起来的职能。这些信息用于识别和确定营销机会及问题，产生、提炼和评估营销活动,监督营销绩效,改进人们对营销过程的理解。

2．电信市场调研的主要内容

（1）市场环境调查

① 经济环境的调查。

② 政治环境的调查。

③ 社会文化环境的调查。

（2）电信市场需求调查

市场需求调查包括现有顾客和潜在顾客的需求量调查;不同的细分市场对某产品的需求调查;电信企业产品的市场占有率,哪些细分市场对电信企业最有力及市场需求的变化趋势的调查。

（3）客户调查

从市场的角度讲,客户的需求是电信企业活动的中心和出发点,决定着电信企业的命运。因此,对客户需求的调查研究就成为市场调研的一项重要内容。

① 客户的数量、结构、分布,他们的购买动机、购买行动和购买程序如何。

② 客户的购买习惯和使用情况。

③ 购买者和使用者是什么样的关系。

④ 客户对电信服务水平的要求,对价格的承受能力,对电信企业的满意程度和信任程度。

⑤ 新产品进入市场,哪些客户最先购买,其原因是什么。

⑥ 潜在客户的特点,购买力的投向等。

（4）电信产品的调查

① 客户对电信产品在功能、服务质量、服务水平和价格方面的评价、意见和要求。

② 客户对各种电信产品,特别是新产品的了解程度。

③ 产品处于生命周期的哪个阶段,何时投放新产品,何时淘汰老产品。

④ 产品的品牌、商标。

⑤ 电信产品的售前、售后服务。

⑥ 各种促销活动对电信产品的发展产生的影响。

⑦ 老产品寻找新出路和新产品的开发。

（5）电信产品价格调查

① 影响价格的因素。

② 市场供求情况的变化。

③ 产品市场需求弹性的大小。

④ 新产品定价策略。

⑤ 替代产品价格的高低。

（6）电信分销渠道的调查

① 电信企业现有的分销渠道是否适用市场需求,能否满足客户的需求。

② 客户对电信企业的分销渠道有何要求。

③ 分销渠道是否畅通,布局是否合理。

④ 分销商的经营实力、推销手段、销售业绩如何。

⑤ 分销商对开拓电信新市场有何见解,对电信企业有何要求。

（7）促进销售调查

① 电信广告的调查，包括广告信息、广告媒体、广告时间、广告效果的调查。

② 电信产品营销队伍的规模及素质的调查。

③ 电信产品展示会等的调查。

④ 电信企业与媒体的关系，员工满意度的调查。

（8）市场竞争情况调查

① 竞争产品的特性、市场占有率、覆盖率。

② 竞争对手的优势与劣势、长处与短处。

③ 竞争对手的市场营销组合策略，新产品、新技术开发情况和售后服务情况。

④ 竞争对手的实力、市场营销战略及其实际效果。

⑤ 竞争发展的趋势。

以上各项内容，是从电信市场调研的一般情况来讲的，各个企业市场环境不同，所遇到的问题不同，因而所要调查的项目也就不同。电信企业应该根据自己的实际情况确定市场调研的内容。

3．营销调研的程序

有效的营销调研包括以下 5 个步骤。

（1）确定问题和研究目标

确定问题是营销调研流程中一个相当重要的步骤。如果人们花大量的金钱进行调研，却不能正确定义问题，这些钱就浪费了。因此，找到需要调研的问题并将其清晰、简洁地陈述出来是产生理想调研结果的前提。

调研目标与定义的问题有关，并由其决定。确定调研目标就是要为管理者确定解决营销管理问题所需的特定信息。

（2）设计调研方案

营销调研的第二个阶段是制定营销调研的有效计划。在进行实际营销调研之前，需首先制订出一个科学、严密、可行的工作计划和组织措施，使参加调研工作的人员都依此进行。同时设计者还需估计该调研计划的成本，以评价此项计划的可行性。

在设计一个调研计划时，需要作出决定的有资料来源、调研方法、调研工具、抽样计划、接触方法。

（3）收集信息

市场研究人员能得到的信息有第一手资料和第二手资料。第二手资料是指那些因其他目的而收集的资料。相对于原始功能来说，运用第二手资料的目的是再一次利用其价值。第一手资料是指专为特定的研究目的而收集的资料。要解决的问题有很多种，要获得及时且适用的信息，单靠第二手资料是不够的，因此需要收集第一手资料。

（4）分析信息

获取信息后，就要对信息进行分析，分析的目的是解释所搜集的大量数据并提出结论。研究人员要把数据列成表格，以进行资料整理。同时，还应采取统计方法，运用一些先进的统计技术和决策模型，以期能找到更多的调查结果。

（5）统计预测

统计预测是以统计资料为基础，根据事物的内在联系和发展规律，运用统计方法，推测研究对象在未来可能出现的趋势和达到的水平。而预测结果是否可靠，在很大程度上取决于预测方法是否科学。

（6）提出结论

营销调研的最后一步，就是调研人员必须准备报告，并向管理层提出结论和建议。这是整个过程中的关键环节，调研人员应提供对管理者决策有用的重要结果，并和他们一起讨论，找到对有关问题的最佳解释。

通常，要求调研人员就项目进行书面的和口头的报告。在准备和提交报告时，一定要考虑听众的性质。在报告的开始阶段，应对调研目标作清楚的说明，然后对采用的调研设计或方法进行全面而简洁的解释。之后，概括性地介绍主要发现。报告的最后，应提出结论和对管理者的建议。

二、电信营销调研设计与实施

1．确定问题和调研目标

（1）提出调研问题

在营销活动中，管理者比较了解制定决策所需的信息，而调研人员了解如何获取信息。管理者必须和调研人员紧密合作，共同确定问题，决定调研的目标。管理者也许知道出了问题，但却不知道确切的原因在哪里。例如，某电信运营商发现近来业务收入增长缓慢，便希望调查企业发展新用户出现了哪些问题。但真正的原因是企业的客户满意度下降，客户大量流失。如果盲目对发展新用户情况开展调研，就偏离了问题的方向。

（2）确定调研目标

在描述了营销管理中的问题后，营销调研人员必须明确提出调研的目标。目标不是凭空想象的，它应由人们所提出的调研问题而来。调研目标的设立也是为了解决企业营销中存在的问题。如调研的问题是：明年是否要大力发展宽带业务？将它转化为调研目标（决策需要什么样的信息）就是：用户对宽带业务的认识程度、认可程度、反映情况、态度、打算，从中分析出此项业务的市场需求潜力。

（3）确定所需信息

在确定调研目标以后，为了使目标明确、可操作，必须将调研目标细化为调研所需信息，细化后的内容取决于调研目标和调研实施的环境。

2．设计调研方案

每个调研问题都有一定的独特性。在进行调研之前，调研人员需设计一个调研方案，它是调研工作的计划阶段，主要目的是确定调研人员收集资料的来源、调研方法、接触方式和调研工具。

（1）调研方案的类型

营销调研可分为3种类型：探测性、描述性和因果性。调研方案的类型主要由调研目标决定。

探测性调研的目标是收集初步信息以帮助确定要调研的问题和提出假设。当企业对所需研究的问题不很清楚，无法确定应当调研哪些具体内容时，可通过探测性调研收集有关资料，进行分析，帮助确定问题的关键或产生的原因，为进一步调研作准备。探测性调研经常在项目的开始阶段进行。

描述性调研的目标是对诸如某一产品的市场潜力或购买某产品的消费者的人口与态度等问题进行详细表述。这一类调研回答的是谁、什么、何时、何地和怎样等问题。描述性调研注重对实际资料的记录，因此多采用询问法和观察法。

因果性调研的目标是检验假设的因果关系，通常是在收集、整理资料的基础上，通过逻辑推理和统计分析的方法，找到不同事实之间的因果关系或函数关系，并以此预见市场需求发展变化的趋势。因此，因果性调研最理想的是采用实验法收集数据，再运用统计方法或其他数学模型进行分析，这样得出的结果最为可靠。

营销者常以探测性调研为开端，而后会做描述性或因果性调研。

（2）资料来源

营销管理人员所需资料可以分为两类：第一手资料和第二手资料。

第一手资料是指研究人员就当前研究的项目而收集整理的资料。

第二手资料是指其他人就其他目的先前已收集好的资料。

① 第一手资料

当研究人员所需要的资料不存在，或现有资料过时、不完全或不可靠时，研究人员就必须收集第一手资料。大多数营销调研计划中都包含一些第一手资料的内容。获得第一手资料的常规做法是先对一些人作个别或小组访问，以获得人们的初步想法；然后，根据这一调查结果，制订一个正式的调研方法，并把它应用于实地调查。

② 第二手资料

使用第二手资料有4个主要优点：第一，它可以被快速获得；第二，比起收集第一手资料，它的成本要低许多；第三，通常情况下，它较容易获得；第四，它能辅助现有的第一手资料。第二手资料的研究能使研究者熟悉行业状态，确定概念、术语和数据，这对研究第一手资料将是很有用的。第二手资料的来源如表1-3所示。

表1-3　　　　　　　　　　　　　　　第二手资料的来源

内 部 来 源	公司的损益表、资产负债表、销售数字、销售访问报告、存货报告等
政府出版物	中国经济年鉴、中国统计年鉴、世界年鉴等
期刊和书籍	《经济日报》、《经济研究》、《管理世界》等
商业资料	提供产品和品牌销售在零售网点流通上的数据、电视收视数据、杂志销售数据等
数据库	用来满足特定信息需要的相关信息的集合，如《通用学术索引》、《社会科学学术索引》等

尽管第二手资料的查找是很有用的，但还是存在一些缺点，如测量标准的不一致、对数据进行分类的标准不同、第二手资料的更新速度慢、缺乏信息以评估第二手资料的可信度等。

（3）调研方法

在设计调研方案时，确定调研方法主要是针对第一手资料而言的。第一手资料是市场调研人员通过实地调查获取的，具有直观、具体、零碎等特点。一般来说，为取得原始资料，主要采用观察法、访问法以及实验法。

① 观察法

观察法是指调查者凭借自己的眼睛或摄像录音器材，在调查现场进行实地考察，记录正在发生的市场行为或状况，以获取各种原始资料的一种非介入的调查方法。这种方法的主要特点是，调查者同被调查者不发生直接接触，而是由调查者从侧面直接地或间接地借助仪器把被调查者的活动按实际情况记录下来，避免让被调查者感觉正在被调查，从而提高调查结果的真实性和可靠性，使取得的资料更加贴近实际。

② 访问法

访问法是收集描述性信息的最佳方法，其通过询问的方式向被调查者了解市场情况以获取原始资料。采用访问法进行调查，对所要调查了解的问题，一般都事先陈列在调查表中，按照调查表的要求询问，所以又称调查表法。根据调查人员与被调查者接触方式的不同，又可将访问法分为人员访问、电话访问、邮寄访问和网上访问等。

③ 实验法

实验法适用于收集可能具有因果关系的信息。实验涉及挑选适合的目标群体，将他们区别对待，控制无关因素，并检查不同群体的反应。例如，调查某种产品价格对销售量的影响程度时，控制其他因素不变，逐级变动价格，以测定价格变动对销售量的影响。由于影响产品销售量的因素很多，采取单一因素进行实验，其测试的结果往往会出现偏差。因此，要在相对稳定的条件下进行实验，在检查实验结果时，要剔除其他因素的影响。

（4）接触方式

在收集信息时，调研者可以采用电话、邮寄、网上访问以及直接面谈作为接触方式。各种接触方式的优缺点及应用形式如表 1-4 所示。

表 1-4 收集信息时的接触方式

接触方式	优 点	缺 点	应用形式
电话	1）成本相对低 2）数据收集速度快 3）有产生高质量样本的潜力	1）交流受限，如无法向被调查者出示视觉材料 2）无法观察被调查者的表情 3）调查时间较短	1）家庭电话调查 2）中心电话调查
邮寄	1）回访容易 2）容易获得合作 3）成本低 4）应答者方便 5）减少来自访问人员可能的误差 6）不受地域限制	1）回收率通常很低 2）费时	1）特别邮寄调查 2）小组邮寄调查
直接面谈	1）应答率高 2）可以使用长问卷 3）可以追问复杂问题 4）可以出示直观性道具 5）可获得非言语性资料 6）可记录自发性问题 7）问答顺序可以控制 8）环境可控	1）匿名性差 2）来自访问人员的误差 3）缺乏对访问过程的内在控制	1）入户访问 2）街上栏访 3）对经理访问
网上访问	1）辐射范围广 2）访问速度快，信息反馈及时 3）匿名性好 4）费用低廉	1）样本对象的局限性 2）所获信息的准确性和真实性难以判断 3）需要一定的网页制作水平	网上辅助调查

（5）调研工具

调研人员在收集第一手资料时，可以选择两种主要的工具：调查问卷和仪器。

① 调查问卷

在收集第一手资料时，调查问卷是常用的一种工具。调查问卷，又称调查表，是调查者根据一定的调查目的精心设计的一份调查表格，是现代社会用于收集资料的一种最为普遍的工具。一份完善的问卷应能从形式和内容两个方面同时取胜。从形式上看，要求版面整齐、美观，便于阅读和作答。从内容上看，一份好的问卷至少应该满足以下几方面的要求。

- 问题具体、表述清楚、重点突出、整体结构好。
- 确保问卷能完成调查任务与目的。
- 调查问卷应该确定正确的政治方向，把握正确的舆论导向，注意对群众可能造成的影响。
- 便于统计整理。

问卷的基本结构一般包括 4 个部分，即说明信、调查内容、编码和结束语。说明信是调查者向被调查者写的一封简短信，主要说明调查的目的、意义、选择方法以及填答说明等，一般放在问卷的开头。问卷的调查内容主要包括各类问题，问题的回答方式及其指导语，是问卷的核心部分，是每一份问卷都必不可少的内容，而其他部分则可根据设计者需要进行取舍。编码是将调查问卷中的调查项目以及备选答案给予统一设计的代码，编码一般应用于大规模的问卷调查中。因为在大规模问卷调查中，调查资料的统计汇总工作十分繁重，借助于编码技术和计算机，则可大大简化这一工作。结束语一般放在问卷的最后面，用来简短地对被调查者的合作表示感谢，也可征询一下被调查者对问卷设计与问卷调查本身的看法和感受。

② 仪器

机械工具在营销调研中使用得较少。电流计可用于测量一个对象在看到一个特定广告或图像后所表现出的兴趣或情感的强度。速示器是一种能从 1% 秒到几秒的闪现中将一个广告展露在一个对象面前的设备。在每次展露后，由被调查者说明其所回忆起来的每件事。照相机是用于研究被调查人眼睛活动情况的。它观察他们的眼光最先落在什么点子上，在每一指定的项目中逗留多长时间等。收视器是一种安装在接受调查的家庭电视机上的电子设备，它用于记录电视机收看的时间和频道。运用这些仪器，可以记录被调查者的某些行为和反应。

三、信息的收集

确定了调研方案之后，就可以进行信息的收集工作。在这个阶段中，设计一份好的调研问卷，进行合理的抽样并成功组织调研是获得优质、有效信息的关键。

1. 设计调研表的原则和注意事项

（1）文字

调研表上的文字应简明、清晰、通顺、浅显易懂。要避免错字、别字、偏字和怪字。同时，也要避免采用命令式的语言，提问方式要委婉，使人感到亲切。

（2）内容

调研表上的问题不宜过多或过于分散，问题提得过多，会使填表人感到厌烦；过于分散，会使主要调研问题不突出，而影响调研质量。一般说，每份调研表仅围绕两三个主题，提出 10 个左右的问题比较恰当。但要注意，不要提与调研对象无关或使填表人感到不好回答和不愿回答的问题，如涉及个人私生活或单位机密的问题。以个人为调研对象的调研表，最好不列填表人姓名的栏目。

（3）提问方式

这是关系到调研能否达到目的的重要问题。提问的主要原则如下。

① 要把调研人的意图清晰地传给被调研者。

② 要使被调研者知道应怎样回答才能满足调研人的要求。因此，提问应清楚，不能含糊其辞。不要使用过长的问句或把几个问题放在一个问题里。如果是围绕一个主题的几个问题，应先提出概括性的问题，然后逐步具体，做到层次分明。

为了方便被调研者回答问题，可预先列出可能的答案，供被调研者采用打勾方法选择回答。提的问题应避免偏见，以防被调研者产生误解，影响信息的客观真实性。

（4）格式

为了方便填表人回答问题，调研表所提出的问题要有序号，排列要先易后难，每个问题之后要留有适当空间，以便填表人填写。同时还要注意：调研表的开头应有问候之词和关于调研目的的说明，如调研对象的工作性质、所属部门、规模或个人职业、性别、年龄、收入等栏目，可以放在所有问题之前，也可放在提问之后。

2．问卷设计

问卷设计得好坏，将直接决定着能否获得准确可靠的市场信息。这里将详细介绍问卷设计的过程。

问卷设计的过程一般包括十大步骤：确定所需信息、确定问卷的类型、确定问题的内容、确定问题的类型、确定问题的措辞、确定问题的顺序、问卷的排版和布局、问卷的测试、问卷的定稿和问卷的评价。

（1）确定所需信息

确定所需信息是问卷设计的前提工作。调查者必须在问卷设计之前就掌握所有为了达到研究目的和验证研究假设所需要的信息，决定用于分析使用这些信息的方法，比如频率分布、统计检验等，并按这些分析方法所要求的形式来收集资料，把握信息。

（2）确定问卷的类型

选择问卷类型时，制约因素有很多，而且研究课题不同，调查项目不同，主导制约因素也不一样。在确定问卷类型时，先必须综合考虑这些制约因素，如调研费用、时效性要求、被调查对象和调查内容。

（3）确定问题的内容

确定问题的内容看起来似乎是一个比较简单的问题。事实上则不然，这其中还涉及个体差异性的问题。也许一个人认为容易的问题，另一个人却觉得难以回答；一个人认为熟悉的问题，另一个人却觉得生疏。因此，确定问题的内容，最好与被调查对象联系起来。分析一下被调查者群体，有时比盲目分析问题的内容效果要好。

（4）确定问题的类型

问题的类型归结起来分为 4 种：自由问答题、两项选择题、多项选择题和顺位式问答题。其中后 3 种均可以称为封闭式问题。

① 自由问答题，也称开放型问答题，只提问题，不给具体答案，要求被调查者根据自

身实际情况自由作答。自由问答题主要限于探测性调研，在实际的调查问卷中，这种问题不多。自由问答题的主要优点是被调查者的观点不受限制，便于深入了解被调查者的建设性意见、态度、需求等；主要缺点是难于编码和统计。自由问答题一般应用于某个问题的答案太多或根本无法预料时；或由于研究需要，必须在研究报告中原文引用被调查者的原话。

② 两项选择题，也称是非题，是多项选择题的一个特例，一般只设两个选项，如"是"与"否"、"有"与"没有"等。两项选择题的特点是简单明了。缺点是所获信息量太小，两种极端的回答类型往往难以了解和分析被调查者群体中客观存在的不同态度层次。

③ 多项选择题，是从多个备选答案中择一或择几。这是各种调查问卷中采用最多的一种问题类型。多项选择题的优点是便于回答，便于编码和统计。

④ 顺位式问答题，又称序列式问答题，是在多项选择题的基础上，要求被调查者对询问的问题答案，按自己认为的重要程度和喜欢程度顺位排列。

（5）确定问题的措辞

设计问题时，应该注意问题要针对单一论题，尽量简短；问题应该以同样的方式解释给所有应答者并使用应答者能够理解的词汇。应特别注意不应该过多询问无关的问题；不要使用词义有分歧的词语；不要引导受访者回答某一特定答案。

（6）确定问题的顺序

问卷中的问题应遵循一定的排列次序，问题的排列次序会影响被调查者的兴趣、情绪，进而影响其合作积极性。所以一份好的问卷应对问题的排列作出精心的设计。

一般而言，问卷的开头部分应安排比较容易的问题，这样可以给被调查者一种轻松、愉快的感觉，以便于他们继续答下去。中间部分最好安排一些核心问题，即调查者需要掌握的资料，这一部分是问卷的核心部分，应该妥善安排。结尾部分可以安排一些背景资料，如职业、年龄、收入等。个人背景资料虽然属于事实性问题，也十分容易回答，但有些问题，诸如收入、年龄等同样属于敏感性问题，因此一般安排在末尾部分。还有一点就是注意问题的逻辑顺序，有逻辑顺序的问题一定要按逻辑顺序排列。

（7）问卷的排版和布局

问卷的设计工作基本完成之后，便要着手问卷的排版和布局。问卷排版和布局总的要求是整齐、美观，便于阅读、作答和统计。

（8）问卷的测试

问卷的初稿设计工作完毕之后，不要急于投入使用，特别是对于一些大规模的问卷调查，最好的办法是先组织问卷的测试，如果发现问题，再及时修改。测试样本数不宜太多，也不要太少，通常选择20～100人。

（9）问卷的定稿

当问卷的测试工作完成，确定没有必要再进一步修改后，可以考虑定稿。问卷定稿后就可以交付打印，正式投入使用。

（10）问卷的评价

问卷的评价实际上是对问卷的设计质量进行一次总体性评估。对问卷进行评价的方法很多，包括专家评价、上级评价、被调查者评价和自我评价。

专家评价一般侧重于技术性方面，比如说对问卷设计的整体结构、问题的表述、问卷的版式风格等方面进行评价。上级评价则侧重于政治性方面，比如在政治方向、在舆论导向上可能对群众造成的影响等方面进行评价。被调查者评价可以采取两种方式：一种是在调查工作完成以后再组织一些被调查者进行事后性评价；另一种方式则是调查工作与评价工作同步进行，即在调查问卷的结束语部分安排几个反馈性题目，比如，"您觉得这份调查表设计得如何？"自我评价则是设计者对自我成果的一种肯定或反思。

3．抽样设计

（1）抽样调查的特点

在统计调查中，按照调查范围的大小和调查对象的特点，可将调查分为普查、典型调查、重点调查和抽样调查。抽样调查，其目的就是要对总体数量特征作出估计或某种判断，而且它是以概率论阐明的有关分布规律为依据的估计，可以计算其可靠性和精确度。

抽样调查按照随机原则从总体中抽取样本。所谓随机原则，就是机会均等原则。按照随机原则抽取样本单位，使得样本的结构同总体结构相似，计算的样本指标才可以作为随机变量，以概率论为基础、以样本指标即统计量为依据推断总体参数或检验总体的某种假设。在大多数情况下，营销调研采取抽样调查的方式。

抽样调查的误差可以被事先计算并加以控制。用样本指标推断总体，不可避免地会产生误差，即抽样误差。抽样误差越大，抽样推断的精确度就越差；抽样误差越小，则推断的精确度越高。影响抽样误差大小的因素主要有 3 个方面：总体内部的差异程度；样本容量的大小；抽样的方式方法。

（2）抽样方式

进行抽样调查之前，需要对抽样方式进行设计，这需要做 3 个决策。

第一，调查对象是谁（抽样单位是什么）？该问题的答案并不一定总是很明确的。例如，为研究家庭安装宽带的决策过程，调查者的询问对象应该是丈夫、妻子、孩子，还是对所有这些人都应询问？调查者必须决定需要什么信息，以及从谁那里能得到这一信息。

第二，应调查多少人（样本的规模是多少）？大样本要比小样本可靠，在其他条件相同的情况下，样本越大，抽样误差就越小。但样本越大，耗费的资金就越多。没有必要为得到可靠答案而去调查整个目标市场或其中的一大部分，只要选择得当，占总体不到 1%的样本就可以提供可靠的答案。

第三，如何选取样本（抽样程序是什么）？在进行抽样时，可以根据所研究对象的特点和工作条件的不同，设计不同的抽样方式。常用的抽样方式有简单随机抽样、等距抽样、类型抽样、整群抽样和多阶段抽样。

① 简单随机抽样

简单随机抽样是抽样中最基本的组织方式。它是对总体单位不作任何分类或排序，完全按随机原则逐个地抽取样本单位。例如，先把总体各单位全部编号并制成签条或卡片，充分混合后用手抽取，直到抽满预定的单位数。

简单随机抽样方式虽然最符合随机原则，但当总体规模很大时却难以操作。另外，当总体内部差异较大时，简单随机抽样方法也不能保证抽中的样本单位在总体中有较均匀的分布，以致抽样误差偏大。因此，这种抽样方式限于总体规模不大，内部差异也不是很大的情况。

② 等距抽样

等距抽样是将总体各单位按某一标志顺序排列，然后按照一定的间隔抽取样本单位。如总体共有 N 个单位，从中抽取的样本为 n 个单位，将总体单位数 N 除以样本单位数 n，即

$N / n=K$，便是等距抽样的间隔距离。然后在第一组中先抽一个单位，再每隔 K 个单位抽一个，直到抽满 n 个单位。

等距抽样方法简便，容易实施。它能使样本单位均匀分布在总体中，使样本结构同总体结构相似。因此，抽样推断的精确性比简单随机抽样好。等距抽样需要注意的是应避免抽样间隔和现象本身的周期性或节奏间隔相同而引起的系统性影响。

③ 类型抽样

类型抽样也称分层抽样，它是将总体全部单位按照某个标志分成若干个类型组，然后从各类型组中采用简单随机抽样方式或其他方式抽取样本单位。例如，为研究职工的收入水平，可将职工分为机关、企业、事业 3 个类型等。将总体划分成若干类型组后，各类型组内部的差异必定小于总体的差异，从各组中抽取的样本单位，其代表性较强；同时，各类型组都有一定的单位入选，就可能使样本的结构更近似于总体的结构。因此，类型抽样的抽样误差比简单随机抽样小，抽样推断的效果好。

④ 整群抽样

整群抽样是从总体中成群地抽取样本单位，将若干个群组成样本，对抽中的群进行全数登记调查。各群的组成，可根据调查的要求按一定的标志对总体单位进行划分，例如，某电信公司想了解某市居民电话拥有量，可将街道或者居民楼作为群，抽样时先抽街道或居民楼，再调查每个被抽中群的每一居民户，这便是整群抽样。整群抽样的优点是抽取的单位比较集中，登记调查较为方便，可以节省人力、财力。但因抽取单位比较集中，影响了样本单位在总体中的均匀分布，与其他抽样方式比较，抽样误差较大。所以，为了减少抽样误差，整群抽样要尽可能多抽一些群，而且这些群是均匀分布于总体中的。

⑤ 多阶段抽样

社会经济问题的调查研究，总体范围往往很大，包括的单位多，分布广，只用某一种抽样方式和通过一次抽样要选出样本是很困难的。在这种情况下，可以将整个抽样过程分为两个或几个阶段，将两种或几种抽样方式结合起来分步实施。这种方式称为多阶段抽样。在多阶段抽样中，每个阶段的抽样方式可采用简单随机抽样或等距抽样，最后阶段还可采取分层抽样。

总之，凡是能够最经济、最省时而又能够满足预期精确度和可靠性要求的组织方式，便是一种好的组织方式，这也是抽样设计的最根本的原则。

四、信息的分析

调研数据产生后，需对数据进行整理和分析。

1．数据整理

在所有数据收集工作完成后，研究人员就应该考虑如何把大量问卷表上的信息转换成一种适宜于分析的形式。数据整理步骤主要如下。

（1）证实

数据处理的第一步为证实，即查明所有要处理的问卷多大程度上是经过有效访问的。证实包括控制调查人员的欺骗行为，检查调查人员的错误以保证问卷被完全恰当地、完整地填好。当完成所有问卷后，要严格地按一定的比例回访被调查者。这适合人户访问、街头拦访和电话调查，通常回访的比例为 10%～20%。证实时，有些问题应该问，如：

- 此人是否实际被访？
- 被访问的人是被选出针对问卷中问题回答的确实人选吗？
- 访问是否按照要求的方式进行的？
- 调查者是否全部如实填写调查表？

（2）编码

编码是分类和分配数字号码给问题的各个可能答案的过程。多数问卷中的大部分问题是封闭的和预编码的，即在每个问题中的每个答案后面都有数字编码。

（3）数据录入

问卷经过前两项处理后，下一步就是将计算机不能读的信息形式转换成计算机能读的信息形式，即数据录入，数据录入包括人工录入和计算机直接读取。

（4）检查整理

当所有数据全部被录入并存储于计算机，并经过检查后，就可以对数据进行制表和统计分析。

2．数据分析

（1）描述性分析

描述性统计是一种能更有效地概括大规模数据特征的方法。调研人员用此方法来描绘被访问者，揭示回答的一般模式。描述性统计在分析过程早期经常用到，而且成为随后分析的基础。描述性统计分为集中趋势的计量和离散程度的计量。集中趋势计量中用到的统计量有算术平均值、中位数和众数。离散程度的计量涉及的统计量有标准差、方差和极差。

（2）假设检验

假设可以定义为一个调研人员或管理人员对被调查总体的某些特征所做的一种假定或猜想。营销调研人员需要研究调研结果是否与标准有很大的差别，以便决定公司营销策略的某些方面是否需要改变。在假设检验中，调研者测定一个关于总体特征的假设是否有可能成立。如果假设确实正确，统计假设检验便可以计算出观察到某一特定结果的概率。

进行假设检验需要经过 5 个步骤：首先要明确陈述假设；然后选择合适的统计工具以检验假设；之后规定是否接受假设或拒绝假设的判定规则；接着计算检验统计量的值；最后做出概括检验结果的结论。

（3）相关分析与回归分析

营销调研人员往往需要了解在调研结果中两个变量是否存在关联。分析两个变量之间的相关度时，两个变量分别被定义为自变量和因变量。自变量是指那些可以影响因变量结果的变量。相关分析可以帮助解决下述问题：产品价格对销售额有什么影响？家庭收入和在电信方面的开销二者间存在什么关系？

除进行相关分析外，还可以进行回归分析。具体的统计技术有：二元变量回归、多元变量回归等。值得注意的是，统计技术只能说明变量之间在统计意义上有某种关系，即具有某种关系的概率较大，没有一种统计技术可用于证明一个变量必然导致另一个或多个变量的变化。

五、统计预测

统计预测是以统计资料为基础，根据事物的内在联系和发展规律，运用统计方法，推测研究对象在未来可能出现的趋势和达到的水平。而预测结果是否可靠，在很大程度上取决于预测方法是否科学。

统计预测的方法可分为定性预测和定量预测两种。

定性预测法是对事物未来的性质和发展趋势所做的一种概略性判断，多采用调查研究的方式进行，一般适用于预测综合性较强、涉及面较广、影响因素较为复杂且不易量化的项目，或者所预测的对象缺乏必要的数据的情形。定性预测法的本质是判断事物的发展方向，而不是要准确地推算具体数字。常用的定性预测法有专家调查法、主观概率法、基本因素分析法、市场调查法和先导指标法等。

六、电信营销调研结论的提出

在市场营销研究项目基本完成以后，研究人员应当提出调研结论。提供一份完善的市场营销调研报告既是一次营销调研的顶点，也是市场营销调研的终点。决策者或调研委托者只对反映研究结果的调研报告感兴趣，他们通过调研报告来判断整个市场调研工作的优劣。

调研报告主要分为书面报告和口头报告两种。

1．书面报告

（1）调研报告的内容

在数据的收集和分析工作之后，调研报告是对与调研项目有关的信息进行整合。调研报告的内容应满足下列目标。

① 解释进行调研的原因

简要陈述一下调研的动机将有助于报告的阅读者了解信息的背景。这在决策者审阅的是一份早些时候完成的报告、对调研理由或许已不太熟悉时，显得特别必要。

② 陈述具体的调研目标

每一个市场调研项目都应该详细列出调研目标，以指导调研的设计、执行和对调研结果的分析。

③ 指明所采用的调研方法

营销决策人员需要了解调研者采用的调研方法，以便决定决策时应在多大程度上依靠调研结果。诸如数据是怎样收集的、运用的是哪一种抽样方式、使用的是何种数据分析方法这样的问题，以及关于调研方法的其他细节问题都应该做出清楚的说明。

④ 展示调研结果

应该把基本的调研结果清晰地显示出来，这一环节为调研者从那些结果中引出结论和建议提供了基础。

⑤ 提出结论和建议

为使报告具有可执行性，必须在报告中清楚地表述来自调研结果的结论和建议。在准备报告的过程中使调研结果与调研的结论和建议之间有一个明晰的联系很重要，也就是说，报告中提出的结论和建议是以调研结果为根据的，并不只是调研者自身的观点。

（2）调研报告的格式要求

尽管每一篇调研报告会因项目和读者的不同而有不同的写法，但调研报告却具有一定的格式。许多公司在其业务实践中都形成了具有自己特点的报告格式。这里列出的写作格式只作为一种建议供调研者在具体操作时参考。

① 调研报告的结构

一份完整的调研报告可分为前言、主体和结尾三大部分，它们各自包含一些内容，如表 1-5 所示。

表 1-5　　　　　　　　　　　　　　　调研报告的结构

前　　言	主　　体
1. 封面	8. 引言
2. 标题页	9. 调研目标
3. 授权信	10. 调研方法
4. 移交信	11. 结果
5. 目录	12. 限制条件
6. 插图目录	13. 结论和建议
7. 摘要	
结尾	
14. 附录	

② 表格和图像的格式要求

在调研报告正文中使用统计表和统计图可以对讨论的数据进行高度简明的概括和形象的描述，以展示变量所具有的规模、速度、趋势，变量的分布态势、变量间的对比关系和相关关系。恰当地运用统计图表，与文字相配合，就能最大程度地发挥调查所得资料的论据和论证作用。附录中所编写的统计表中的内容，是对正文所列举的数据、所作的推理和论证的有力补充。

● 列表

把调查资料按照一定的目的，用表格的形式展现出来，即资料的列表。列表的基本方法就是计数变量值的出现次数。如果同时计数两个或多个变量的不同数值联合出现的次数，这种列表就是交叉列表。这种方法的基本思想是，结合对其他问题的回答来考察对某一问题的答案，如表 1-6 所示。

表 1-6　　　　　　　　　　　　　　　宽带使用调查资料

问题：你会选用拨号还是宽带作为上网的方式？					
分类	总数/人（所占比例）	收入水平/元（所占比例）			
		1000 元以下	1000～2000 元	2000～3000 元	3000 元以上
总数	299（100%）	100（100%）	51（100%）	83（100%）	65（100%）
拨号	143（47.8%）	57（57.0%）	25（49.0%）	40（48.2%）	21（32.3%）
宽带	146（48.8%）	40（40.0%）	23（45.1%）	40（48.2%）	43（66.2%）
未回答	10（3.4%）	3（3.0%）	3（5.9%）	3（3.6%）	1（1.5%）

在交叉分组表中，可以为每一单元计算 3 种不同的百分比：列、行、总的百分比。列百分比是以列总和为计算基数，行百分比以行总和为基数，而总的百分比以表的总和为基数。

建立交叉分组表的通常做法是设计一个表，在这张表中，各列列出各种不同因素。在表中，百分比通常以列总计为基数进行计算。采用这种方法可以简单比较各种关系。

俗话说："一图抵千字。"调研的结果，特别是重要的结果，可以用图形更充分有效地表达。图形是将研究结果展示出来的最好方法。

- 线形图

线形图是图形中较简单和常用的一种，尤其适用于显示在不同时点上进行的测量。图 1-3 列出了 2010—2012 年我国移动电话各月用户净增情况，可以看出，在 2010—2012 年，我国移动电话普及率获得了高速增长，这样的图形表现方式比单纯的数据更有说服力。

- 饼状图

饼状图是另一种较常用的图形，特别适用于表示各种比例关系。下面举例说明饼状图的应用。某年电信收入构成比例如图 1-4 所示。

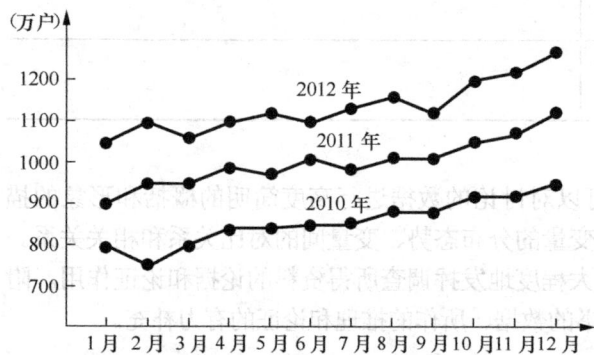

图 1-3　移动电话各月用户净增情况

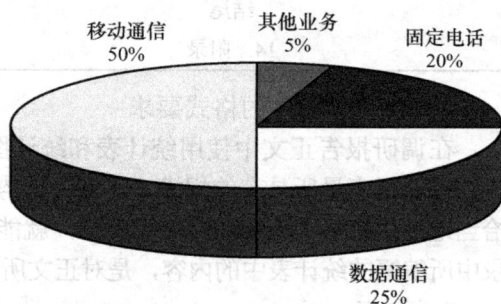

图 1-4　电信业务收入构成（饼状图）

- 柱状图

柱状图是这 3 类图形中最灵活的形式。许多用其他类型的图表不能有效表达的结果，能用柱状图方便地表达出来。下面用柱状图表示 2008—2012 年固定本地电话通话量，如图 1-5 所示。

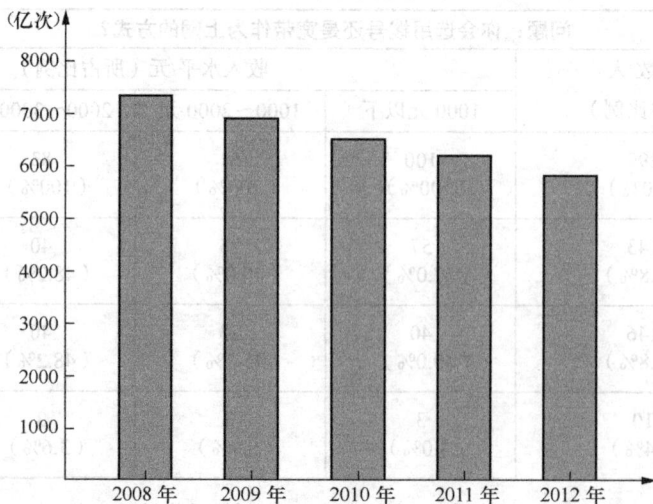

图 1-5　固定本地电话通话量

③ 灵活掌握报告格式详略程度

以上提出了一份极为正规的调研报告所应包含的所有组成部分。这种极为正规的格式用于企业内部大型调研项目，或调研公司向客户提供的服务项目。对于那些不很正规的报告，某些组成部分可以略去不写。

2. 口头报告

当前，越来越多的客户要求口头提供研究成果。这种方法可以达到许多目的：首先，它将对研究感兴趣的人召集到一起，让他们共同探讨和认识研究的目的和方法；其次，口头汇报也能让人发现一些不曾预料到的事情；最后，大多数的情况下，它能启发和强调研究结论。事实上，对公司中的部分决策者而言，口头报告将是他们接触研究成果的唯一方式——他们很可能从来不读研究报告。其他经理们也许只是为了唤起对口头汇报内容的记忆，才会快速地浏览一下书面报告。因此，通过口头的方式进行研究成果的有效沟通是非常重要的。

（1）口头报告的材料准备

口头报告前应作以下 4 种材料准备工作。

① 汇报提纲

应该向每位听众提供一份汇报提纲，该提纲应能简要介绍报告的主要部分及重大的研究成果。它不应包含统计图表，应留下足够的空白处供听众作笔记或作简要评论。

② 可视化

口头汇报时应该在很大程度上通过 PPT 来展示研究成果。图、表等在关键部分应尽可能地被运用。在用图表时，应该通过色彩选择提高人们对感兴趣部分的注意力。摘要、结论和建议也应尽可能的可视化。

③ 摘要

应向每位听众提供一份摘要的复印件。这个方法将让每位参加者预先了解主要内容，而让他们在参与会议时避免埋头记大量的笔记。

④ 最终报告的复印件

这个报告是研究成果的书面证明。它让每个人清楚，在口头报告中许多细节都被省略掉了。在口头汇报的尾声阶段，应该让感兴趣的人得到一份最终报告。

（2）口头汇报的内容

进行口头汇报，也和书面报告的原则一样，要针对报告提供对象确定其内容和形式。许多营销调研人员不懂得这一点，总是喜欢向企业管理人员介绍调研中的技术问题，这种做法往往不受欢迎。高层管理人员希望在有限的会议时间内听取调研的主要发现、结论和建议。一方面，如果他们中有人对技术问题感兴趣，可以在会后去阅读书面报告；另一方面，如果是向商务咨询公司作汇报，则需要在技术问题上有条理地进行阐述。

任务 3　电信营销管理和精确营销

【问题引入】一个企业在进行充分营销调研的基础上，需要对营销活动进行科学的管理，包括对市场机会的分析、对市场进行细分、对营销组合的选择、对营销活动的管理。精确营销被定义为以科学管理为基础，以消费者洞察为手段，恰当而贴切地对市场进行细分，并采取精耕细作式的营销操作方式，将市场做深做透，进而获得预期效益的营销方式。作为提升客户价值的主要手段，交叉销售和升级销售在营销实践中的应用也较为成熟，目前，它们已经成为客户关系管理中重要的管理工具和营销策略。如何实现电信交叉销售与升级销售中的精确营销？本任务的主要目标就是要对电信营销管理和精细营销进行全面的阐述。

【本任务要求】

1．识记：营销管理相关核心概念、精确营销理念、交叉销售概念、升级销售概念、交叉销售和升级销售的营销管理。

2．领会：市场细分的方法、交叉销售与升级销售的关系。

电信业务员需把握市场营销管理过程和精确营销，本任务的主要内容包括电信营销管理过程、电信精确营销概述、电信交叉销售与升级销售中的精确营销。

一、电信营销管理过程

1．分析市场机会

分析市场机会包括分析影响企业市场营销的环境、分析消费者市场及其购买行为、分析商业市场及其购买决策等。

（1）市场营销环境分析

任何一个企业都是在不断变化着的环境中运行的。企业的营销活动就是适应环境变化，对不断变化的环境做出反应，并对环境产生影响的一个动态过程。企业市场营销管理过程以及影响市场营销战略的主要因素如图1-6所示。

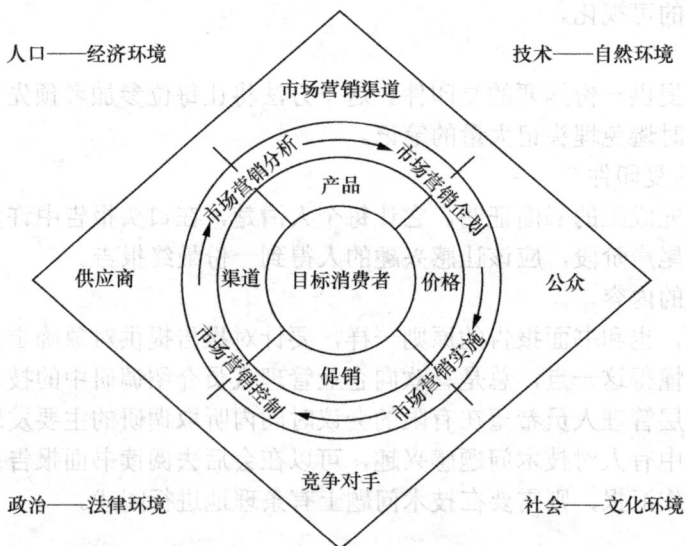

图1-6　影响企业市场营销战略的因素

企业处于复杂的市场营销环境中。宏观、微观环境的变化，既给企业的发展提供了市场机会，又会制造环境威胁。宏观环境因素包括：人口——经济环境、政策——法律环境、技术——自然环境、社会——文化环境。微观环境由供应商、营销渠道、竞争对手、公众、目标消费者等外部力量以及企业内部的环境力量组成，这些力量与企业形成协作、竞争、服务、监督的关系，直接影响着企业服务目标市场的能力。

（2）消费者市场分析和组织商业市场分析

为了进一步研究、分析市场，有必要对市场进行分类。市场的本质是存在某种未满足需求的消费者，依据不同主体在市场上购买的原则将市场划分为两大基本类型：消费者市场和组织市场。

消费者市场由为满足个人生活需要而购买商品的所有个人和家庭组成，是商业市场乃至整个经济活动为之服务的最终市场。对消费者市场进行分析，其核心是研究消费者的购买行为，进而说明谁在消费者市场上购买？购买什么？为什么购买？怎样购买？何时购买？何处购买等问题。

组织市场是由各种营利性的工业和服务业买主构成的生产者市场。分析组织市场，关键是研究组织市场上用户的购买行为（包括购买决策的类型、影响因素、购买决策过程等）以及组织市场营销的特点。

在企业市场营销管理过程中，目标消费者始终处于中心地位，他们是企业营销活动的起始点。在分析总体市场的基础上，企业还应将市场划分为若干个具有不同需求特征的细分市场，选择其中最有开发价值的细分市场作为目标市场。

2. 市场细分、选择目标市场和市场定位

为了在竞争激烈的市场中获胜，企业必须以客户为中心，从竞争对手处赢得客户，并通过提供更大的价值来留住客户。一个企业无法满足既定市场内的所有消费者，至少不能以同一种方式来满足所有消费者，这是因为消费者类型众多，他们的需求也十分复杂。

因此，每个企业都必须对总体市场分割，并选择最好的细分市场，在此基础上制定战略，以优于竞争对手的方式服务于选定的细分市场，赚得利润。这一过程包括市场细分、选择目标市场和市场定位3个步骤。

（1）市场细分

市场细分是指营销者根据客户之间需求的差异性，把一个整体市场划分为若干个消费者群（称为子市场）的市场分类过程。每个子市场都具有相同或相似的需求特性。通过市场细分，企业可以发现和利用新的市场机会，选择最合适的目标市场；通过市场细分，企业可以更合理地配置市场营销资源，取得竞争优势；通过市场细分，企业还可以不断开发新产品，满足不断变化的、千差万别的消费需求。

（2）选择目标市场

选择目标市场是指企业通过对每个细分市场的吸引力程度进行评估，来选择进入一个或多个细分市场。任何企业都不可能很好地满足所有客户群的不同需要。为了提高企业的经营效益，就必须在对整体市场进行细分之后，再对各细分市场进行评估，然后根据细分市场的市场潜力、竞争状况以及本企业的任务目标和资源条件等多种因素来决定把哪一个或哪几个细分市场作为自己的目标市场。

企业选择的目标市场应是有利于企业创造最大客户价值并能将这种价值保持一段时间的细分市场。资源有限的企业一般选择只服务于一个或几个特殊的细分市场，这种战略虽限制了销售量，但很能盈利。大型企业则可以通过提供一个完整的产品系列，服务于所有的细分市场。

（3）市场定位

市场定位是指企业为了使自己的产品能在消费者心目中占据清晰、特别和理想的位置而

进行的一系列活动。市场定位不仅强调产品差异，而且强调要通过产品的差异来建立独特的市场形象，最终赢得客户的认同。所以，企业营销人员为本企业产品所设计的位置必须使其有别于竞争品牌，取得在目标市场中的最大战略优势。

3. 设计营销组合

营销组合是现代营销的主要概念之一。所谓营销组合是指企业根据目标市场的需求特点将各种可能的市场营销策略和手段有机结合起来，组成一个系统化的整体策略，从而达到实现企业的经营目标并取得最佳的经济效益的目的。营销组合大致可分为 4 组变量，被称为 4Ps 组合，即产品（Product）、价格（Price）、渠道（Place）和促销（Promotion）。在每组变量之下还有若干具体营销手段，如图 1-7 所示。

产品是指企业提供给市场，用于满足人们某种欲望和需要的任何事物，包括实物、服务、场所、组织、思想、主意等。对电信企业而言，对消费者需要的满足必须通过提供某种电信产品或服务来实现。因此，电信服务是电信企业市场营销组合因素中的首要因素，产品决策直接影响和决定着电信企业市场营销组合中其他因素的决策。在现代市场经济条件下，每一个电信企业都应致力于产品质量的

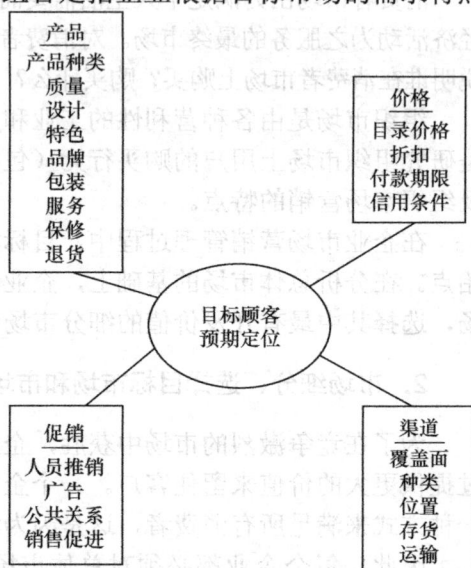

图 1-7　营销组合的 4Ps

提高和组合结构的优化，以便更好地满足市场需求，提高企业产品的竞争力，取得更好的经济效益。

价格是商品价值的货币表现形式，具体说是指客户为获得产品而必须支付的金额。价格是市场营销组合的重要因素之一，它直接关系到产品能否为客户所接受，关系到产品市场占有率的高低、需求量的变化和利润的多少。价格因素是营销组合因素中最活跃的因素，电信企业营销人员要充分了解价格策略在营销组合中的地位和作用，掌握定价的理论依据，深刻认识制约定价的各种因素，合理制定企业的定价目标，在日益激烈的市场竞争中，灵活运用价格策略。

分销渠道是产品或服务从制造商手中传至消费者手中所经过的路线、途径、环节等的统称。电信分销渠道策略是电信企业为目标客户提供电信服务时，对所使用的渠道和位置所做的决策，它包括如何把电信服务交付给客户和应该在什么地方进行。在电信营销中，电信企业为了获得竞争优势，应该寻找并制定出适宜的交付产品的方法和交付地点的渠道策略，方便客户购买、使用电信产品并从中受益。

促销是指企业为了将其产品及相关信息告知目标客户，说服目标客户采取购买行为而进行的市场营销活动。促销作为企业与市场联系的重要手段，主要包括广告、人员推销、营业推广和公共关系等内容。

有效的营销组合方案应把所有的营销组合因素融入到一个协调的计划之中，通过这一协调的计划向消费者提供价值，最终实现企业的市场营销目标。

设计和执行市场营销组合方案，有赖于市场营销管理系统的支持。管理市场营销活动，

对于实现市场营销战略确定的目标具有重要意义。

4．管理市场营销活动

管理市场营销活动包括 4 项基本的管理职能：分析、计划、实施和控制。这些市场管理职能之间的关系如图 1-8 所示。

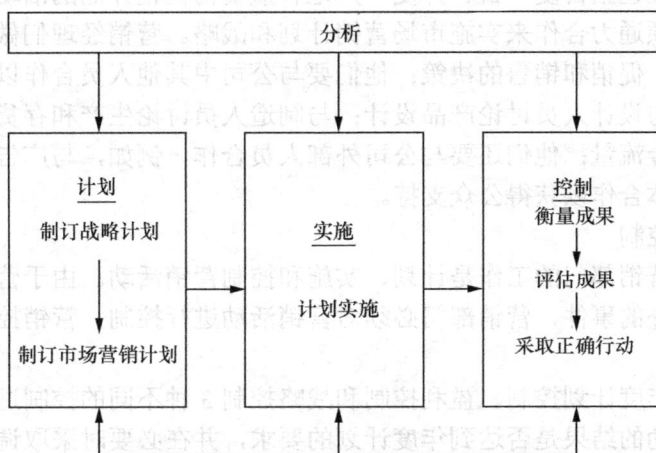

图 1-8　分析、计划、实施和控制之间的关系

市场营销战略规定了企业的任务目标和增长策略，在此基础上每个部门还应制定其各项职能计划，其中就包括市场营销计划。通过实施，企业将战略及营销计划转变为能够实现企业战略目标的行动。营销计划由营销部门的人员来实施，他们要与公司内外的人员进行合作。控制包括度量和估计市场营销计划与活动的成果，以便采取正确的行动来保证企业目标的实现。营销分析为所有其他营销活动提供所需要的情报和评估。

（1）市场营销分析

市场营销活动的管理开始于对企业情况的全面分析。企业必须分析市场及营销环境，从对企业内部条件和外部环境的全面分析入手，分析企业面临的机会与威胁，分析消费者与客户的购买行为，从中找到最有吸引力的市场机会，避开环境中的威胁因素。

市场营销分析向每一个营销管理职能部门反馈信息和其他情报。通常用到的方法是 SWOT 分析：即对公司的优势（Strengths）、劣势（Weaknesses）、机会（Opportunities）和威胁（Threats）进行全面评估。

（2）市场营销计划

通过战略规划的制定，企业对每一个业务单元想要做的事情做出决策。营销计划的制订是指对有助于企业实现战略总目标的营销战略做出决策。每一类业务、产品或品牌都需要一个详细的营销计划。

市场营销计划在企业内部的计划体系中，处于非常重要的地位。企业内部的各种计划都要以市场营销计划为中心，如企业网络建设的规模、固定资产投资的多少等都要根据市场需求的数量来确定。因此，企业市场营销计划是其他计划编制的依据。

企业市场营销计划通常包括以下 8 个方面的内容：计划实施概要、市场营销现状、机会和威胁、目标和问题、市场营销战略、行动方案、预算、控制。

（3）市场营销实施

市场营销实施是指为实现战略营销目标而把营销计划转变为营销行动的过程。成功的市场营销活动取决于企业能否将行动方案、组织结构、决策和奖励制度、人力资源和企业文化等相关要素组合成一个能支持企业战略的、结合紧密的方案。

好的战略计划只是市场营销成功的开始。优秀的营销战略如果得不到正确实施，就没有任何作用。实施过程包括日复一日、月复一月地有效贯彻营销计划的活动。市场营销系统中各个层次的人员必须通力合作来实施市场营销计划和战略。营销经理们做出有关目标市场、品牌、包装、定价、促销和销售的决策；他们要与公司中其他人员合作以获得对其产品和方案的支持；他们要与设计人员讨论产品设计；与制造人员讨论生产和存货水平，与财务部门讨论资金筹措和现金流量；他们还要与公司外部人员合作，例如，与广告代理机构合作以策划广告活动，与媒体合作以获得公众支持。

（4）市场营销控制

电信运营企业营销部门的工作是计划、实施和控制营销活动。由于营销计划在实施过程中总会发生许多意外的事件，营销部门必须对营销活动进行控制，营销控制是企业进行有效经营的基本保证。

营销控制包括年度计划控制、盈利控制和战略控制 3 种不同的控制过程：年度计划控制主要是检查营销活动的结果是否达到年度计划的要求，并在必要时采取调整和纠正措施；赢利控制是为了确定在各种产品、地区、最终客户群和分销渠道等方面的实际获利能力；战略控制则是审查企业的营销战略是否有效地抓住了市场机会，以及是否同迅速变化着的营销环境相适应。

年度计划控制的目的是确保年度计划中所确定的销售、利润和其他目标的实现。年度计划控制的内容主要是对销售额、市场占有率、费用率等进行控制。控制过程分为 4 个步骤，如图 1-9 所示。

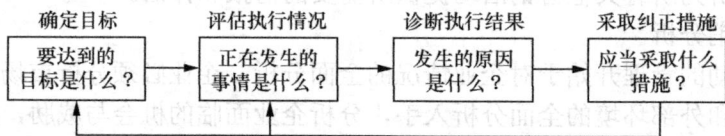

图 1-9 营销控制过程

二、电信精确营销概述

一个电信运营企业要树立竞争优势，不在于价格比竞争对手低，因为竞争对手可以把价格降得更低，也不仅仅在于新业务比对手多，因为新业务太容易被模仿。电信运营企业只有强大的营销能力，才是对手无法模仿的。粗放化营销已经不能再支撑未来的发展，电信运营企业的发展生存将取决于以精确营销为核心的精细化营销。

1. 精确营销的理念

精确营销被定义为以科学管理为基础，以消费者洞察为手段，恰当而贴切地对市场进行细分，并采取精耕细作式的营销操作方式，将市场做深做透，进而获得预期效益的营销方式。精确营销通常有 5 个阶段。

（1）客户信息收集与整理

收集和整理有关客户的各方面信息，建立客户数据库。客户数据管理是一个基础的数据准备过程。一旦有了准确的客户数据，电信业务员就可以进行全面的客户研究和分析。

（2）客户细分与定位

客户细分是把客户分成一个个群体，在每个群体内部，客户的特征非常相似；而在群体与群体之间，客户的特征具有较大差异。区分出一个个的客户群，企业才可以对每个客户群进行有效的管理并采取相应的营销手段，提供符合这个客户群特征的产品或服务，从而起到事半功倍的作用。基于数据挖掘的精确细分技术能够对客户行为模式与客户价值进行准确判断与分析，已经成为今后客户细分领域的主流。

（3）营销战略制定

在得到基于现有数据（包括内部数据和外部数据）的客户群特征后，电信业务员结合企业战略、企业能力、市场环境等各方面因素，开始针对不同的客户群寻找可能的商业机会，最终每个客户群都会有相应的营销战略。

（4）方案设计

和一切方案一样，营销方案最重要的是目标，一个好的营销方案必须聚焦到某个目标客户群。企业从客户战略和当前营销工作的重点出发，筛选出目标客户群。根据目标客户群的营销活动目标，设计针对该客户群的营销活动创意，制订产品组合定价，并对其可能造成的影响进行评估，根据评估结果挑选出最佳创意，然后形成最终营销方案，包括针对性的产品组合方案、产品组合价格方案和渠道方案。

（5）营销结果反馈

基于营销活动执行过程中收集到的数据，对营销活动的执行、渠道、产品和广告的有效性进行评估，寻找需要改进和优化的关键点，总结和获取在执行期间得到的相关经验和教训，为下一阶段的营销活动打下良好的基础。

2．电信精确营销的策略核心

（1）聚焦客户

营销理论的演进表明，企业竞争的焦点已经从产品转移到客户，即"以客户为中心"。电信行业空前发展，客户的要求会越来越高，电信市场的竞争也越来越激烈，所以电信运营企业所做的一切都必须让客户满意，从而争取新客户，维系老客户，这就是聚焦客户的主要原因。此外，挽留老客户从某种意义上比争取新客户要更加重要。

精确营销的核心是"以客户为中心"，但它更强调以"以目标客户为中心"，精确营销在识别出目标消费者后，聚焦目标客户群，分析目标客户群的需求，然后推出这一特定群体最需要的细分产品，制订适应目标客户群的价格，通过相应的渠道和传播、促销方式进行产品营销。这样做的优点如下。

① 对于消费者来说，因为选择了合适的产品，既节省了时间成本、搜索成本，又节省了金钱。

② 对于运营商来说，目标客户变得容易寻找了。

③ 宣传与促销变得简单了。有了具体的目标用户群，相应的宣传与促销就会变得有的放矢。

④ 消费者的需求变得有"质感"了，运营商满足消费者需求的手段也就变得有"质

感"了，途径开始多了。消费者与企业的沟通会越来越顺畅，电信企业对于消费者需求的满足也会越来越及时，消费者的忠诚度就会提高。

⑤ 产品差异化开始形成了。通过应用内容，运营商的产品可以与竞争对手产品形成差异化，而这种差异化是不可被模仿的。

未来电信企业不可能简单针对所有的用户进行轰炸式营销，而是应该对客户进行细分，针对每个细分市场的特点进行精确营销，从而在提高营销效率的同时降低营销成本。因此，电信业客户研究的焦点不能仅仅定义为客户，而应该细化到关键客户乃至关键客户的关键需求。

（2）合作与整合

电信运营企业若只提供某一产业链上的单一产品，很难实现以客户为核心的全面的精确营销。电信产品的最终目标是满足消费者的需求，但并非每个电信产品满足的都是消费者的最终需求。例如，宽带接入产品其实只是一个通道，消费者通过这个通道满足自己直接的需求，如网络聊天、远程医疗、网上求医、在线杀毒、BT 下载等。所以要真正聚焦用户需求，实现全面精确营销，电信行业的运营必须强调面向消费者的整体解决方案。

3．电信精确营销的实施框架

电信精确营销可以理解成 PPT 框架，即树立从客户出发的核心价值观，从策略（Policy）、流程（Process）、技术（Technology）三方面着手，最终实现精确营销：策略具体是指营销策略；流程是指包括客户获取、客户培育、客户挽留的最佳管理实践流程；技术主要指基于用户信息之上的数据分析和数据挖掘。

策略、流程与技术是精确营销框架的三大要素。首先，要保证精确营销理念在组织中的贯彻，制订相应的营销策略和方案；其次，应该通过流程穿越、流程改造等方式，在不断的创新和探索中建立起与客户互动的行为模式；最后，充分利用技术并夯实技术的基础，坚强的技术后盾能够为精确营销理论的落实提供坚实的技术保障，使之具有可操作性。同时，始终以客户为出发点，确保客户在整个精确营销活动中处于核心地位，具体如图 1-10 所示。

电信业的客户数据动辄以亿万比特计，因此，与其他行业相比，在电信业的精确营销实施框架中，技术承担了一个更为关键的角色。其中海量客户数据之上的数据分析和数据挖掘是重中之重。数据挖掘是通过自动化工具对大量的数据进行探索

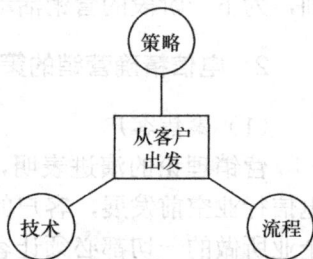

图 1-10　精确营销实施框架

和分析的过程，其目的是发现其中有意义的模式和规律。数据分析和数据挖掘的基础是客户的行为数据，通过业务系统收集大量的客户行为数据，把它们保存到数据仓库中，然后通过数据挖掘模型，生成客户流失预警模型、客户行为细分模型和交叉销售模型等更多模型。

三、电信交叉销售与升级销售中的精确营销

1．交叉销售

作为提升客户价值的主要手段，交叉销售和升级销售在营销实践中的应用较为成熟，目前，它们已经成为客户关系管理中重要的管理工具和营销策略。

【案例】 啤酒与尿布

在营销领域，曾经有一个故事广为流传：美国的一家超市发现，每当周末的时候，尿布卖得特别快。公司的经营人员经过分析，发现周末买尿布的大部分是男士，他们在周末下班回家的同时将尿布买回家。于是公司就将啤酒同尿布放在一起销售，从而两者的销售额大增，提高了企业的利润。这就是交叉销售的一个经典案例。

（1）交叉销售的概念

一般意义上，交叉销售是指借助各种分析技术和经验判断，发现现有客户的多种相关需求，通过适当的渠道满足其需求而销售多种相关产品和服务的一种营销理念。

交叉销售是一种发现客户多种需求，并满足其多种需求，从横向角度开发产品市场的营销方式。交叉销售的核心是向客户销售多种相关的服务或产品。

图 1-11 可以对交叉销售进行非常清晰与明确的对比与说明：交叉销售就是对老客户销售其尚未使用过的相关的产品与业务。

既然交叉销售是向现有客户销售更多新的相关的产品或业务，那么，这一位客户必须是电信运营企业能够了解与跟踪的单位客户。

（2）交叉销售的 5 个要点

正确而全面地理解交叉销售，需要把握以下 5 个要点。

	新客户
新产品	**交叉销售** 向老客户销售其尚未使用的业务或产品	**市场拓展** 将新产品销售给新客户
老产品	**升级销售** 向老客户销售其正在使用的业务和产品，以促使其更多消费	**市场渗透** 将老产品销售给新客户
	老客户	新客户

图 1-11 交叉销售概念辨析

① 交叉销售是客户导向的一种商业策略。交叉销售并不是一种将客户还没有购买的本企业的产品推销给客户的方法，而是一种通过发现客户的多种相关需求并满足其多种需求的营销策略。它是从客户的真正需求出发，通过提供多种符合客户利益的产品和服务来满足其需求，交叉销售的最终目的在于提升现有客户的忠诚度，开发客户资源。

② 交叉销售的实施对象是企业的现有客户。现有客户或多或少已经与企业有了某种程度的联系，而这种联系对企业来说是一种宝贵的资源。正如美国 ARC 公司董事长 Felvey 指出的那样，"与那些没有与企业建立关系的消费者相比，现有客户是公司产品的更好的潜在消费者"，因而企业不应当浪费这种既有资源，而应以某种合适的方式利用它。交叉销售就是利用这种既有资源的一种方式，它是利用企业与客户已经建立起来的买卖关系开展营销活动，并在实施交叉销售的过程中加强这种已有的关系，从而在交易中达到买卖双方的共赢。

③ 交叉销售从横向角度和纵向角度两个维度开发市场。横向角度是指，在现时，对某个特定的消费者而言，他还可能购买何种产品或服务，也就是"购买 A 产品的客户是否会同时购买 B 产品"；纵向角度是指，对某个特定的消费者，他在接下来的某个时刻可能会购买什么产品或服务，也就是"购买 A 产品的客户在下一个时刻是否会购买 B 产品"。对这两个问题的探讨，构成了交叉销售的两种重要形式：一是以提供整体解决方案（产品组合）满足整体需求的捆绑销售形式；二是针对消费者购买行为呈现出的序列性而提供不同产品的销售形式。

④ 从更深层的角度来讲，交叉销售不仅是一种营销策略，还是一种营销理念或称营销哲学。交叉销售的实质就是要"充分利用一切可能的资源开展营销，服务市场，赢得

客户"。

⑤ 就交叉销售的实质来说，它是客户资源在各产品及服务间的共享，是在拥有一定市场资源的情况下向自己的客户或者合作伙伴的客户进行的一种推广手段，是一种发掘客户多种需求，并满足其多种需求的营销方式，是一种主要从横向角度开发产品市场的销售技术。

（3）交叉销售的优点

交叉销售给企业带来的利益主要有以下几点。

① 成功率高

对企业来说，可借助已有的数据库，对客户的需求和个人特点进行充分的了解，针对客户的需求和问题制订相应的客户服务计划，从而增加了服务推销的成功率。

② 销售成本低

交叉销售是对现有客户的推销，同现有客户已经有了一定的关系基础，交叉销售也就可以为企业节约关系投资的成本。

③ 可以增强客户忠诚度

有针对性的交叉销售可以大大增加客户的忠诚度，而忠诚客户会重复购买本公司的产品和服务。数据显示，购买两种产品的客户的流失率是 55%，而购买 4 个或更多产品（服务）的客户的流失率几乎是零。交叉销售可以提高企业满足客户多种个性化需求的能力、增加客户向竞争对手转换的成本，因而可以提高客户的忠诚度，增加企业的利润率和客户的终生价值。

④ 增加利润

实践证明，将一种产品和服务推销给一个现有客户的成本远低于吸收一个新客户的成本。吸收新客户的成本是非常高的，而对现有客户进行交叉销售，自然成为许多公司增加投资回报的捷径。

（4）交叉销售的行业应用需具备两个重要的条件

① 同一消费者具有多种需求。

② 企业能够提供多种产品或服务。

前者使得交叉销售的应用具有可能性，后者使得交叉销售的应用具有现实性。根据现有的资料，交叉销售应用最为广泛的行业是电信业、零售业和金融业（主要是银行业和保险业），因为这些行业均具备以上两个重要条件。

2．升级销售

【案例】　小饭店的生意经

有一个很古老的故事，讲的是两家卖面的小饭店，一家的生意特别好，每个月都赚不少钱；另一家看上去也是人来人往，但每到月底一结算，却发现并没有赚到钱。有人很感兴趣，就去两家店吃饭，经过比较，他发现了原因。第一家店的老板每次都问："你要一个蛋还是两个蛋？"而第二家店的老板总是问："你要不要加蛋？"这样算下来，第一家店一个月要比第二家店多卖不少鸡蛋。从某种意义上来讲，第一家店的老板就是在运用升级销售的策略。

（1）升级销售的概念

以让客户购买更高价格的商品为目标的营销策略称为升级销售，就是指销售人员通过对客户需求的深度挖掘和对客户工作环境的深度理解，向客户推荐价值更高的产品，从而更好地满足客户的需求，达到双赢。

升级销售也可以理解为追加销售，即向客户销售某一特定产品或服务的升级品、附加品或者其他用以加强其原有功能或者用途的产品或服务。

类似的例子很多，例如，在麦当劳或是肯德基，点完想要的鸡腿汉堡和饮料之后，餐厅的服务员一般都会问："需要加一份新炸的薯条吗？"其实这就是升级销售的一种典型方式。这里的"薯条"作为升级销售的诱饵，诱使消费者增加购买，从而实现扩大销售的目的。

（2）升级销售的理论基础和技术支持

升级销售基于客户终生价值理念，电信运营企业要留住客户，并不断让他们购买产品。大多数消费品都面临一个问题，就是客户往往会有一种品牌转换的习惯。所以，要实现升级销售必须保证沟通，并不断建立品牌转换壁垒，使客户不愿意或者不能转换品牌。

电信运营企业的产品策略会根据客户需求不断升级，这些产品与原来的产品有很大的相关度，企业也可以运用升级销售策略向客户销售这些升级产品或者附加产品。

（3）升级销售的实现手段

升级销售的实现手段同样可以多样化，但最有效的仍然是直复营销。因为一对一的沟通和了解对客户来讲是关系建立的基础。在这种沟通的基础上，当他收到适当的促销信息时才能更积极地做出反应。

直复营销又称为直接营销，它是个性化需求的产物，是传播个性化产品和服务的最佳渠道。主要特点如下。

① 目标客户选择更精确

直复营销的人员可以从客户名单和数据库的有关信息中，挑选出有可能成为自己客户（存量客户或潜在客户）的人作为目标客户，然后与单个目标客户或特定的商业用户进行直接的信息交流，从而使目标客户准确，沟通有针对性。

② 强调与客户的关系

直复营销活动中，直复营销人员可根据每一个客户的不同需求和消费习惯进行有针对性的营销活动。直复营销人员深知，客户们不会被动地待在家中等着广告的到来。所以，他们总是集中全力刺激消费者的无计划购买或冲动性购买，为消费者立即反应提供一切方便。

③ 激励客户立即反应

通过集中全力的激励性广告使接受者立即采取某种特定行动，并为客户立即反应提供尽可能的方便，使人性化的直接沟通即刻实现。

④ 营销战略的隐蔽性

直复营销战略不是大张旗鼓地进行的，因此不易被竞争对手察觉，即使竞争对手察觉也为时已晚，因为直复营销广告和销售是同时进行的。

⑤ 关注客户终生价值和长期沟通

直复营销将企业的客户（包括最终客户、分销商和合作伙伴）作为最重要的企业资源，通过完善的客户服务和深入的客户分析满足客户的需求，关注和帮助客户实现终生价值。

常见的直复营销形式如下。

① 直接邮寄营销

电信业务员把信函、样品或者广告直接寄给目标客户的营销活动。

② 目录营销

电信业务员给目标客户邮寄目录，或者备有目录随时供客户索取。

③ 电话营销

电信业务员通过电话向目标客户进行营销活动。电话的普及，尤其是 800 免费电话的开通使消费者更愿意接受这一形式。

④ 直接反应电视营销

电信业务员通过在电视上介绍产品，或赞助某个推销商品的专题节目，开展营销活动。

⑤ 直接反应印刷媒介

直接反应印刷媒介通常是指在杂志、报纸和其他印刷媒介上做直接反应广告，鼓励目标成员通过电话或回函订购，从而达到提高销售的目的，并为客户提供知识等服务。

⑥ 直接反应广播

广播既可作为直接反应的主导媒体，也可以为其他媒体配合，使客户对广播进行反馈。

⑦ 网络营销

电信业务员通过互联网等手段开展营销活动。目前，像书籍、计算机软硬件、旅游服务等已普遍在网上开始了其营销业务。

3．交叉销售与升级销售的关系

很多时候人们都把升级销售和交叉销售作为两个同义词，实际上这是提高销售业绩的纵向及横向的两条不同思路，两者的出发点是不一样的。打个比方，一位客户想购买一款笔记本电脑，升级销售是劝他再去买一个移动硬盘；而交叉销售则是建议该客户购买一些相关的搭配物，比如家庭款投影机，因为他和该购买者交流的时候发现客户提到了家庭影院。

交叉销售与升级销售在基本原则上是容易被识别的，但在碰到具体产品时，有时也难以区分。以鼠标和键盘为例，如果强调鼠标是键盘的附加品，则属于升级销售的情形；如果强调鼠标是独立产品，则属于交叉销售的情形。在具体运用时，需要考虑问题的侧重点是什么，如表 1-7 所示。

表 1-7　　　　　升级销售与交叉销售的比较

销售类别 比较的内容	升 级 销 售	交 叉 销 售
待销售产品与客户已使用产品的关系	较紧密，附加或升级关系	不紧密，没有明显的关系
目标客户的识别	较容易，即为原有产品的使用者	难度较大，不易识别
分析方法	根据产品关联性与客户消费行为判断	需进行深度的数据挖掘

企业往往不够重视升级销售和交叉销售的作用，只是在最后一分钟才会例行公事地问上一句："还需要别的什么吗？"殊不知有技巧的升级销售和交叉销售对增加企业的收益有明显的作用。

这里有个不容忽视的原则：永远不要向消费者推销那种谁也不需要的产品（服务）。每个品牌都有着自己的特点，而成功实现交叉销售的关键是注意观察消费者，量体裁衣地为不同的消费者提供有针对性的升级销售和交叉销售的套餐。

4．电信行业适合交叉销售与升级销售

电信行业的业务特点和行业发展状况决定了电信业是较为适合开展交叉销售和升级销售的领域。

（1）电信服务消费的多样性和电信运营企业提供服务的多样性为电信业开展交叉销售和升级销售提供了可能

各主要运营商都能提供多样化的电信业务。这表明在当今这个电信业务日趋多样化和个性化的时代，实现全业务运营是形成企业竞争优势的重要保证。

（2）电信业数据库管理较为完善，拥有较为完整的客户资料为开展交叉销售和升级销售提升了技术支持

电信企业完全可以根据自身产品和业务特征，充分运用各种信息资源组织企业内部的交叉销售，提高客户占有率。这就意味着有很多的升级销售（引导客户购买价格、价值更高的产品）与交叉销售（销售一些关联产品）的机会。

交叉销售和升级销售建立在数据库营销的基础上，电信企业可以依赖客户数据库锁定某个特定的客户或客户群体，并掌握客户消费属性和购买历史。采取交叉销售和升级销售就是将客户数据库资料加以分析和运用，进一步加强企业对所掌握的客户实行人性化服务的力度，在为客户创造价值的同时也为企业带来更多的价值。

5．电信业交叉销售中的精确营销

（1）实现电信业交叉销售的主要形式

电信运营企业要从分析现有客户的通话行为数据开始，在这些海量的数据中，找出合适的交叉销售产品，挖掘出客户与产品之间的关联性以及产品与产品之间的关联性，最终帮助电信运营企业结合自身的产品，识别和锁定目标客户群，从而为目标客户提供他们所期望的价值，以达到双赢的目的。电信运营企业可采用的交叉销售的方式有以下几种。

① 按产品和业务交叉

按产品和业务交叉，即按照不同客户的需求特点将固定电话、手机、计算机等通信终端组合起来，或者将本地、传统长途、IP 长途、宽带上网、来电显示、短信等基础业务或增值业务组合起来。例如，固定电话的通信业务与手机的通信业务组合、手机的语音业务与短信业务组合等。

捆绑销售是指电信运营企业根据用户的喜好将基础业务与增值业务进行"捆绑"营销，在方便用户选择的基础上，推出面向业务捆绑的细分价格，让使用"捆绑业务"的用户享受到比分别选择单项业务更多的价格优惠。对于客户来说，每一项单项服务的价格都降低了；对运营商来说，多项业务捆绑销售增加了每个月的总营业收入。目前，中国电信的"我的 e 家"做法是将固定电话业务、移动电话业务和宽带业务进行交叉捆绑销售。

② 按客户交叉

按客户交叉，即将具有密切亲情关系和工作关系的客户组合起来，对这些客户之间的话务量给予话费优惠、话务量赠送、新电信产品优惠售卖或赠送、实物奖励、数量折扣等。例如，国内一些运营商使用的亲情卡等营销手段就属于此类交叉。

③ 按渠道和行业交叉

在渠道交叉中，产品的搭售和在同一渠道上不同企业联合进行促销，是两种很常见的方

式。电信运营企业可以利用低利润产品建立销售渠道，再通过该渠道销售高利润产品实现电信运营企业的赢利。例如，固定电话公司给客户免费安装电话机，建立电信服务的渠道，然后通过随后的客户电话使用服务收取费用，获得利润。

对于内容提供商而言，电信运营企业的业务就是其重要的渠道，通过与运营商合作，可以有效地实现渠道交叉。例如，电信运营企业可与酒店宾馆之间组织联合促销活动，向客户提供打包服务。这种联合促销方案，可以充分利用现有资源，既能使各自的潜在客户数量明显增加，又不需要额外的营销费用。

④ 按价格交叉

按价格交叉是一种最为常见的交叉销售方式，主要是对主导产品与连带产品之间实行不同价格互补策略，对相关产品进行交叉定价。对电信用户而言，电信终端设备（如电话、手机等）就是一种必需产品，只有拥有或者能够获得这些设备的使用权，才可以使用一些电信服务（如打电话、发短信）。如果电信终端设备提供商，将手机等终端设备的价格调低，无疑可以促进用户对电信服务的消费。

按价格交叉还有一种形式是对群体组合产品进行交叉定价。对运营商而言，可对那些基础性产品制定较低的价格，以刺激客户需求，并通过后续业务的使用实现企业的利润。即调整基础性业务和增值业务之间的价格比例，刺激消费者的需求，通过较低价格的基础性业务提高增值业务的使用量，并通过增值业务获取更多的利润。

⑤ 按时间交叉

按时间交叉即按照不同客户的需求特点分别将白天与夜晚、工作日与周末及节日、网络流量的高峰与低谷等因素组合起来，实行不同的价格标准或给予话务量赠送、新电信产品优惠售卖或赠送、实物奖励、数量折扣等。

（2）通过精确营销实现电信业交叉销售时需注意的问题

① 进一步加强对用户行为的研究

交叉销售的核心思想之一就是理解客户的需求。而理解客户的需求，就是要对用户行为进行研究。理想的状态是用户感觉不到宽带应用、GPRS 业务或者其他以技术命名的业务，而只是享受作为某一目标客户群所应该享受的服务应用，这样的应用应该是服务的组合。

② 不要将交叉销售狭隘地理解为捆绑销售

交叉销售的实现形式除了不同产品之间的捆绑销售；还有针对某一客户的购买序列提供序列产品以及为满足某一客户的多种需求而打破行业之间的界限，通过联合内容提供商提供一个的完整解决方案。

不要将交叉销售狭隘地理解为捆绑销售，更要对客户生命周期进行管理，通过客户生命周期购买系列提升，实现客户价值的提升。

③不能将交叉销售简单地理解为一种分析技术

交叉销售是一个完整的商业策略，建立交叉捆绑销售模型不仅仅是识别出交叉销售机会，而要把握该机会，需要通过一套流程。电信业务员不是只守在数据库里就可以发现所有的交叉销售机会，而应该将注意力放在影响客户购买决定的因素上面。

④ 精确营销实现电信业交叉销售时也要注意外部环境因素数据

因为这些数据不仅是客户内在消费需求的体现，也会受到前期促销政策、竞争者行动等外部市场因素的影响，所以要尽可能把受影响的用户数据剔除掉。

6．电信业升级销售中的精确营销

精确营销实现电信业升级销售主要应用在对客户资费套餐的升级销售中。资费套餐升级销售具有价格竞争的隐蔽性，能够适应不同用户的多层次要求。通过资费套餐的科学设计，在不同档的套餐中设置升级销售机会，为客户找到升级销售的机会，同时也为电信运营企业带来更多的客户价值回报。

电信运营企业升级销售可以实现的利益如下。

① 从企业追求的目标来看，实施资费套餐升级销售方案后，通过鼓励现有用户多打电话，实现电信运营企业的话费总收入大于实施前的话费总收入，保持并提升企业的赢利水平。

② 从客户关系管理来看，通过设置不同资费套餐升级销售方案，提高了在网用户的稳定性，使不同细分市场下的用户自发地流向运营商为其设定的套餐。

③ 从调整用户结构来看，利用资费套餐的刚性特点，淘汰一部分零次客户，减缓电信运营企业 ARPU 值的下降速度。

④ 实行对大客户倾斜的政策，提高大客户的忠诚度。

⑤ 从竞争策略的角度来看，通过资费套餐能提高电信运营企业在价格竞争方面的能力。

⑥ 从市场可操作性来看，成功的资费套餐方案能在提高电信运营企业收入的同时，为客户创造足够的额外价值和消费满意，提高用户的让渡价值。

7．电信交叉销售与升级销售管理

（1）交叉销售与升级销售的营销效果评估

只需很小的投入，成功运用交叉销售和升级销售就能给电信运营企业带来 5%～25%的收益增加。那么，怎样才能知道是否得到了这样的收益率？在每一次组合营销活动结束后，应主要根据方案设计时所制定的交叉营销（升级营销）效果评估标准和方法，及时地对交叉营销（升级营销）活动进行效果评估和经验总结。

电信业交叉销售和升级销售的目的，从短期来看，在于提升客户 ARPU 值，获取更大的销售额和更多的利润；从长期来看，则是不断提升客户的忠诚度，维持可赢利的长期的客户关系，提升客户价值。

具体来说，评估交叉销售和升级销售的关键指标主要有利润指标、客户流失率、客户满意度和客户忠诚度。

● 利润指标

交叉销售和升级销售的实施并非零成本，但利润的增加应当是实施交叉销售和升级销售的合理结果。在评估中，应该注意到这种成本和费用的增加应当被看作是一种长期性的投资，应当采用一定的方法将初始投入较大的成本和费用进行分摊。

如果评估的结果不是预期的结果，那么企业应当寻找原因：比如说交叉销售和升级销售机会识别模型不够准确，导致向大量已购买了产品的客户进行交叉销售，浪费了组织有限的资源；或是在交叉销售和升级销售实施过程中使用了不恰当的销售渠道，造成了销售成本的上升等。

衡量电信业经营好坏的一个常用指标就是 ARPU 值，从理论上讲，如果排除其他因素，企业在实施交叉销售和升级销售后的一段时间内，ARPU 值上升则表明交叉销售和升级销售是可以带来收益的。

- 客户流失率

客户保持是关系营销的核心问题，客户保持得好坏与否可以用客户流失率进行衡量，交叉销售和升级销售的实施所达到的效果应当是企业客户流失率降低。客户流失率是否降低，可以从一段足够长的时期内，企业实施交叉销售和升级销售前的客户流失率与实施交叉销售和升级销售后的客户流失率的数据对比中看出。当然，企业也可以通过企业实施交叉销售和升级销售前后的客户流失率与行业平均水平进行对比。

- 客户满意度

客户满意度在任何商务领域都是衡量企业经营业绩的一个重要指标，获得满足的客户都是最能带来利益的客户，也是销售额和利润率增长的源泉，他们是公司利润的主要来源，并且可以弥补发展薄利客户的损失。获得满足的客户决定了公司的赢利能力，所以客户满意度是预测公司未来利润的最好指标。企业通过实施交叉销售和升级销售，应当达成更高的客户满意，并进一步加深企业与现有客户之间的关系。

- 客户忠诚度

客户忠诚度又可称为客户粘度，是指客户对某一特定产品或服务产生了好感，形成了"依附性"偏好，进而重复购买的一种趋向。客户忠诚是指客户对企业的产品或服务的依恋或爱慕的感情，它主要通过客户的情感忠诚、行为忠诚和意识忠诚表现出来。其中情感忠诚表现为客户对企业的理念、行为和视觉形象的高度认同和满意；行为忠诚表现为客户再次消费时对企业的产品和服务的重复购买行为；意识忠诚则表现为客户做出的对企业的产品和服务的未来消费意向。这样，由情感、行为和意识三个方面组成的客户忠诚营销理论，着重于对客户行为趋向的评价，反映企业在未来经营活动中的竞争优势。

（2）交叉销售和升级销售的营销管理

① 加强电信企业内部管理

电信运营企业的内部管理是电信业开展交叉销售和升级销售的组织保证。企业要实施交叉销售技巧，首先高层主管要重视。

为了满足通信市场个性化、多变性的需求，电信运营企业必须转向为客户提供个性化、多样化的业务和增值服务，敏捷、灵活地提供各类电信业务。

在做好业务创新和定制特色业务套餐的同时，电信运营企业也要做好跟客户沟通，让客户了解，从而使用电信业务的工作。

努力塑造一个较好的促进交叉销售的氛围，对员工进行不断的培训，鼓励团队之间的对话以解决分歧，公开承认成功交叉销售的价值。

信息沟通对交叉销售和升级销售而言是一项重要的工作，一个企业必须将它所有的产品信息传达给所有的员工及客户。制定一套有效的宣传教育系统，向企业的全体员工宣传交叉销售方法，使大家明白交叉销售对企业的意义及企业的具体计划。企业可以把各部门的人集中在一起进行讨论，听取各部门的意见，促进相互间的沟通与合作。

② 强化客户关系管理

对电信业务员而言，关键不是缺少交叉销售的机会，而是缺少发现并把握交叉销售机会的敏感性。为提高企业员工对交叉销售机会的敏感性，对企业与客户接触最紧密的一线员工进行培训，是一种有效的方法。

短期的关系立足于解决今天的问题，而长期关系的建立，则靠企业员工对客户的了解，能洞悉他们将来的需要。

当前电信企业争夺的焦点是中高端用户，这类用户关注于服务的质量、产品以及服务与身份的匹配等，对产品的资费不是非常敏感，这就更需要针对该部分用户提供个性化的产品和服务，以便更好地服务客户，提升其忠诚度，留住客户。

③ 完善客户数据库

为电信业开展交叉销售和升级销售提供技术支持，电信企业需要从企业内部做好数据积累和客户消费历史的记录，同时从外部做好用户类型和外部用户需求特征的调研，把用户的具体类型和内部的数据特征对应起来。例如，借助客户服务呼叫中心，记录客户每次咨询的内容，添加到客户数据库中，使客户信息得以充实和完善，然后锁定客户的喜好，针对客户的多样化需求提供多样化的服务，赢得更富吸引力的营销机会。

任务4 电信品牌营销

【问题引入】今天，电信市场融合、一体化已成为全球电信发展的一个重要趋势。电信运营商面临的竞争越来越激烈，市场发展空间相对越来越小，利润空间被压缩。为了能应对竞争、融合的发展环境，品牌的重要性日益凸显，它已成为运营商保障正确的信息能传达到其目标用户、增加 ARPU 值、提高用户忠诚度的重要一环。因此，电信业务员需要对品牌和品牌管理的基本知识有所了解。任务4主要内容包括品牌与品牌营销、品牌策略和电信品牌管理。

【本任务要求】

1. 识记：品牌相关核心概念、品牌营销的三阶段、品牌的基本策略、成功品牌管理的七大黄金法则。

2. 领会：品牌管理的重要性、品牌的扩展和防御策略。

正如美国的一位品牌策略专家所言："拥有市场比拥有工厂更重要，而拥有市场的唯一办法是拥有占市场主导地位的品牌。"本任务主要内容包括品牌与品牌营销、品牌策略和电信品牌管理。

一、品牌与品牌营销

1. 品牌概述

良好的品牌有助于企业建立良好的企业形象。

（1）品牌的含义

品牌是指用来识别一个或一群出售者的产品或服务的名称、术语、标记、符号、图案或其组合，使企业的产品或服务与其他竞争者相区别。品牌是一个集合概念，包括品牌名称、品牌标志、商标等。所有品牌名称、品牌标志、商标都可以成为品牌或品牌的一部分。

品牌名称是指品牌中可以用语言称呼的部分，如"中国电信""中国移动""中国联通"等。

品牌标志是品牌中可以被辨认，但无法用语言表达的部分，包括符号、图案、颜色或其他特殊的设计等，如中国电信的"牛头"图案和中国联通的"中国结"图案等。

商标是指经有关部门确认，受法律保护并为企业专用的品牌或品牌的一部分。

品牌与商标既有联系又有区别。两者都是区别产品的标志，而且商标是品牌的一部分或全部。所有的商标都是品牌，但品牌不一定都是商标。品牌是商业名称，不具有排他性，不受法律保护；商标是法律名称，为企业专用，具有排他性，受法律保护。

品牌从本质上说，是传递一种信息，一个品牌一般能表达 6 层意思。

① 属性

一个品牌首先给人带来特定的属性。

② 利益

一个品牌绝不仅仅限于一组属性，消费者购买利益而不是购买属性。

③ 价值

品牌能提供一定的价值。

④ 文化

品牌可能附加和象征了一种文化，是企业文化的高度浓缩。

⑤ 个性

品牌还能代表一定的个性。

⑥ 使用者

品牌还体现了购买或使用这种产品是哪一类消费者，这一类消费者也代表了一定的文化、个性，这对于公司细分市场、市场定位有很大帮助。

（2）品牌的作用

品牌无论对企业还是客户来说，都具有重要作用。

① 品牌对客户的作用

对客户来说，品牌的作用是：使消费者易于辨认所需要的产品和服务；同一品牌的产品一般具有相同的品质，容易消除客户对新产品的疑虑；客户可以按品牌了解企业，便于产品的推广和维修，以维护客户的利益；便于客户在选择相同或类似产品时，比较质量和价格等。总之，品牌能减少客户选择产品时所花费的分析产品的时间和精力，减少客户的交易费用。

② 品牌对企业的作用

• 有利于广告宣传和产品陈列，加深客户对本企业和产品的印象，因为企业宣传品牌要比介绍本企业名称或产品制造技术方便得多。

• 有利于保持和扩大市场占有率，吸引消费者重复购买，建立客户偏好。

• 有助于减少价格弹性，使产品自然地与竞争对手的产品产生差异，即品牌所有者可以确立自己的产品价格，而不轻易随竞争者的价格波动而波动。

• 有助于产品组合扩张，因为在有品牌的产品线中增加新的产品项目较之没有品牌的产品线要容易得多。

• 有利于维护企业的正当权益，品牌经注册登记成为注册商标后，就使企业的产品特色得到法律保护，防止别人模仿、抄袭或假冒，保护了企业的正当权益。

• 有利于企业接受社会监督，提高产品质量。

（3）品牌的设计

品牌是由文字、图案及符号等构成的，品牌设计的题材也极为广泛，诸如花鸟虫鱼、名胜古迹、天文地理等，因此品牌的设计是艺术和技巧在企业营销活动中的展现。从市场营销的角度来看，品牌的设计应注意如下事项。

① 新奇独特

品牌是产品的标识,必须具有显著特征。

② 美观大方

品牌的造型要美观大方、构思新颖、特色鲜明。

③ 简洁明了

品牌设计要简明醒目,易懂易记,具有强烈的吸引力。

④ 展现风貌

品牌要能展现企业及其产品的风貌,表达出企业或产品的特点。

⑤ 遵循法律规定

品牌设计一定要遵循商标法的有关规定。

⑥ 适应风俗习惯

品牌设计中要全面考虑不同的风俗、习惯及信仰。

【案例】 GE 公司长盛不衰的启示:品牌高于一切

美国通用电气公司(GE)曾为世界上许多大公司培养出了一大批 CEO。据统计,在世界 500 强中有 173 位 CEO 出自 GE,因此人们把它称 CEO 的摇篮。但是,通用电气的发展绝非一帆风顺,GE 品牌也绝非始终响彻云天,它是通过一百多年无数人的奋斗,诚信乃至牺牲换来的。

1988 年,负责冰箱销售工作的部门主管(现任公司的总裁)发现有大批客户对冰箱的压缩机不满意,而且这些问题发生在保修期之内。于是,他向公司总裁韦尔奇提出,应该收回 330 万台冰箱压缩机,这个决定关系到 6 亿美元。提出这个问题之后,韦尔奇先生没有责怪他,详细地了解了相关的数据和信息。问了许多问题之后,韦尔奇最后说:"你是对的,就按你所说的做。"

收回 330 万台冰箱压缩机,公司虽然遭受了巨大的损失,但却赢得了市场和用户的广泛好评。不为物质利益的损失所动,毫不动摇地坚持公司诚信的品格,把信誉始终摆在第一位,品牌高于一切,这就是 GE 的品牌战略。正是在生产经营中贯彻了以诚信为核心的品牌战略,GE 公司才成长为世界著名的大公司,在激烈的市场竞争中长盛不衰。

【案例】 P&G 开创品牌管理之先河

越来越多的企业都在努力建立适合本企业的品牌管理系统,在这方面,宝洁公司是他们争相参照的典范。

1931 年 5 月 31 日,一份具有历史意义的备忘录在宝洁诞生。哈佛毕业生尼尔·麦克罗伊在这份长达 3 页的备忘录中详细介绍了他的品牌管理思想,公司总裁杜普利破例详细阅读了这份超长的备忘录(公司规定备忘录不能超过 1 页)并予以批准。于是,一份备忘录改变了宝洁的发展史,"将品牌作为一项事业来经营"从此成为宝洁的信念之一。

在新的品牌管理体系之下,品牌经理要对某一品牌的营销全权负责,其收入与该品牌业绩挂钩。由此,品牌经理会充分发挥其智慧和才能,在内外部双重竞争的压力下争取"他的"品牌获得成功。简单地说,宝洁品牌管理系统的精要就是让自己的品牌相互展开竞争,这对当时的美国工商业来说是个全新的概念。

宝洁要求它旗下的每个品牌都"独一无二",都必须自我建立客户忠诚度。同类产品的多种宝洁品牌相互竞争但又各有所长,为消费者提供不同的好处从而保持各自的吸引力。如洗发水品牌各自承诺不同的利益:头屑去无踪,秀发更出众(海飞丝);洗护二合一,让头发飘逸柔顺（飘柔）；含维生素 B$_5$，令头发健康，加倍亮泽（潘婷）。在全球范围之内，宝洁还有 9 个洗衣剂品牌，6 个香皂品牌，3 个牙膏品牌，2 个衣物柔顺剂品牌，也难怪《时代》杂志会称宝洁是个"毫无拘束、品牌自由的国度"。

2．品牌营销

（1）品牌营销的含义

品牌营销是指企业通过利用消费者的品牌需求，创造品牌价值，最终形成品牌效益的营销策略和过程。

（2）电信市场品牌营销的三阶段

电信市场的品牌营销发展基本分为 3 个阶段。

第一阶段是电信市场出现的一些自发品牌。

第二阶段是以某一类业务、产品或服务为品牌基础，进行跨人群的品牌营销阶段，包括了技术品牌、业务品牌以及服务品牌等。其中技术品牌将支持电信业务的技术作为品牌进行宣传，例如 ADSL、CMDA 技术等；业务品牌将业务本身具有的核心功能或者特点作为品牌进行宣传，例如 800 电话、视频会议等；服务品牌将企业中某些服务的环节或者流程形成品牌，例如服务热线 10000 号、10086 等。

第三阶段是以客户为导向的品牌营销阶段，通过对市场进行细分，形成以客户消费特征、经济承受力、消费需求等为导向的客户品牌。如中国移动面向学生、年轻白领等群体的"动感地带"品牌。

3．我国电信企业的品牌类别

纵观我国国内电信企业的品牌建设，电信业务的品牌塑造可以分为企业品牌、技术品牌、业务品牌、服务品牌和客户品牌 5 种类型，如表 1-8 所示。

表 1-8　　　　　　　　　　电信品牌塑造类别及优劣势分析

品 牌 类 别	品牌传播方式	优　　势	劣　　势
企业品牌	1）突出宣传企业名称和标识 2）重点强调该企业服务优势中的某一点	1）消费者对该电信企业印象好，就可能选择所有属于该企业的电信服务，节省了宣传每一种业务的成本； 2）能够突出整体的企业品牌优势	1）消费者如果对该企业印象不好，则推出的一系列业务都会受到牵连； 2）业务品牌较多且业务之间差异较大时，业务本身的优势就不能被体现
技术品牌	将支持电信的技术作为品牌进行宣传，例如 ADSL、CDMA 等	1）对于不同企业间的技术差异较大的业务比较适用； 2）对于专注于技术特色的消费者比较有效	1）普通消费者难以理解，很难拉近与消费者之间的距离； 2）从技术转化为消费者可感知的品牌利益点看，还需要花费很大精力
业务品牌	将核心功能或者特点作为品牌进行宣传，例如 800 电话、视频会议等	能够直接理解电信业务，比技术品牌更加清晰	服务差异较小时，不能体现出竞争优势

品 牌 类 别	品牌传播方式	优　　势	劣　　势
服务品牌	将企业中某些服务的环节或者流程形成品牌，例如服务热线 10000 号、10086、116114 等	对提高用户的满意度和建立用户的忠诚度有帮助	如果服务品牌做得不好，会波及与企业相关的其他品牌，同时会严重影响客户的满意度
客户品牌	针对不同的细分市场建立不同的品牌，例如中国移动的"全球通""动感地带""神州行"等	品牌的建设基于客户的利益为导向，能够更加有针对性地抓住细分市场	适合于差异较小的电信业务和充分竞争的市场

从客户价值的角度来看，最佳的电信品牌组合推广策略是：在不同的时期主推不同细分市场的业务品牌和客户品牌；将服务品牌贯穿在整个品牌建设的过程中，作为业务品牌和客户品牌的推动力；将技术品牌转化为业务品牌或者客户品牌，而将技术要素在具体的宣传中加以强调。

二、品牌策略

品牌策略是产品策略的组成部分。在市场营销活动中，每一个企业在其品牌策略上，都要面临多种决策，一般来说可供企业选用的品牌策略主要有以下几种。

1. 电信企业品牌价值建设

根据从消费者的角度进行品牌价值评估的原理，品牌的价值包括品牌知名度、美誉度、品牌价值的外延和内涵几个方面。电信企业可以评估每一个品牌在几个维度上的表现，从而找到相应的品牌提升策略。因此，品牌建设就是对电信品牌价值的几个方面不断提升以达到平衡的过程。

（1）打造品牌知名度

品牌知名度是目标消费者对品牌名称及其所属产品类别的知晓程度。

品牌知名度越高，表明消费者对其越熟悉，而熟悉的品牌总是令人感到安全、可靠，并使人产生好感。因此，品牌知名度越高，消费者对其喜欢的程度越高，选购的可能性越大，强势的电信品牌都具有极高的品牌知名度，在同类产品中独树一帜，同时也吸引了大量消费者的购买，如图 1-12 所示。

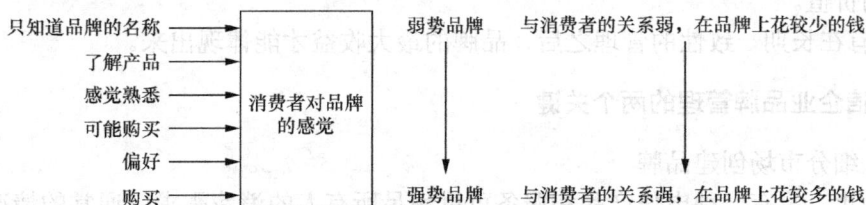

图 1-12　品牌知名度对消费者的影响

拥有一个知名品牌能为电信运营商带来大量的竞争优势，然而，目前面临的问题是，随着大众媒体广告费用越来越高，市场进一步细分，利用大众媒体提高知名度的做法逐渐受到了挑战。实践证明，只有针对目标消费者开展能凸显品牌特性的活动，才能使消费者在活动中亲身感受到品牌特性，从而将品牌铭刻在心中。这是提升品牌知名度的最佳途径。

（2）提高品牌美誉度

品牌的美誉度反映的是消费者对该品牌价值认定的程度，品牌美誉度是形成消费者忠诚度的重要因素。

消费者在与电信企业发生接触，或是使用电信企业的服务时，他们会根据自己的感觉，对企业的产品或服务做出评价，这些感受就是一个"瞬间"感觉。大量的研究表明，消费者心目中的无数个关键瞬间的构成，使电信品牌的美誉度受到了影响，从而进一步影响到对品牌的满意度和忠诚度。例如，通话质量总是成为用户抱怨的对象，这种抱怨的形成则仅仅是因为在某个重要的时间，消费者的电话打不通或者是电话掉线，而消费者对这个瞬间的感受如果非常糟糕，往往就会转网，甚至在今后的口碑传播中将这个负面的感受传播出去，影响企业品牌整体的美誉度。

对于电信运营商来说，提高品牌美誉度需要在每一个服务的节点上加以重视，利用自身突出优势的地方来避开消费者对某些方面的不满，例如强化服务或者是建立和消费者深入沟通的渠道等。

（3）提升品牌价值

品牌价值内涵是品牌价值的核心部分，分为情感和功能两个层面；品牌价值外延是品牌价值的扩展部分，反映了品牌内在价值的影响力和渗透力，通常包括对品牌名称、品牌标志、广告语、形象使者、经营理念等认知度和美誉度的测量。大量的研究表明，知名品牌的成功，不是某一个方面的成功，电信运营商对于品牌价值的建设，将成为电信品牌得以茁壮成长的关键。

三、电信品牌管理

1. 品牌管理的重要性

长期一致地管理品牌是十分重要的，这主要有以下原因。

① 建立品牌需要的投入是昂贵的。

② 客户需要花时间来理解一个品牌，并且对品牌信息做出反应。

③ 如果品牌频繁地变化，客户就会感到迷惑。

④ 客户对品牌体验的"不一致"非常敏感。品牌是一种承诺，如果企业违背了这个承诺，企业就失去了信誉。

⑤ 公司内部的很多不同力量总是想改变品牌。如果不进行管理，这些力量很可能降低一个品牌的价值。

⑥ 只有在长期一致性的管理之后，品牌的最大收益才能体现出来。

2. 电信企业品牌管理的两个关键

（1）从细分市场创建品牌

迄今为止，没有一种电信产品和服务可以满足所有人的消费需求，通常的情况是，一些客户因为网络不好会放弃，一些客户由于资费过高而观望，一些客户则因为服务太差而走开，这就形成运营商推行差异化服务的根本出发点。它以客户需求为依据，将不同类别的客户、不同档次的产品进行拆分组合，充分发挥资源优势，合理调配运营成本，从而达到企业效益的最大化，市场细分对于电信品牌的塑造也就显得非常重要。

对客户进行市场细分，通过实施品牌战略提升企业竞争力，是很多国际品牌得以成功的关键，美国宝洁、联合利华对于细分成就品牌战略的应用都堪称行业楷模。虽然电信运营商不生产具体的有形产品，但满足客户多样化的消费需求是企业经营的共同要求，无视客户的需求、忽视品牌建设将很难在竞争中获得持久优势。

【案例】　韩国 SK 电讯的品牌

韩国移动运营企业代表 SK 电讯在实施品牌战略中，就依靠针对客户的市场细分打造不同的客户品牌而获利，SK 电讯把韩国所有用户按 5 岁为一个年龄段进行细化，建立个性化、品牌化服务。如 TING 是专为 13 岁至 18 岁的青少年服务，提供教育培训、英语角、高考讲座、聊天、购物打折等服务；TTL 是为 19 岁至 24 岁、年轻动感的客户服务，提供资费折扣、全球社区服务、娱乐、文化交流、品牌旗舰俱乐部等服务；UTO 是为 25 岁至 35 岁、有一定消费能力的职业人士服务，提供 VIP 服务、休闲娱乐信息、多种职业培训、消费打折等服务；CARA 是专为已婚女性量身定做的服务，提供美容与健身、饮食服装信息、旅游信息等服务，这种市场划分取得了很大的成功，使每一类的客户都有了归属感，都拥有属于自己的品牌。

对于国内的电信运营商来说，目前对市场的细分还远远不够，例如在手机终端市场、信用卡等很多市场都对女性推出了专门的品牌，电信运营商就没有重视这一点。因此，运营商需要充分地挖掘细分市场的需求，理解不同客户群体对于电信服务的需求和期望，并针对特定群体推出专门的客户品牌。

综上所述，品牌对电信企业来说是一笔难以准确估计其价值的巨大的无形资产，品牌的创立、打响、维持已成为电信企业日常经营的重要组成部分。同时，品牌建设也是一项长期的战略任务，谁的品牌运作能力强，意味着谁就能够避开残酷的价格竞争，而引领电信行业竞争的潮流。

（2）明确的品牌定位

"品牌定位"是影响客户怎样体验、感觉、反应、评价该品牌并成为忠实客户，从而创造价值的一个过程。品牌定位包括品牌的价值定位和形象定位。品牌定位需要解决的主要问题如表 1-9 所示。

表 1-9　品牌定位需要解决的主要问题

品 牌 定 位	构 成 要 素	主 要 问 题
价值定位	功能上的好处	品牌提供哪些具体的功能上的好处
	情感上的好处	品牌创造了哪些情感上的好处
	价格	这些好处值多少钱
形象定位	个性	什么是品牌的特性/个性
	故事	品牌有什么故事/传统
	形象	客户应该怎样看待这一品牌
	联系	客户与品牌之间的关系应该是怎样的
	价值	品牌代表什么价值
	体验	客户对品牌的体验如何

3．成功品牌管理的七大黄金法则

（1）明确品牌的核心价值。

（2）规划品牌识别系统。

（3）关注核心价值。

（4）与消费者深度沟通。

（5）优先品牌化战略与品牌架构。

（6）做好品牌延伸。

（7）管理品牌资产。

 过关训练

一、简答题

1. 电信市场的定义是什么？

2. 市场营销的定义是什么？

3. 狭义市场与广义市场的区别是什么？

4. 市场营销观念有哪两类？每个类别中分别有哪些观念？

5. 顾客让渡价值是什么？顾客购买的总价值包括哪些？顾客购买的总成本包括哪些？

6. 营销调研是指什么？电信市场调研的主要内容有哪些？

7. 营销调研的程序是什么？

8. 抽样的方式有哪些？

9. 电信营销的管理过程是怎样的？

10. 精确营销分为哪几个阶段？

11. 交叉销售与升级销售可以从哪几个方面进行比较？

12. 实现电信业交叉销售的主要形式有哪些？

13. 有哪些直复营销的形式？

14. 品牌的含义是什么？

15. 品牌管理的重要性有哪些？

16. 我国电信企业的品牌类别有哪些？

二、不定项选择题

1. 经典的 4P 理论包括（　　）。

A. 产品（Product）　　　　　　　　　　B. 价格（Price）

C. 渠道（Place）　　　　　　　　　　　D. 促销（Promotion）

2. 4C 营销理论包括（　　）。

A. 顾客（Customer）　　　　　　　　　B. 成本（Cost）

C. 便利（Convenience）　　　　　　　　D. 沟通（Communication）

3. 4R 营销理论包括（　　）。

A. 关联（Relevance）　　　　　　　　　B. 反应（Reaction）

C. 关系（Relationship）　　　　　　　　D. 回报（Reward）

4. 以企业为中心的传统观念包括（　　）。

A. 生产观念　　　　B. 市场营销观念　　　　C. 产品观念　　　　D. 推销观念

5. 调研的第二手资料包括（　　）。

A. 期刊和书籍　　　　B. 商业资料　　　　C. 现场调查　　　　D. 数据库

6. 收集信息的接触方式有（　　）。

A. 电话　　　　　　B. 邮寄　　　　　　C. 直接面谈　　　　　　D. 网上访问

7. 统计预测的方法可分为（　　）。

A. 定性预测　　　　B. 定量预测　　　　C. 定时预测　　　　　　D. 定点预测

8. 调研报告上常见的统计图形有（　　）。

A. 列表　　　　　　B. 线形图　　　　　C. 饼状图　　　　　　　D. 柱状图

9. 口头报告前应作以下（　　）材料准备工作。

A. 汇报提纲　　　　　　　　　　　　　　B. 可视化 PPT

C. 摘要　　　　　　　　　　　　　　　　D. 最终报告的复印件

10. 市场营销分析通常用到的方法是 SWOT 分析，包括（　　）。

A. 优势（Strengths）　　　　　　　　　　B. 劣势（Weaknesses）

C. 机会（Opportunities）　　　　　　　　 D. 威胁（Threats）

11. 营销年度计划控制的内容主要是对（　　）等进行控制。

A. 销售额　　　　　B. 市场占有率　　　C. 用户数　　　　　　　D. 费用率

12. 电信精确营销可以理解成 PPT 框架，即树立从客户出发的核心价值观，从（　　）等方面着手，最终实现精确营销。

A. 策略（Policy）　　　　　　　　　　　 B. 流程（Process）

C. 产品（Product）　　　　　　　　　　　D. 技术（Technology）

13. 评估交叉销售和升级销售的关键指标主要有（　　）。

A. 利润指标　　　　　　　　　　　　　　B. 客户流失率

C. 客户满意度　　　　　　　　　　　　　D. 客户忠诚度

14. 品牌是一个集合概念，包括（　　）等。

A. 品牌名称　　　　B. 品牌标志　　　　C. 商标　　　　　　　　D. 价值

15. 有一种更直观的品牌资产测试法，即测试内容包括（　　）。

A. 品牌知名度　　　B. 品牌联想　　　　C. 品牌忠诚度　　　　　D. 品牌知觉

16. 品牌的扩展和防御策略，包括（　　）。

A. 产品线扩展策略　　　　　　　　　　　B. 品牌扩展策略

C. 多品牌策略　　　　　　　　　　　　　D. 新品牌和品牌再定位策略

三、分析与讨论题

找一个你自己认为在中国做得比较好的品牌建设的案例，介绍品牌形成过程并总结成功之处和你自己对此案例的看法、观点或感受。

四、实训操作题

电信市场调研实训

1. 受训者 4～5 人一组，采取自由组合方式形成，每组设组长 1 名。

2. 在规定的时间内完成某电信业务市场调研报告，每个小组派成员进行 PPT 汇报。

3. 指导老师组织受训者就调研报告进行讨论，形成基本判断。

4. 评分标准：小组完成调研报告的表现（40%）；

小组成员的团队合作表现（20%）；

PPT 汇报的表现（40%）

【本模块问题引入】随着手机的普及以及人们对移动通信需求的增长，我国移动通信网络规模和用户规模得到了高速发展。移动通信市场存在着巨大的发展空间，这对于移动通信运营商来说是个难得的机遇，但伴随机遇而来的将是激烈的竞争。怎样认识我们所面临的电信市场环境与竞争？怎样分析电信消费者行为？怎样将电信产品进行市场细分和定位？这是我们学习本模块要解决的问题。

【本模块内容简介】本模块介绍电信市场环境分析、电信消费者行为分析、电信市场细分和定位的分析。

【本模块重点难点】重点掌握三大运营商 3G 业务现状、三大运营商的战略转型、消费者行为的概念、影响消费者购买行为的因素、顾客让渡价值、电信居民客户的购买过程、电信集团客户购买的特点、移动运营商产品的市场定位、中国移动品牌的战略定位等。

【本课程模块要求】

1. 识记：三大运营商 3G 业务现状、三大运营商的战略转型、消费者行为的概念、影响消费者购买行为的因素、顾客让渡价值、电信居民客户的购买过程、电信集团客户购买的特点、移动运营商产品的市场定位、中国移动品牌的战略定位。

2. 领会：三大运营商的业务概况、移动通信不同年龄段消费的特点、三家运营商的品牌概况。

一、三大运营商 3G 业务现状

2009 年年初，三大运营商获得 3G 牌照，标志着我国正式进入了 3G 时代。2013 年，随着中国移动 TD-LTE 系统的大规模的组网，中国的 4G 时代也已经来临。中国的通信市场不断发生着变化，三大运营商优势、劣势非常明显，运营商业务的变化以及明星终端的引入都直接导致用户群的变迁。在最初的阶段，运营商和用户都是非常谨慎的，谁也不知道 3G 网络到底能带来什么？从 2011 年开始，3G 手机已经逐渐普及，高配的终端让用户切身享受到 3G 网络给生活带来的便利，而用户的选择也慢慢地开始发生了改变，以 2G 为代表的中国移动用户群逐渐地向 3G 网络迁移。

苹果 iPhone 和三星等 android 手机的市场份额直接促使了三大运营商市场格局的变化。在中国的手机市场，智能手机慢慢占据了主角地位，而 android 手机的加入，大量的网络应用涌现，这时用户开始考虑升级到 3G 网络。最简单的例子就是用户通过手机浏览器打开页面，3G 网络环境下打开页面的速度至少是 2G 网络的 3 倍。在这样的环境下，3G 网络开始了大战，各个运营商都在想尽办法挽留自己的用户、争抢其他运营商的用户。

1．中国移动——期待 TD-LTE 网络

目前，中国移动还是依靠大量的 2G 用户占有市场份额第一的位置，TD-SCDMA 网络属于中国"自主"研发的系统，但是从用户实际使用的角度看，速率上不占优势。不过中国移动依旧拥有让其他运营商羡慕的盈利能力。

从用户的数量来说，中国移动 2G 用户的数量非常庞大，尤其在中国二、三线城市，还是以中国移动神州行和动感地带用户居多。其品牌竞争力非常强，让中国电信天翼飞young、中国联通沃派等品牌黯然失色。

进入 3G 时代，中国移动的战略有所改变，中国移动的 3G 时代只是一个过渡阶段，进入 4G/LTE 网络时代才是移动真正发力的时候。在日内瓦举办的 2012 年无线电通信全会上，中国自主研发的 TD-LTE-advanced 成为了 4G 国际标准之一，并且在多个国家进行了布网。2013 年，中国移动开始了大规模的 TD-LTE 网络建设。LTE 网络将是未来的趋势，而中国移动也希望通过 4G 网络的体验改变用户对其现有 3G 状况的看法。从 2G 升级至 4G 网络，加上庞大的用户基数，未来中国移动仍会保持行业第一的位置。

2．中国联通——HSPA 网络优势明显

中国联通依靠 WCDMA 网络的优势，让很多用户选择了目前速度最快的 WCDMA 网络，而在 3.5G 时代，HSPA/HSPA+网络带给了我们下行峰值速率 21Mbit/s 的极速体验。中国联通凭借优秀的网络以及大量的明星终端做到了客户的迅速增长。

说到明星终端，任何人都会第一时间想到苹果 iPhone 产品。2009 年 10 月 30 日，中国联通在北京进行了 iPhone 的首销仪式，这是中国联通在 3G 时代引入的第一款国际级别的明星终端，为中国联通拥有骄人的成绩奠定了扎实的基础，很多高端人群都因为 iPhone 转网至 WCDMA 网络。而大批量的多种明星终端的水货手机基本上都支持 WCDMA 网络，给联通 3G 用户的发展起到了推波助澜的作用。

中国联通的另一法宝是"千元智能机"。千元定制智能手机促使中国联通市场份额增加，三星、酷派、LG 都是与中国联通深度合作的千元智能机的生产厂商，中国联通的千元智能手机占据了中国联通整个 3G 手机份额的四分之一，这样中国联通也是第一个做到了覆盖高、中、低不同档次手机产品的运营商。

从中国联通公司整体发展策略来看，以明星终端带动自身 3G 业务的发展是其主要的手段，中国联通在 3G 时代算是占据"天时、地利、人和"三个因素，不过中国联通曾经因为大量补贴 iPhone 手机，而导致无法争取更多的费用补贴在其他明星终端上，这对其业务的开展带来了影响。目前，中国联通稳定发展，与此同时也带走了一部分高端的移动用户。

3．中国电信——稳定均衡发展

中国电信成功推出了"天翼"品牌推广 3G 业务。其公司的发展思路非常清晰，那就是从高校入手。其中，很多学生选择中国电信的 3G 网络，是因为既可以享受电信 cdma2000 的高速网络，又可以节省很多手机资费，中国电信对于学生群体的资费还是相当便宜的，这也让中国电信积累了一批忠实的大学生用户，而这些大学生毕业之后就可能成为电信的忠实用户。

千元智能机加上高强度的补贴政策也是中国电信 3G 终端业务的一大特点。华为、酷

53

派、三星、中兴等均为中国电信提供优质的千元智能终端，而中国电信也加大了对这些终端的补贴力度。以上的措施给用户的印象就是"用电信3G号码有补贴，同时还可以白拿手机"，当然这也是一些新电信用户的真实想法。

中国电信尝到了千元智能终端的甜头，同时也极力地引进高端机。2012年2月，中国电信确认引进苹果iPhone 4S CDMA版本，这也是中国电信引进明星终端的开始，接下来苹果iPhone的后续版本也持续向用户大量开售。

中国电信正在努力分夺中国3G市场份额，并且中国电信业意识到未来是"创新与移动互联网的时代"，在这种环境下，中国电信天翼旗下的服务也逐渐步入正轨。在目前同质化的时代，中国电信为用户提供了更有价值的应用服务、明星终端、终端补贴政策，这些形成了其在3G时代争夺战的三大利器。

二、三大运营商的战略转型

在面对移动互联网新局面的情况下，运营商掌控产业链的2G时代已不复返。运营商真正的机会不是靠历史的财富，而是靠开拓创新的疆界，甚至在必要时需要放弃部分利益和自己以往积累的一些优势，产业剧变的时候往往也是优势变为劣势的时候。而今电信运营商正面临着巨大的挑战，必须通过变革、转型、创新来突破。

1. 中国移动——建立移动互联网产业主导地位

创新是企业发展的动力源泉，要着眼于可持续发展，着力推进网络创新、业务创新、管理创新，实现企业发展由主要依靠资源投入向依靠创新推动转变。中国移动将新发展模式简洁而准确地总结为："构筑智能管道，搭建开放平台，打造特色业务，展现友好界面，建立移动互联网产业的主导地位。"

（1）终端专业化运营

中国移动终端公司成立，中国移动终端专业化运营正式启动。

（2）明确四网协同发展战略

"四网"指的是GSM、TD-SCDMA、WLAN和TD-LTE这四张网。中国移动明确了移动互联网的转型路径。在网络层面上，通过四网协同提升了中国移动对7亿多用户的网络支撑能力。

（3）聚焦"质"的增长

前行的道路上，竞争是永恒的主题。为应对竞争压力，中国移动深度转型，从单纯的"数量"增长需求，转变为更加注重"质"的提升。

（4）劣势

- 第三方开发者盈利不理想

调查发现，第三方业务开发者的年收入水平普遍偏低。国内手机的用户付费意愿不高，开发者的利益难以得到保障，中国移动自己的数据也证明，第三方开发者盈利不理想，所以中国移动必须要打破开发者赚钱难的现状。

- 移动互联网产业不能一家独占

移动互联网产业链牵涉面很广，中国移动已经意识到不可能一家独占。移动互联网的发展，需要产业链各方的合作，才能创造更大的价值。

- 3G落后于竞争对手

中国移动存在的瓶颈就是TD-SCDMA信号覆盖不好，传输速度过慢。中国移动总用户数几倍于中国联通，但在应用下载量上却相对较少。这说明仅有用户还不够，必须要有好的网络与终端与其适配。

2．中国联通——全力开创跨越式发展新局面

中国联通明确提出发展总体策略，即规模发展 3G、宽带和融合业务，稳定发展 2G 业务。将以合约计划销售为导向，加强终端战略布局并实施积极的终端策略，大力实施产品和应用拉动，强力推动 3G 领先发展；加快宽带提速营销，在城市区域要全面普及 4M 及以上速率产品，并在有条件的区域推出 10M、20M 产品。

（1）3G、宽带成联通业务重点

中国联通提出，加快 3G 网络深度和广度覆盖，继续推进 3G 精品网络建设。同时，大力实施产品和应用拉动，强力推动 3G 领先发展。

（2）终端发力，抢占高中低端市场

联通为定制的千元智能手机配备了优惠的销售政策、方便的购买渠道、量身定制的套餐以及丰富的 3G 应用，来进一步推动 3G 用户数增长。

（3）管理机构改革，压缩管理层级

中国联通提出压缩管理层级，减少资源的逐层损耗。建立三级生产支撑的垂直化管理和专业化运营体系。

（4）劣势

- 3G 盈利模式不清晰

中国联通不可忽视其快速发展背后的问题。有分析表明当前运营的 3G 盈利模式还不清晰，不可单从用户数量一概而论。对于联通来说，面临着以利润换规模的困境。中国联通的高额手机补贴致使其利润的大量流失，这是中国联通需要解决的问题。

- 如何继续保持增长速度

联通要保持用户增速颇有难度。过去中国联通在 iPhone 上占有先发优势，借此发展了大量中高端用户，但中国电信也已进入 iPhone 市场，其融合网络、终端、资费的优势无疑与联通形成激烈争夺的态势。

3．中国电信——扩张规模成主要目标

中国电信多次提到企业的"规模化发展"。具体而言，中国电信计划牢牢把握时间窗口，把规模发展放在突出重要的地位；牢牢把握行业趋势，加快推进流量经营工作；牢牢把握市场需求，为客户提供领先的产品与服务；牢牢把握效益原则，在规模发展中提升企业价值。

（1）加大移动互联网开发力度

中国电信将实施平台化合作模式的创新，加快平台开发的步伐，以使更多开发者参与到移动互联网应用的开发中来。

（2）带动云领域创新领先

中国电信将依托中国电信云计算研究中心，重点聚焦云平台、网络云承载、移动云应用、行业云应用、云安全、云宽带等产品，带动云领域创新领先。

（3）天翼业务与终端跨越发展

新机遇、新市场和新趋势将推动天翼业务与终端跨越发展，也将推动 CDMA 终端产业

链更加繁荣。

（4）劣势

- 3G 用户数量增速减慢

中国电信 3G 业务发展虽然占据了先发优势，但是中国电信的 3G 业务并没有占据优势地位，甚至面临着增速减慢的困境。

- 宽带业务价格下调

国家政策因素和宽带业务与移动业务的捆绑销售，加之日益激烈的市场竞争，广电网络运营商的加入，中国电信宽带业务在价格上必然下调，由此将影响到其营收增长。

- 数据业务力度不足

中国电信在数据业务以及三网融合等新兴市场上没有明显优势，中国电信确实在移动互联网应用层面推出了众多的产品，但从营收看效果并不明显，这说明中国电信在数据业务的发展策略上存在问题。

4．总结

至于未来运营商如何彻底摆脱管道的命运，毕竟在云、管、端三位一体的移动互联网时代，管道的身份可以说是运营商的宿命。电信运营企业应该和互联网企业紧密合作，顺应移动互联网发展方向，改变以前以堵为主的方式，将自己融入到信息化的大潮中，方能立于不败之地。总之，中国电信市场是一场激烈争夺战，不仅有电信企业之间的竞争，也有电信企业与互联网企业之间的竞争，而我国电信业的蛋糕变得越来越大，施展的空间也越来越广，未来的中国电信行业市场将越来越精彩。

任务2 电信消费者行为分析

【问题引入】在激烈的电信市场竞争下，如何巩固老客户和发展新客户就成为了各个移动通信运营商面临的一大问题。对移动通信消费者行为特征进行调研，掌握消费者的消费行为特征对运营商占领市场份额具有很大的意义。电信消费者行为的基本概念、移动通信业的消费特点、电信居民用户和集团用户的消费行为等，就是本任务需要解决的问题。

【本任务要求】

1．识记：消费者行为的概念、影响消费者购买行为的因素、顾客让渡价值、电信居民客户的购买过程、电信集团客户购买的特点。

2．领会：移动通信不同年龄段消费的特点。

近几年来，随着手机的普及以及人们对移动通信需求的增长，我国移动通信网络规模和用户规模得到了高速发展。移动通信市场存在着巨大的发展空间，这对于移动通信运营商来说是个难得的机遇，但伴随机遇而来的将是激烈的竞争，如何巩固老客户和发展新客户就成为了各个移动通信运营商面临的一大问题，对移动通信消费者行为特征进行调研，掌握消费者的消费行为特征对运营商占领市场份额具有很大的意义。调查通信市场消费者对现有服务以及网络的满意度、消费者消费习惯、消费者网络选择、消费者对网络以及服务的认知等方面，来综合分析移动通信市场消费者的行为特点，进而为运营商稳定现有客户、发掘新客户提供数据支持及决策建议。

一、消费者行为的基本概念

市场营销管理不能只孤立地研究消费需要本身，还必须选择市场主体——消费者作为视角，来研究影响消费需要的经济、社会、文化、心理等内外因素，并去追踪消费需要产生的前导和满足后的延续过程。

消费者行为是个人在评估、获取、使用和处置产品和服务时所做出的决策过程以及由此而产生的有形活动。

消费者行为的研究构成营销决策的基础，它与企业市场的营销活动是密不可分的。研究消费者行为对于提高营销决策水平，增强营销策略的有效性有着很重要的意义。它可以为以下各方面的研究提供支持。

（1）品牌形象及品牌管理

通过消费者行为研究，可以在了解各品牌的知名度、购买率、使用率、忠诚度、转换率、美誉度等各项指标，了解各品牌在消费者心目中的形象、地位和评价，以及产品类别形象和品牌使用者形象等的基础上，制定出品牌的发展策略。

（2）产品定位

只有了解产品在目标消费者心目中的位置，了解其产品是否被消费者所接受，才能发展有效的营销策略。

（3）市场细分

市场细分是制定大多数营销策略的基础。企业细分市场的目的，就是为了找到合适自己进入的目标市场，并根据目标市场的需求特点，制定有针对性的营销方案，使目标市场的消费者的某种独特的需要得到更充分的满足。

（4）新产品开发

通过了解消费者的需求与欲望，了解消费者对各种产品属性的评价，企业可以据此开发新产品。可以说，消费者行为研究即是新产品构思的重要来源，也是检验新产品各方面的因素。如产品性能、包装、口味、颜色、规格等能否被接受或者产品应在哪些方面进一步完善。

（5）产品定价

如果产品定价与消费者的承受能力或与消费者对产品价值的认同脱节，再好的产品也难以打开市场。

（6）分销渠道的选择

消费者喜欢到哪些地方购买，以及如何购买到产品，也可以通过对消费者的研究了解到。

（7）广告和促销策略的制定

对消费者行为的透彻了解，是制定广告和促销策略的基础。通过消费者行为研究，可以了解他们获得信息的途径、了解他们对广告、促销行为的态度及评价，以及广告、促销行为对他们消费行为的影响等，从而制定出合理、有效的广告和促销策略。

二、影响消费者购买行为的因素

顾客的购买决策过程是一个动态的、交互式的过程，而且购买决策的有效行为会随着顾客的特点及其所处的情境的变化而变化。事实上，顾客总是在一定的情境中，通过与销售人员、产品或服务的交互作用去完成某一特定目标的消费行为的。这一购买行为可以用公式表

示为 $B=f(M, P, E)$，其中 B 代表顾客行为，M 代表心理因素，P 代表个人因素，E 代表环境因素，即社会、经济和文化等因素。由此可知，顾客行为是因变量，而心理因素、个人因素和环境因素则是自变量，即 B 是 M、P 和 E 的函数。影响电信客户购买行为的因素见表 2-1。

表 2-1   影响电信客户购买行为的主要因素

经 济 因 素	文 化 因 素	社 会 因 素	心 理 因 素	个 人 因 素
购买者收入	文化	相关群体	感受	生活方式
电信产品价格	亚文化	家庭状况	学习	年龄与人生阶段
电信产品效用	社会阶层		购买动机	个性与自我形象
储蓄与信贷模式			信念与态度	性别、职业与教育

1. 经济因素

（1）购买者收入

客户是否购买电信产品以及购买多少是由其支付能力的大小所决定的，而支付能力的大小又受收入多少的限制。所以，任何一个电信客户的购买能力大小，归根结底是由其收入水平决定的，收入水平越高，购买能力就越大。

（2）电信产品价格

电信居民客户对电信产品的价格反应最为敏感。在影响购买行为的其他因素不变的前提下，降低电信产品的价格，可以刺激电信客户的购买行为；提高电信产品的价格，可抑制电信客户的购买行为。

（3）电信产品效用

电信产品效用就是电信产品能够给客户带来的利益和价值，主要包括电信产品的性能、使用价值、可靠性等。一般而言，在价格基本相同的情况下，电信客户一般会选择使用价值较大、效用较好的产品，而在电信产品性能差别不大时，则一般会选择价格较低的产品。

（4）储蓄与信贷模式

电信居民客户的储蓄存量、有无信贷、信贷采用那种模式，直接影响到居民客户对电信产品的购买行为。储蓄比较充裕的电信客户一般购买能力较强，分期信贷较多的电信客户一般购买能力较弱。

2. 文化因素

（1）文化状况

人们在一定社会活动中，必然形成某种特定的文化意识形态，包括态度、信念、价值观念、道德规范以及风俗习惯等。这种文化对电信客户的需求和购买行为有着巨大的影响力，是决定客户购买行为的基本因素。

（2）社会阶层

是指一个社会按照其一定的社会准则将其成员分为相对稳定的不同层次。不同的社会阶层往往具有不同的价值观念、生活方式、思维方式和消费特征，因而具有不同的购买行为。

3. 社会因素

（1）相关群体

一般可分为所属群体与非所属群体。

相关群体对电信客户购买行为的影响方式主要表现为以下 3 个方面。

① 相关群体为电信客户提供各种可供选择的消费行为或生活方式的模式，激发客户或改变原有的购买行为，或产生新的购买行为。

② 相关群体引起的仿效欲望能够影响人们的自我观念，使电信客户肯定或否定对某些事物或产品的看法，从而决定其购买态度。

③ 相关群体能产生一种令人遵从的压力，影响人们选购与其一致的产品和偏好相同的品牌，使人们的购买行为趋向"一致化"。

（2）家庭

家庭是社会的基本细胞，也是社会基本的消费单位，家庭成员对电信客户购买行为起着直接或潜意识的影响。对购买决策影响的大小，在不同类型的家庭、家庭的不同生命周期阶段和不同电信产品购买中是不同的。

① 家庭类型。现实社会中，我们一般把家庭分成 4 种不同的类型。

- 丈夫决定型
- 妻子决定型
- 共同决定型
- 各自做主型

② 家庭生命周期。家庭生命周期是指一个家庭从产生到消亡的整个过程。家庭生命周期是按照婚姻状况、年龄、子女的数量以及成长状况来划分的，一般可分为四个阶段：

- 未婚阶段——年轻的单身者；
- 满巢阶段——有子女的年轻夫妇；
- 空巢阶段——子女自立后的夫妇；
- 鳏寡阶段——丧偶的老年人。

4．心理因素

（1）动机

动机是指推动人们进行各种活动的愿望和欲望。动机是行为发生的直接原因，它推动和激发人们从事某种行为，规定行为的方向。

- 生理购买动机：由生理动机驱动所购买的产品，需求弹性小，多数是人们日常生活不可缺少的必需品。
- 心理购买动机：一般可分为三种类型：情感动机、理智动机和惠顾动机。

（2）感觉

（3）学习

（4）态度与信念

5．个人因素

（1）年龄与人生阶段。

（2）性别、职业和受教育程度。

（3）生活方式。

（4）个性与自我形象。

三、移动通信业与消费者

移动通信业是当前我国电信业的发展热点，也是竞争最为激烈的业务。在这种条件下，移动通信运营商必须通过贯彻"以客户为中心"的理念，依靠技术进步、新业务推出及服务创新等途径给客户创造和传递更多的让渡价值，才能有效地提高客户的满意度和忠诚度，达到维系老客户，吸引新客户的目的。

消费者都是理性和成熟的，在一定的搜寻成本、有限的知识、灵活性和收入等因素的限定下，消费者将从那些他们认为能够提供最高顾客让渡价值的公司购买产品和服务，他们是价值最大化的追求者。在这种情况下，移动通信商与消费者就要靠顾客让渡价值来联系，只有不断地提升顾客让渡价值，才能提高移动通信运营商自身的竞争力。

移动通信运营商顾客让渡价值由顾客总价值和顾客总成本组成，如图 2-1 所示。

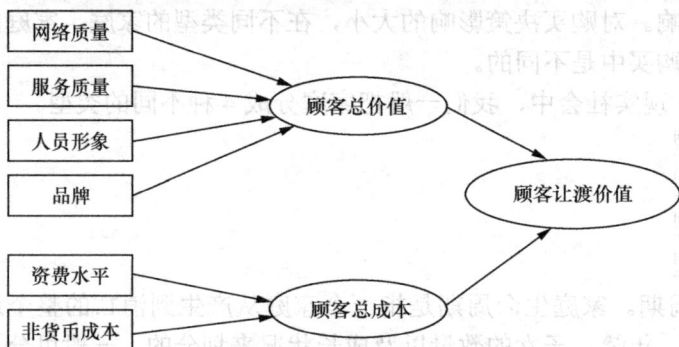

图 2-1　移动通信运营商顾客让渡价值分析框架

1．移动通信运营商顾客总价值驱动因素

（1）网络质量

国际通信运营的发展经验表明，建设一张成熟的可运营的通信网是网络服务商的立身之本，同时网络的成熟性和覆盖率也是吸引用户的最有效的指标。一个网络质量的好坏，不是以运营商或供应商为衡量的标准，而是以最终用户的感觉为衡量标准。良好的通信网络可以给顾客提供高价值的通信产品，提升顾客的总价值，进而影响其满意度和忠诚度。因而，对移动通信运营商而言，"网络质量是通信企业的生命线"，网络的覆盖面、接通率、掉话率、优化程度等因素是衡量企业竞争力的一系列非常重要的指标，同时网络质量也是优质服务的保障。

（2）服务质量

作为服务提供者，运营商最能直接影响客户感受、最能让客户在一瞬间改变喜恶观念的就是服务了。随着当前顾客角色的根本转变，消费者的自我意识也在提高，服务在他们决策中所占分量越来越重。有分析表明：目前作为核心产品的通信质量已经不是客户申诉的重点，而服务质量将成为影响移动通信运营商竞争力的最重要因素。也就是说，运营商提供的产品、业务再领先再个性化，如果服务质量不能得到认可，那也只能是纸上谈兵。

（3）企业和人员形象

形象是企业的无形资产，良好的形象会对产品产生巨大的支持作用，会赋予产品较高的价值，会给顾客带来精神上和心理上的满足感和信任感，使顾客的需要获得更高层次和更大程度的满足。此外，企业员工的经营思想、知识水平、业务能力、工作效率与质量、经营作风以及应变能力等也都直接决定着企业为顾客提供的产品与服务的质量，决定着顾客购买总价值的大小。世界上许多成功企业就是依靠良好的企业形象和高素质的员工，才使自身在激烈的竞争中得以生和发展。而对于提供通信服务产品的三大运营商来讲，公司和员工形象就显得更为重要了。

（4）品牌

时至今日，品牌已不再仅仅是供以区别产品或服务的标志，它已经成为客户或企业的价值源泉。首先，品牌是将无形因素外在化的标记，帮助顾客解释、加工和储存有关产品或服务的信息，从而简化其购买决策；其次，品牌可以消除顾客购买时的不安全感；此外，品牌还可以凭借其所体现的文化内涵而使顾客获得超出产品功能之外的社会和心理利益，给顾客带来精神层面上的享受。对于移动通信运营商来讲，由于其提供的是一种无形的、不可感知的服务产品，品牌的塑造就显得更为重要了。

2．移动通信运营商顾客总成本驱动因素

（1）资费水平

资费是构成顾客使用移动通信服务时所支付的主要成本，它在很大程度上决定着消费者对移动通信运营商的喜恶态度。近几年，我国移动通信市场竞争日趋激烈，价格策略作为营销组合的重要分支，逐渐受到运营商的青睐和重视。两大运营商频频调低移动资费水平，推出名目繁多的资费套餐，准单向收费业务等。一定程度上，资费水平的下降确实减少了顾客的总成本，使他们获得更高的让渡价值，吸纳了大量的移动电话用户加入。

（2）非货币成本

顾客让渡价值理论告诉我们：消费者在购买商品时，其所支付的成本远不止货币成本，还应该考虑其在购买产品或劳务时所消耗的时间成本、精神成本和体力成本。正如亚当·斯密所指出的那样，"任何一个物品的真实价值，即要取得这物品实际上所付出的代价，乃是获得它的辛苦和麻烦。"移动通信消费也是如此，消费者在使用移动通信的过程中，也要支出大量的非货币成本。例如：在购买移动产品时，顾客要花费时间去收集相关信息；交费时要跑到移动营业厅；业务查询时要拨打客服中心电话等，这些都在耗费着顾客的精力和体力。

四、移动通信市场不同年龄段消费者行为特点的分析

本次调查只针对两个变量——年龄和性别而进行了调查以及结论分析，与此同时通过对移动通信市场客户网络选择的分析来阐述消费者在购买决策行为中的特点。下面将对客户网络选择、不同年龄段的消费者行为的特点分别进行分析。

1．客户网络选择行为的分析

（1）消费者选择现使用移动通信品牌的原因（见表2-2）。

表2-2　　　　　　　　　消费者选择现使用移动通信品牌的原因

资费便宜	23
通信质量高	15
时尚、个性的体现	3
网点多，服务质量好	8
符合自己的需求	19
广告、促销吸引了自己	2
品牌效应	4
没做过多的考虑	6

61

（2）潜在客户可能的选择原因（见表2-3）。

表2-3 潜在客户可能的选择原因

资费	26
通信质量高	18
服务（包括售前、售中和售后）	6
套餐对自己的实用性	16

（3）消费者出现转网行为的条件（见表2-4）。

表2-4 消费者出现转网行为的条件

信号差	28
资费水平高	22
品牌不够响	3
服务质量不够高	14

用以上数据进行分析，不难看出，消费者进行网络选择最看重的是资费水平的高低和通信质量（信号）的好坏，以及运营商提供的套餐的实用性，但是也不能忽视服务、品牌等因素。在调查进行过程中，通过与消费者的交流，还了解到消费者对健康问题的重视，许多被调查者都提到了与辐射有关的话题，都希望以后能够有网络辐射低和手机终端辐射低的产品。与此同时，服务质量的高低也会较深地影响消费者对网络的选择，因此，三大运营商在不断进行产品创新的同时还应该不断进行服务创新。

2．分类客户进行分析

（1）以性别区分消费者，其选择运营商的原因（见表2-5）。

表2-5 以性别区分消费者，其选择运营商的原因

	男	女
资费便宜	11	12
通信质量高	6	9
时尚、个性的体现	2	1
网点多，服务质量好	4	4
符合自己的需求	12	7
广告、促销吸引了自己	2	8
品牌效应	7	2
没做过多的考虑	2	2

通过分析上表中的数据，我们不难看出，女性消费者在选择运营商方面相对比较感性，与男性消费者相比，除了资费、通信质量方面的影响，女性消费者还比较容易受广告的影响。而男性消费者显得更为理性，他们会选择比较适合自己的套餐、品牌。如果将选择运营商比作理财，那么男性较有计划性，女性较情绪化。

（2）以年龄段区分消费者，其选择运营商的原因（见表2-6）。

表 2-6　　　　　　　　　　以年龄段区分消费者，其选择运营商的原因

	25 岁以下	26-40 岁	41-55 岁	56 以上
资费便宜	18	18	15	12
通信质量高	17	13	15	—
时尚、个性的体现	4	—	—	—
网点多，服务质量好	5	1	2	—
符合自己的需求	7	7	3	2
广告、促销吸引了自己	—	1	—	—
品牌效应	1	5	6	—
没做过多的考虑	5	—	1	—

由上表中的数据分析得出，不同年龄段的消费者在选择运营商以及运营商所提供的可选套餐上有明显的差别，抛开资费和通信质量不说，55 岁以下的消费者在选择的时候多少会受品牌效应的影响，而 56 岁以上的消费者则不太重视；在 55 岁以下的消费者中，25 岁以下的消费者在选择中一般不做过多考虑，这和其社会阅历以及心智的成熟都有关系。

（3）以年龄段区分消费者，其选择的运营商及品牌（见表 2-7）。

表 2-7　　　　　　　　　　以年龄段区分消费者，其选择中国移动品牌

		25 岁以下	26-40 岁	41-55 岁	56 以上
中国移动	全球通	6	8	15	2
	动感地带	19	5	0	—
	神州行	6	18	15	12

通过上表中的数据，可以得出以下结论。

中国移动的客户中，25 岁以下的消费者选择"动感地带"品牌的居多，这和动感地带自身所代表的"新奇"以及张扬的个性有极大的关系，与此同时，25 岁以下的消费者在短信和手机上网方面的需求较大，而动感地带所提供的短信套餐和手机上网（GPRS）套餐较多；26～40 岁的消费者中神州行的用户较多，"神州行"品牌以"快捷和实惠"为原则，以"轻松由我"作为品牌口号，从功能和情感角度体现品牌利益点，传达出客户的生活追求，同时结合卡通形象，通过活泼、生动的设计营造出轻松、自由的氛围，体现"神州行"给客户带来的轻松、便利的沟通感受；41～55 岁的消费者中选择"全球通"以及"神州行"的用户相当，相对"神州行"品牌而言，"全球通"更是一种身份的体现。"全球通"品牌的核心理念是"我能"，"我能"源于"全球通"值得信赖的实力，代表着"全球通"与客户一起不断进取的决心，"我能"是坚忍不拔、超越自我的勇气，是坚持梦想、不懈追求的动力，是自信、乐观和笑看人生的胸怀，"全球通"代表着成功、自信、高品位。

3．移动通信市场不同年龄段消费者行为的特点分析

综上所述，女性和男性在消费心理以及行为特点上都有明显的不同，而且不同年龄段的女性和男性在消费心理以及行为特点上也有不同。而这些不同当中，年龄段带来消费者行为上的差异尤为突出。下文将对不同年龄段的消费者行为特点进行分析总结。

（1）25 岁以下的年轻一族

相对于 26 岁以上的消费者，25 岁以下的年轻一族对资费不是很敏感，但是对新的套餐

却产生需求。这与其生活所处的环境以及所受的教育都有关系。处在这个年龄段的消费者多为"90后",他们追求消费行为带来的舒适便利和品牌形象。他们最突出的特点就是:不会像上一代人那样,勤苦做事,忙忙碌碌,他们更有个性与思想,因为他们这一代人的成长环境与上一代发生了根本性的变化。他们强调的是"感官型消费"——买 MP5、上网、互动游戏、旅游、聚会、出国。他们的消费行为和消费心理与上一代相比,发生了很大的变化,突破了传统的消费理念,融入了近年来愈加风行的开放式、超前式的消费观念,具有鲜明的自我消费意识的特点。

(2) 26～40 岁的中青年一族

相对于年轻一族的"90后",26～40 岁的中青年一族在消费行为上就显得相对"保守",他们奉行传统的节俭保守的消费理念,他们在意资费和通信质量,同时还在意品牌的知名度。他们愿意花钱在自己信任的品牌上,而不像年轻一族,喜欢体验新事物。他们强调的是"物质化消费",比如有钱主要置办"家庭资产"——大到住房,小到冰箱、彩电等。

(3) 41～55 岁的中年一族

与中青年一族相比;41～55 岁的中年一族更加"保守"和"物质"。中年处于青年向老年的过渡阶段,而中年消费者大多肩负着赡老扶幼的重任,是家庭经济的主要承担者。在消费上,他们一般奉行量入为出的原则,养成了勤俭持家、精打细算的习惯,消费支出计划性强,很少出现计划外开支和即兴消费的现象。他们往往格外注重产品的价格和实用性,并对与此有关的各项因素,如产品的品种、品牌、质量、用途等进行全面衡量后才会做选择。这样的特点在移动通信市场上就表现为他们在意资费多于在意品牌。如果出现了新的资费,他们会非常理性地选择更加便宜的资费,不管新的选择需要他们换号码还是需要他们更换自己使用已久的运营商。他们在消费上总是表现得较为理性,同时他们对于套餐种类的需求显得比较简单。

(4) 56 岁以上的老年人

56 岁以上的老年人在消费行为上的表现更为特别。老年人的习惯性消费既是几十年生活惯性的继续,又是对新生活方式较少了解和难以接受的反映。人到老年以后,其行为表现往往是:怀旧和沿袭旧俗的心态大于对新事物的学习和接受。他们的消费行为具有以下特点:心理惯性强、价格敏感度高、注重实际。这些特点在通信市场上的表现就是注重资费,他们对移动通信的需求集中表现在语音功能上,他们只是为了方便与家人的联络,而不需要过多的套餐,如短信包、流量包等增值业务。

五、电信居民客户购买行为分析

电信居民客户购买行为是指电信客户在购买动机支配下,为满足个人、家庭的消费需要而购买电信产品或服务的活动以及与这种活动有关的决策过程。在购买活动中,电信居民客户除了受购买动机支配外,这要受个人性格、环境、社会地位、价值观念以及产品特性、广告宣传等方面的影响。客户购买什么电信产品,是由经济、社会、文化、心理以及个人因素等综合作用的结果。其购买决策过程可以分为认知需要、收集信息、比较选择、决定购买和购后评价五个阶段。

1.电信居民客户购买行为形成过程

电信居民客户购买行为的形成过程具体如图 2-2 所示。

(1) 刺激

刺激是电信产品需求产生的直接动因。从心理学角度讲,需求是由两种刺激唤起的:一种是人体内部的刺激，即内在刺激；另一种刺激是人体外部的刺激，即外在刺激。由于电信产品属于较高层次的需求，因此客户对电信产品的需求往往是由外在刺激引起的。客户对电信产品需求的外在刺激主要表现在以下四个方面：① 突发的社会现象和自然现象；②正常的工作和生活需要；③电信产品本身；④通信广告。

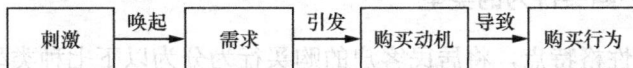

图 2-2 电信客户购买行为形成过程

（2）需求

需求是电信居民客户消费电信产品的具有货币支付能力的渴求和欲望。电信消费需求存在以下七种特征；①消费需求的多样性；②消费需求的层次性；③消费需求的发展性；④消费需求的惯性；⑤消费需求的从众性；⑥消费需求的伸缩性；⑦消费需求的可诱导性。

（3）购买动机

购买动机是客户在某种需求的驱动下，产生的购买某种电信产品的欲望和意念。一般情况下，电信客户的购买动机可归纳为以下几种；①求实动机；②求廉动机；③好胜动机；④求利动机；⑤偏好动机；⑥从众动机；⑦求俏动机；⑧惠顾动机；⑨求新动机；⑩炫示动机。

（4）电信产品购买者角色分析

① 倡议者：首先想到或建议购买某一电信或服务的人。

② 影响者：其观点或建议对购买决策有直接或间接影响的人。

③ 决定者：对整个或部分购买决策做出最终决定的人。

④ 购买者：购买决策的实际执行人。

⑤ 使用者：电信产品购买后，直接使用或消费所购产品或服务的人。

2. 电信居民客户购买行为的分析方法

电信企业的营销人员在研究电信居民客户购买行为时，通常采用"5W1H"分析方法。

（1）为何购买（Why）

电信居民客户购买动机不同，实施购买行为的原因也是多种多样的。

（2）购买什么（What）

决定购买什么是电信居民客户购买决策的核心，它是由为何购买决定的。电信企业要分析客户的购买对象，必须对电信产品进行细分。

（3）何时购买（When）

何时购买主要受产品的性质、季节、节假日和客户个体差异的影响，有一定的习惯和规律。

（4）何处购买（Where）

电信居民客户关于确定购买地点主要取决于客户离电信营业网点的距离、交通状况、企业的信誉、业务的品种、服务质量等多方面的因素。研究客户何处购买应从两方面分析：一是客户在何处决定购买；二是客户在何处实际购买。二者有时是统一的，有时是不同的。如果属于现场决定购买的产品，应注意产品的包装、陈列与现场广告；如果属于事先决策，则应通过报纸、杂志、电视来影响消费者，并设置恰当的销售网点来满足客户的需求。

（5）如何购买（How）

客户如何购买主要受经济条件的影响，这主要包括客户对同类产品的先购方式与付款方式。不同的客户对不同电信产品的购买，都有不同的要求。

（6）谁来购买（Who）

购买电信产品或服务，从表面上看似乎是一个人的行动，但实际上往往有倡议者、影响者、决策者、购买者以及使用者之分，其中，决策者最为关键。

3．电信居民客户购买行为的类型

我们按照客户的性格特点，将居民客户的购买行为分为以下七种类型。

（1）习惯型

习惯型是指客户根据过去的使用习惯和对不同品牌的偏好而形成的一种购买行为。由于经常使用，他们对某种电信产品十分熟悉，产生了特殊偏好和信赖。当产生需求时，一般他们不再花费时间进行比较和选择，不轻易改变服务商和产品品牌，并迅速形成重复购买。他们的购买通常是建立在信任的基础上，较少受广告宣传和时尚影响。因此，电信企业应努力提高产品质量，加强广告推销宣传，创名牌、保名牌，在客户心目中树立良好的产品形象，使其成为客户偏好、习惯购买的对象。

（2）理智型

理智型是指客户在购买之前，已经广泛收集所要购买的电信产品的信息，了解市场行情，并经过慎重权衡利弊之后才做出购买决定。在购买时保持头脑冷静，行为慎重，善于控制自己的情绪不易受现场促销、广告宣传的影响。电信企业在接待这类客户时应实事求是地介绍产品，主动、耐心、周到地为他们提供优质服务。

（3）冲动型

冲动型是指客户没有明确的购买目的和固定的购买模式，易受他人诱导、影响，迅速作出购买决策的购买行为。这类消费者感情比较外露，随意性较强，喜欢追求名牌、新奇产品，易受产品外观、广告宣传、相关人员的影响以及现场情景的激发而购买，从个人兴趣或情绪出发，不大注重产品的实际效用，决定轻率，购买后又容易动摇和反悔。

（4）选价型

选价型是指客户对电信产品的价格敏感度高，往往以价格作为决定是否购买的主要依据。选价型又分两种情况：一类是低价型，以选择低价格电信产品为主要目标，这种购买行为特别重视价格的高低，对外形、包装不太关注，至于质量虽然也作质价比较，但往往价重于质；另一类是高价型，以选择和购买高价格电信产品为特征，这种购买行为的客户，一般情况下购买能力较强，注重产品的质量和自身形象地位的建立。

（5）情感型

情感型是指客户感情丰富，善于联想，购买行为大多属于情感的反应，很注重产品的外观、造型和色彩，以丰富的想象力去衡量电信产品的意义，将是否符合自己的想象作为购买的主要依据，只要符合自己的想象就乐意购买。

（6）随意型

随意型是指客户购买意向不定，购买目标不明确、不清楚，随意性较大的购买行为。这类客户多属于没有固定偏好，购买心理不太稳定，又缺乏一定主见和经验，容易受旁人的左右，选购产品多属于尝试性购买。对这类客户需要热情服务，耐心讲解和介绍电信业务联系，因为他们比较容易被说服而迅速产生购买行为。

（7）疑虑型

疑虑型的客户性格较为内向，言行谨慎、多疑，购买电信产品前三思而后行，犹豫不决，购买后还会疑心上当受骗。对这类客户，电信营销人员应以事实说话，列举已有的案例，并进行现场操作演示，让客户亲自体验产品的功效与价值，消除客户的疑虑，坚定客户的购买信心。

4．电信居民客户购买决策过程

一般而言，电信居民客户购买决策过程分为五个阶段，即认知需要、收集信息、比较选择、购买决策、购后评价等阶段（见图2-3）。

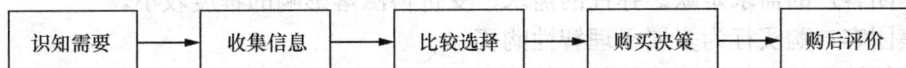

识知需要 → 收集信息 → 比较选择 → 购买决策 → 购后评价

图 2-3　电信居民客户购买决策过程

（1）认知需要

电信客户首先要对自己对电信产品的需求有一个认知过程。电信产品需求是在一定的时期，在一定的价格水平下，电信客户愿意并且能够购买的电信产品数量。

（2）收集信息

电信客户搜集信息的积极性高低取决于需求的强弱。一般而言，电信客户搜集信息的主要途径有以下几种。

- 电信企业，包括电信业务宣传、营业推广、业务咨询、产品目录、营销人员讲解、现场展示等方面获得的信息。
- 相关群体，包括家庭成员、亲朋好友、同事、邻居等提供的信息。
- 公共信息，包括报纸、杂志、广播、电视等大众传播媒介和政府评审机构发布的信息。
- 个人经验，客户本人通过对各种产品的试用、查看、联想、推理、判断等获得的信息。

（3）比较选择

电信居民客户对收集来的各种电信产品的信息，进行多方面的比较，包括运营商、价格、产品效应等方面进行权衡，最后确定自己的购买目标。

（4）购买决策

当电信客户对搜集到的信息进行综合评价，并根据一定选购模式进行判定后，就会形成明确的购买意图，产生购买决策：决定购买、暂缓购买和决定不购买3种情况。购买意图并不一定会导致购买行动，它可能主要是受到如下因素的干扰。

- 相关群体的态度。
- 意外情况。
- 电信营销人员的态度与素质也会改变客户的购买决定。

（5）购后评价

购后感受将影响电信客户的后期购买行动，而且会影响周围的其他人。

六、电信集团客户购买行为分析

电信集团客户是指除电信居民客户之外的一切组织，包括工商企业、事业机关单位和社会团体等。他们购买电信产品的目的是为了满足政治、经济、社会、文化和生产经营活动的需要，以便于正确履行自身职责，提高工作效率和促进产品销售。集团客户购买者的数量少、需求量大、技术要求高、价格弹性小、决策慎重、需求各有侧重，在电信营销中处于十分重要的地位。其购买行为一般有直接重购、修正重购和全新购买 3 种情形，影响其购买行为的因素可归纳为环境因素、组织因素、人际因素和个人因素 4 类。

1．电信集团客户需求与购买行为特点

① 集团客户购买者的数量较少，对电信产品的需求量与购买行为和居民客户相比有着明显的差别。

② 集团客户对电信产品的需求具有引申需求，尤其对电信新产品需求较为强烈。

③ 集团客户的需求是缺乏弹性的需求，受价格涨落影响的程度较小。

④ 集团客户购买行为多属于理智性购买。

⑤ 决策慎重，参与购买决策的人数较多。

⑥ 集团客户根据其行业特征不同，对电信产品的需求各有侧重。

⑦ 集团客户购买者的地理分布相对集中。

2．电信集团客户购买行为的类型

电信集团客户购买决策过程的复杂程度和决策项目的多少，取决于其购买行为类型。一般分为以下 3 种类型。

① 直接重购：指集团客户根据以往购买电信产品的经验和满意程度，直接从自己认可的电信企业购买电信产品的购买行为。

② 修正重购：指集团客户出于自身需求的目的，适当改变和调整所购买电信产品的种类、规格、价格、售后服务等条件而继续购买的行为。

③ 全新购买：指集团客户根据自己的需要首次购买某种电信产品的购买行为。由于集团客户对新购的电信产品不熟悉，风险意识较强，决策过程较为复杂，参与决策的人员较多。这种购买行为对于电信营销人员来说是最大的挑战，同时也是最好的机遇。电信企业一方面要积极当好集团客户的参谋，真心实意地向集团客户推荐适合其需要的电信产品；另一方面应指导和帮助集团客户尽快熟悉和掌握新购的电信产品，实现其价值的增值。

3．影响电信集团客户购买行为的因素

电信集团客户在作出购买决策时，会受到一系列因素的影响，主要包括环境因素、组织因素、人际因素和个人因素四大类，每一类又包含若干具体内容，见表 2-8。

表 2-8　　　　　　　　　影响电信集团客户购买行为的主要因素

环 境 因 素	组 织 因 素	人 际 因 素	个 人 因 素
需求水平	企业目标	地位	年龄
经济前景	组织结构	职权	个性
技术创新	购买政策	志趣	教育水平
政治法律	规章制度	说服力	工作职务
市场竞争	工作流程	影响力	风险态度

4．电信集团客户购买决策

电信集团客户购买过程的阶段多少，取决于集团客户购买情况的复杂程度。通常情况下，集团客户购买决策过程包括 8 个环节，如图 2-4 所示。

```
认识     确定     说明     物色     征求     选择     购买     绩效
需要  →  需要  →  需要  →  运营商 → 建议  →  运营商 → 决定  →  评价
```

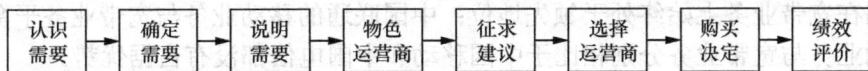

图 2-4　集团客户购买决策过程

（1）认识需要

集团客户的有关人员在刺激因素的作用下认识到有必要购买某种电信产品，以满足集团的某种需要。

（2）确定需要

集团客户发现自身的购买需要后，要进一步确定所需电信产品种类、特征（如产品的可靠性、安全性、耐用程度及其他必备和属性等）和数量。

（3）说明需要

集团客户确定需求以后，经组织专家小组对所需电信产品种类进行价值分析，作出详细的技术说明并形成书面材料，作为购买人员采购的依据。

（4）物色运营商

集团客户通过各种途径收集有关电信运营商的信息，了解所需电信产品的供应、价格、质量、服务等，将那些有良好信誉和符合自身要求的运营商列为被选对象。

（5）征求建议

集团客户的采购人员向那些合格的运营商征求有关建议，以便进行比较和选择。电信运营商要根据客户要求，将有关电信产品的性能、报价、服务，以及自身生产经营能力等情况以口头或书面的形式提供给集团客户，力求有说服力。

（6）选择运营商

集团客户根据电信运营商提供的产品质量、价格、信誉、及时交货能力和技术服务等来进行比较评价，在综合考察的基础上进行选择、谈判，最终确定最具有吸引力的运营商。

（7）购买决定

在以上程序的综合分析评估基础上，集团客户作出最终的购买决定，将产品订单提交给选定的电信运营商。

（8）绩效评价

集团客户购买电信产品后对其购买决策、电信产品的使用情况、电信企业合同履行情况等进行检查和评价，以便决定是否维持现在有的电信产品供应渠道。

任务 3　电信市场细分与定位分析

【问题引入】三大运营商通过建立自己的品牌对电信市场进行了细分，我们在已经掌握运营商品牌的基础上，应该对品牌的内涵和细分市场作进一步的了解，中国移动是运营商中品牌做得最成功的，我们以中国移动为例，将品牌的市场细分和定位作进一步阐述。

【本任务要求】

1. 识记：移动运营商产品的市场定位、中国移动品牌的战略定位。

2. 领会：三家运营商的品牌概况。

一、三家运营商品牌概况

综合三家运营商比较，中国移动在我国移动通信发展的进程中，始终发挥着主导作用；

中国电信则在宽带业务上始终处于领先地位；中国联通的移动业务与宽带业务平衡发挥，也因此在移动业务与宽带业务分别相比于中国移动和中国电信都没有占据优势。

1. 中国移动品牌产品

"全球通"是中国移动的旗舰品牌，知名度高，品牌形象稳健，拥有众多的高端客户，它已经成为国内网络覆盖最广泛、国际漫游国家和地区最多、功能最为完善的移动信息服务品牌。

"动感地带"的目标客户群为年轻时尚人群，无论是从代言人的形象，还是在动感地带推出的一系列活动都能明显看出产品清晰的市场定位。成为年轻时尚人群移动通信客户品牌，资费灵活，提供多种创新的个性化服务。

"神州行"品牌面向大众市场，包括六大产品系列。目标客户规模最大、覆盖最广，资费收取更灵活更实惠，适合各个细分的消费市场。"神州行"品牌客户规模庞大。目前，"神州行"客户数已占中国移动客户总数的75%以上，收入占比超过了70%，成为中国移动客户品牌体系中极其重要的一部分。为了满足广大客户的需要，"神州行"品牌以"快捷和实惠"为原则，针对不同细分客户推出不同的资费套餐。随着品牌建设工程的系统化实行，神州行正带着"轻松由我"的主张继续更好地为大众客户群体服务。"神州行"品牌客户群的职业、年龄等跨度都较大。使用话音和短信业务为主，注重实惠、大众化的资费和自由、便捷的服务方式的客户均可使用。

"动力100"集团客户是中国移动根据集团客户在管理、技术和服务等方面的需求，推出移动信息化整体解决方案，以移动管理全面提升电子政务与电子商务的层次，实现以客户为中心的移动信息化。

"G3"专区——引领3G生活，"G3"标识造型取义中国太极，以中间一点逐渐向外旋展，寓意3G生活不断变化和精彩无限的外延，体现了中国移动积极支持国家自主科技创新，架起全新沟通平台，为客户提供精彩、高效的数字化信息生活。

2. 中国联通品牌产品

创新改变世界，中国联通作为创新精神的倡导者，始终走在时代之前，以领先的通信技术描绘未来通信生活的蓝图，以基于全业务的运营体系畅想综合信息服务的宏大远景，以勤奋不辍的开拓精神在进取中思考明天，实践创想。因为中国联通深信，未来由创新者改写，世界因创新而改变。

"沃"品牌作为中国联通企业品牌下的全业务品牌，分别面向个人、家庭、商务、青少年四大客户群体，建立了涵盖所有创新业务、服务的五大业务板块：沃·3G、沃·家庭、沃·商务、沃派、沃·服务，进一步丰富和完善了全业务品牌体系。

"沃·家庭"是"沃"品牌面向家庭客户的业务板块，通过家庭业务的营销推广，使家庭客户感受到3G、宽带等家庭信息化融合业务的精彩体验，包含电脑保姆、高清视频、家庭安防、通信管家、IPTV、可视电话等通信组合产品。

"沃·商务"是"沃"品牌面向集团客户的业务板块，通过集团业务的营销推广，使集团客户感受到信息解决方案的精彩体验。它为集团客户提供一揽子服务解决方案，打造全方位的企业信息化平台，针对客户的不同企业性质及自身需求，提供专业稳定的服务支撑，并为集团客户的商业拓展创造机会，它是集团客户的信息管理顾问。

"沃·3G"是"沃"品牌面向个人客户的业务板块，通过个人业务的营销推广，使个人客户感受到高速3G的精彩体验，丰富并完善沃品牌"精彩在沃"的内涵。包含手机上网、手机电视、手机音乐、沃阅读、沃商店、手机邮箱、可视电话、无线上网卡、炫铃、视频分享等产品。

"沃派"是"沃"品牌下面向青少年客户的业务板块，融合了青少年群体需要的各类通信和移动互联网产品，最大化满足他们在网络、应用、终端、服务方面的移动互联网需求，让青少年群体随时随地生活在网络群体中。包含沃友（校园版）、视频分享、沃阅读校园专区、手机音乐校园专区等产品。

"沃·服务"是"沃"品牌面向客户服务的业务板块，使个人、家庭、集团、青少年客户感受到沃品牌以客为尊的精彩服务，丰富并完善沃品牌"精彩在沃"的内涵。用"服务"作为业务板块区分的名称，表现了对消费者的重视与关怀，体现以客为尊的服务理念。

"116114"为客户提供基于114/116114语音查询、手机WAP、互联网及黄页等多媒体渠道的综合信息服务。向老百姓提供"医、食、住、行、游、购、娱"全方位的生活服务信息内容。通过信息查询、预订机票、酒店、美食、土特产、医疗挂号、法律咨询、教育导航等业务实现"一号订天下"。

3. 中国电信品牌产品

"天翼领航"是中国电信面向企业客户推出的客户品牌，以"融合信息应用，远见成就价值"为品牌核心内涵，全面支持企业客户提升信息化水平、降低成本、提高效率、增加商业机会、创新产品、改善客户服务、防范经营风险、促进业务增长。针对不同类型企业客户的综合通信和信息需求，中国电信提供天翼领航通信版、信息版、行业版等系列应用。 中国电信依托固话、移动、互联网的全网融合优势，为企业提供专家级ICT整体解决方案，服务领域已拓展到信息化规划与咨询服务、网络及网络建设集成服务、呼叫中心规划及咨询外包服务、网络管理及安全专家服务、数据中心托管及灾难备份服务、视频综合信息应用等方面。 中国电信将通过进一步加强与内容提供商、IT服务商的合作，丰富产品、服务等内容，不断完善企业客户一站式整体解决方案内涵，通过一站购齐、全程无忧的定制解决方案为企业客户创造新的价值。

"天翼e家"是中国电信在天翼主品牌下为满足家庭日益多元化和个性化的通信及信息应用需求而量身打造的客户品牌。为家庭提供全方位综合信息服务，让家人更加自由、便利地使用光速宽带、3G智能手机、无处不在的3G网络等多种通信手段，除了多种通话方式和超长通话时长带来全新通话体验，还可享受手机、电脑、电视三屏互动的高清视频娱乐、大屏智能手机给您带来异彩纷呈的个性化应用。"天翼e家"更有一站购齐、快捷服务通道、优先服务保障、积分回馈计划、合作联盟服务共享等内容，随时随地随心与家人一起分享无所不在的通信与娱乐体验。

"天翼"英文名称"e surfing"，是中国电信为满足广大客户的融合信息服务需求而推出的移动业务品牌，"天翼"强调"互联网时代的移动通信"的核心定位，面对语音、数据等综合业务需求高的中高端企业、家庭及个人客户群，提供无所不在的移动互联网应用和便捷语音沟通服务。

总之，以上三家运营商分别根据自身优势做出比较明确的定位：中国移动重点为移动业务，分别针对高端市场、年轻市场、集团客户市场推出业务；中国联通兼营移动和宽带业务，分别针对高端市场、年轻市场、家庭市场、集团客户市场推出的移动业务、固话以及宽带业务；中国电信以宽带业务为主，捆绑固话业务和移动业务，针对集团客户以及家庭的不同消费需要进行市场细分，提供各式各样的套餐。

二、移动运营商产品的定位

通过对移动通信市场消费者行为特点的分析，可以了解移动通信消费者的消费心理——网络越稳定越好、辐射越低越好、资费越低越好、服务质量越高越好，这样的消费心理转化成消费者行为就是对目前移动通信运营商的高要求——通信质量要高、话费要低、客户服务要到位。与此同时，移动通信业务走过话音"独秀"的时代，经历了短信"为王"的时代，如今正在进入数据业务飞速发展的时代。这样的发展就要求各个运营商在增值业务方面进行不断的开发与创新，以满足消费者与日俱增的通信需求。

1．移动运营商产品定位及定价

在移动通信市场中运用最多的就是避强定位和产品差异化定位。避强定位主要表现为寻找并进入新的细分市场以及开辟并进入新的销售渠道，而产品差异化定位主要就表现为资费和套餐的差异化。但是目前移动通信市场细分已经有了过度细分的趋势，寻找新的细分市场显得比较困难，因此要想进入目标市场，就需要从资费、套餐不断的创新，在高质量的通话效果和广泛的网络覆盖为基础的条件下，深入地了解消费者的心理并通过合适的定价以及有效的促销活动占领市场份额。

产品的定价方面，可以对不同消费群体实行差别定价。新的产品或套餐在进入市场的时候，如果想迅速占领，就要采取撇脂定价的策略，以低价来吸引消费者，刺激消费者的需求。但是，一味的降价并不是什么良策，只会两败俱伤。因此，为了吸引消费者的眼光，就要让渡产品价值给客户，只有客户觉得有利可图的时候他们才有可能对新的产品产生需求。在移动通信市场中，对有不同需求的消费者在其主要需求方面适当地降价，在其他方面适当地提高价格来实现自己的利润，如短信费率低的套餐，在通话费率上适当上调；通话费率低的套餐，增加必选功能包；通话费率和短信费率都低的套餐，可以通过附加功能如来电显示、彩铃等方面来补偿自己的成本或增加利润。下面举例说明怎样进行电信产品的定价。

（1）针对年轻人推出丰富的可选套餐并定以合适的价位

● 数据流量类

A．限时 GPRS 流量包（适用于手机上网下载小说、游戏、音乐等类型的用户）：5 元包 50 小时/月、10 元包 120 小时/月、15 元包 200 小时/月。

B．限流量 GPRS 流量包（适用于手机上网在线阅读、聊天等类型的用户）：5 元包 30M/月、10 元包 60M/月、20 元包 150M/月。C．无限制 GPRS 流量包（适用于对手机上网有多方面需求的用户）：50 元/月（本地）、100 元/月（全国）。

● 短信类

A．短信包：5 元包 100 条、8 元包 200 条、10 元包 250 条、15 元包 400 条、20 元包 500 条。

B．亲密短信包：用户设置一个亲情号码，与该号码之间发短信时，2 元包 200 条点对点短信、5 元包 500 条点对点短信（可以与其他一种短信包同时使用）。

C．短信发烧友（适用于短信业务较多的用户）：50 元包 3000 条国内短信。

- 语音类

A．市话优惠包：15 元包 200 分钟本地市话/月、18 元包 250 分钟本地市话/月、28 元包 400 分钟本地市话/月。

B．长话优惠包：选择一：15 元包 200 分钟本地市话/月，长途 0.2 元/分钟；18 元包 250 分钟本地市话/月，长途 0.15 元/分钟；28 元包 400 分钟本地市话/月，长途 0.1 元/分钟。（套餐说明：超出市话分钟数按 0.2 元/分钟收费）

选择二：10 元包 80 分钟本地长途/月、15 元包 150 分钟本地长途/月、20 元包 200 分钟本地长途/月。（套餐说明：该套餐下，市话 0.2 元/分钟，超出长途分钟数按 0.4 元/分钟收费）

（2）针对中、青年人推出集团业务

5 人以上办卡或者换套餐可以加入虚拟网（即集团网），5 元包网内通话 500 分钟/月，网外市话 0.2 元/分钟。

（3）针对老年人制定爱心套餐

老年人对移动通信的需求较单一，多为语音，因此在设计老年人爱心套餐的时候要注意业务功能的简单。套餐为：5 元功能费/月，市话 0.2 元/分钟，长途 0.3 元/分钟。

2．对移动运营商新产品开发的建议

新产品的开发要结合市场细分来完成。如针对年轻人的产品要突显个性和时尚。不论在款式、色彩、还是包装，他们只重一条——"我喜欢我就喜欢"的主观认知。虽然他们不会有大量的购买力，但他们会产生很大的影响力。针对中、青年人的产品需要突显成熟、稳重、成功等特点。具体来讲，目前 3G 的推广正在热化，而三大运营商也通过与终端设备商的合作成功推出了属于自己 3G 品牌的手机终端，都有自己的 3G 标志，这种定制的手机来自消费者所熟悉的手机品牌，但是又不同与市面上的普通手机。定制手机不仅是机身和外包装的定制，手机菜单和内置服务也经过了定制，可以更加方便用户的操作。

除了终端方面的开发，还要重视新套餐的推出，要想牢牢抓住客户的心，就要不断地更新自己的产品及套餐，给客户新的选择，客户也会给你新的利润。如中国联通创新自己的"沃"品牌，推出了"沃·家庭""沃派"等新的资费套餐让消费者选择。

三、中国移动的品牌战略和定位

随着手机应用的日渐普及，关于手机单向收费、降低资费的呼吁从来都没有停止过。中国移动作为国内也是世界上的第一大移动运营商，在这样的环境下，面临着投资者、竞争对手以及市场的多重压力，如何从容应对，继续保持健康快速的发展，是需要着重探讨的问题。

迄今为止，没有一种产品可以做到包打天下。移动通信为客户提供的产品是有偿的网络服务。当一种服务成为商品，它就注定无法满足所有人的消费需求。通常的情况是，一些客户因为网络不好会放弃，一些客户因为资费过高而观望，一些客户则因为服务太差而走开，还有一些客户更注重网络对手机的功能支持。这就形成移动运营商推行差异化服务的根本出发点，它以客户需求为依据，将不同类别的客户、不同档次的产品进行拆分组合，充分发挥资源优势，合理调配运营成本，从而达到企业效益最大化。市场细分，源出于此。

1. 中国移动的品牌战略

中国移动的品牌战略，包括了品牌的定位、设计、管理、包装、推广等环节，这是对通信服务进行市场细分的客观要求。当"全球通"的资费超出低端客户的心理上限时，"神州行"应运而生；当眼花缭乱的移动新业务层出不穷时，"动感地带"又有了精彩的亮相。让企业从价格战的泥潭中解脱出来，中国移动的品牌战略功不可没。这就印证了一个有趣的逻辑链：初步竞争打破了独家垄断，后来者更是拿资费开刀，祭起价格战的大旗，不健全的监管体系又无力阻止竞争双方一步步滑向"囚徒困境"，由于利益的牵扯还或明或暗地影响到互联互通，给客户通信造成很大的障碍，单一的价格战不会有真正的赢家，市场的无形之手迫使运营商不断进行自我调整，最终仍是通过市场的手段解决竞争的问题。

以品牌战略统领企业的所有经营行为，是企业保持市场领先、巩固主导地位的必然选择。有句话说得很形象，防御竞争对手的进攻，首先要学会自己进攻自己。中国移动在细分市场的基础上对强势品牌进行整合，开发出面向中低端客户的"神州行"，让这些客户从"全球通"的品牌中自然剥离，主动维护了"全球通"的高端定位，突出了"专家品质，值得信赖"的卓越气质，使产品的溢价能力并没有随价格的变动而降低，这在近乎同质竞争的移动通信市场中十分难得。中国移动的品牌战略，得到了市场的丰厚回报，在后面短短两三年的时间内，就以超过一亿的客户规模跃居世界首位，企业实力迅速增强，无论是客户份额还是盈利能力，都远远领先于对手，一举奠定了国内移动通信运营商的主导地位。

对客户进行市场细分，通过实施品牌战略提升企业竞争力，绝非中国移动一家独创。美国宝洁、联合利华、可口可乐等市场大鳄，对于品牌战略的应用都堪称行业楷模。虽然中国移动不生产具体的有形产品，但满足客户多样化的消费需求是企业经营的共同要求。无视客户的需求而片面追求产品的生产销售能力，忽视品牌建设，同样是很多企业容易走入的经营误区。为什么长虹卖的电视比东芝、索尼两家销售之和还多，而利润总额却难望两者之项背？其中道理，不难悟透。中国移动作为世界五百强企业，怎样在做大的基础上做强，关键就在于正确细分市场，积极培育客户，将品牌战略深入贯彻到市场经营中去，为竞争制胜增添有力的筹码。

如果说"全球通""神州行"是按照业务类别进行的品牌划分，"动感地带"就是以客户诉求点为依据开发的崭新的服务品牌。"全球通"突出了国际漫游、网络优越、服务到位、业务齐全并有丰厚的积分回报诸多特点，在其麾下聚集了相对稳定、忠诚度较高的社会精英群体，他们中的大多数作为老客户见证了中国移动的奋斗历程，更贴切地讲是和中国移动携手历经了风雨征程，伴随着中国移动一起走向成功，一句广告词颇有概括力：尽享成功，信赖全球通。

而"神州行"的面世，直接原因是由于受到了来自竞争者的冲击和挑战，免入网费、免入网手续、免月租费的"三免"政策确实达到了让客户省钱、省事、省心的"三省"效果。根据客户需要，"神州行"还可以提供多个亲情号码的通话优惠，在中低端市场上迅速打开了局面，"神州行"与"全球通"高低搭配，相互呼应，对于中国移动巩固市场份额，扩大客户规模贡献卓著。

"动感地带"的推出则标志着中国移动的品牌战略向纵深拓展，它揉合了最时尚的增值业务，以更超值的功能组合直指 15～25 岁的年轻一代。一句"我的地盘我做主"赋予了中国移动时尚个性的亲和形象，受到目标客户的热忱欢迎。以客户的年龄来设计品牌，有意识地规划和培育明天的市场，虽称不上是通信服务的创新，但对于中国移动乃至整个电信业来说，堪称是划时代的壮举。

从网络到功能，从价格到服务，中国移动始终围绕"服务与业务双领先"做好文章。但随着竞争激烈程度的升级，很多地方的资费优惠可谓奇招迭出，赠机、打折、包月、集团网、单向收费的炒作此起彼伏，价格大战欲罢不能，中国移动很难置身事外。不同的是，中国移动针对不同层面的市场所采取的竞争策略各有侧重。面对中国电信 CDMA 的冲击，"全球通"的资费体系保持了一贯性和完整性，即便在一定范围内中国移动对部分大客户也实施了"包月"优惠，仍然无损其整体资费的相对稳定。"全球通"的魅力，在遍布全国的"沟通 100，满意 100"全球通俱乐部中得以充分展现。中国移动以其富有竞争力的产品在市场上继续扩张版图，以稳健而又富有激情的品牌战略一次次赢得市场。

2．中国移动的目标市场

中国移动主要将市场分为个人市场、家庭市场和集团客户市场三大类，针对每个市场都有完整的巩固和拓展策略。

（1）个人市场

顾名思义，个人市场指的就是针对单个用户推广产品的市场。个人市场的特点主要是流动性，来得快，走得也快，只要有一点不满意，客户就很容易换掉手机号。在个人市场方面，中国移动主要推出了全球通、神州行和动感地带三大品牌，分别针对个人市场中的高端客户、中低端客户和时尚人士三类手机用户。

（2）家庭市场

家庭市场的特点是稳定性和粘性，一般情况下，整个家庭选用的移动运营商和其家庭的主要中坚力量是一样的。比如说，如果一个家庭的主要经济来源人使用的是中国移动的手机号，那么此人的配偶、父母、子女一般也会使用中国移动号。因此针对家庭市场的巩固和拓展一般是围绕该家庭的主要经济来源人进行。中国移动针对家庭市场的主要产品为亲情号等。

（3）集团客户市场

集团市场主要指的是针对企事业单位、主要政企单位或某个特定行业的市场。集团客户市场已经成为了三大运营商的主战场。主要原因是集团市场对个人市场的捆绑度极高，试想，如果一个企业用的都是中国移动的手机号且规定使用中国移动的某集团业务（如短号集群网），那么肯定不会有任何个人跳出该集团网去使用中国联通的手机号，这样就达到了深度捆绑的目的。中国移动针对集团客户市场的产品主要为短号集群网、集团彩铃、移动总机、会议电话等。

3．中国移动的市场定位

移动商务用户的重要特点是转网成本很高。手机是移动商务的主要载体，而手机号码则是用户的重要资源，特别是在高端客户市场。据德瑞电信咨询初步统计，70%以上的全球通用户认为号码资源是其宝贵的资源，更换号码将会带来许多不便。更何况，中国移动的 TD-SCDMA、中国电信的 CDMA2000 和中国联通的 WCDMA 的手机不能通用，更换运营商就意味着更换手机，而目前主流手机的价格在 1000～2000 元，高端智能手机的价格更高，因此，移动商务用户的转网成本很高。

从移动用户基础上看，中国移动实力最强，而中国电信则最弱。然而，中国移动 70%以上的用户是神州行，其品牌定位是大众消费。因此，中国移动应该利用用户的高额转网成本，将当前用户群锁定在自己的移动商务服务中，将市场定位在满足大众用户的移动商务需求上。从目前的情况看，三家运营商在移动通信领域的综合实力比较，中国移动第一。只要中国移动能够把当前的大部分用户留在自己的移动商务用户中，就能继续保持在电信行业的强势地位。

然而，中国移动获得的 TD-SCDMA 牌照是一种中国自主研发的 3G 技术，远不如中国联通的 WCDMA 和中国电信的 CDMA2000 成熟。因此，中国移动在推行移动商务服务时，不应与其他运营商攀比技术。中国移动应将市场定位在为大众满足最常用的移动商务服务上，应先把最基本的业务做好。随着 4G 的商用，中国移动可以克服用户速率较低的优势，在移动应用业务的开发上做好自己的文章。

过关训练

一、简答题

1. 三家运营商电信业务的特点有哪些？
2. 三家运营商的战略转型是什么？
3. 中国电信企业面临的竞争有哪些？
4. 消费者行为是什么？
5. 消费者选择现使用移动通信品牌的主要原因有哪些？
6. 消费者出现转网现象的主要原因有哪些？
7. 按照年龄分段，26～40 岁的消费者选择运营商的主要原因有哪些？
8. 电信居民客户购买行为的分析通常采用的方法是什么？
9. 电信居民客户购买行为的类型有哪些？
10. 电信集团客户需求与购买行为特点有哪些？
11. 电信集团客户购买决策过程包含哪些环节？
12. 运营商制定针对年轻人的丰富的套餐可以从哪几个方面考虑？

二、不定项选择题

1. 中国移动明确四网协同发展战略，其中四网包括（   ）。

A. GSM　　　　　B. TD-SCDMA　　　　C. WLAN

D. TD-LTE　　　　E. CDMA2000

2. 中国电信为用户提供了（   ）形成了 3G 时代争夺战的三大利器。

A. 更有价值的应用服务

B. 明星终端

C. 终端补贴政策

D. CDMA2000

3. 影响客户购买行为的因素包括（   ）。

A. 经济因素　　　　B. 文化因素　　　　C. 社会因素

D. 心理因素　　　　E. 个人因素

4．现实社会中，我们一般把家庭分成以下不同的类型，包括（　　）。

　　A．丈夫决定型　　　　B．妻子决定型　　　　C．共同决定型　　　　D．各自做主型

5．家庭生命周期是按照婚姻状况、年龄、子女的数量及成长状况来划分的，一般可分为以下阶段，包括（　　）。

　　A．未婚阶段　　　　B．满巢阶段　　　　C．空巢阶段

　　D．鳏寡阶段　　　　E．独身阶段

6．移动通信运营商顾客总价值驱动因素包括（　　）。

　　A．网络质量　　　　B．服务质量　　　　C．企业和人员形象

　　D．品牌　　　　E．资费水平

7．移动通信运营商顾客总成本驱动因素包括（　　）。

　　A．资费水平　　　　B．时间成本　　　　C．精神成本

　　D．体力成本　　　　E．网络质量

8．中国移动的品牌有（　　）。

　　A．全球通　　　　B．动感地带　　　　C．神州行

　　D．天翼　　　　E．动力100

9．中国联通的品牌包括（　　）。

　　A．沃派　　　　B．沃3G　　　　C．沃·家庭

　　D．天翼　　　　E．沃·商务

10．中国电信的品牌包括（　　）

　　A．天翼　　　　B．动力100　　　　C．天翼领航　　　　D．天翼e家

11．电信居民客户购买行为形成过程包括（　　）。

　　A．刺激　　　　B．需求　　　　C．购买动机　　　　D．购买行为

12．电信集团客户购买行为的类型包括（　　）。

　　A．直接重购　　　　B．修正重购　　　　C．全新购买　　　　D．部分购买

三、分析与讨论题

1．分析中国移动的成功的品牌战略是怎样的？其个人用户的品牌的定位是怎样的？

2．讨论未来电信运营企业面临的竞争与挑战，怎样面对这些挑战？

四、实训操作题

市场细分调研实训

1．受训者4～5人一组，采取自由组合方式形成，每组设组长1名。

2．在规定的时间内完成某运营商市场细分调研报告，每个小组派成员进行PPT汇报。

3．指导老师组织受训者就调研报告进行讨论，形成基本判断。

4．评分标准：小组完成调研报告的表现（40%）；

小组成员的团队合作表现（20%）；

PPT汇报的表现（40%）。

【本模块问题引入】电信营销人员应能够分析目标市场，并制定有效的营销方案，掌握一定的营销技能等。一次电信营销活动能否取得圆满的成功，不仅取决于有关营销活动组织和营销技巧的运用，还有赖于对营销活动周到细致的准备和策划，本模块就这些方面进行详细讲述。

【本模块内容简介】本模块介绍营销的相关技能，任务 1 介绍电信营销策划技能，任务 2 介绍电信营销活动组织技能，任务 3 介绍电信大客户营销技能，任务 4 介绍团队管理技能。

【本模块重点难点】重点掌握营销策划书的编写、营销活动方案的制定、会议流程的制定、大客户营销的关键点、团队管理技能等。

【本课程模块要求】

1. 识记：营销策划书的内容，营销活动方案的内容，会议的具体流程，大客户营销的关键点，团队管理技能。

2. 领会：新产品开发策划，营销活动的组织技能，大客户营销六阶段，团队冲突管理技巧。

任务 1　营销策划技能

【问题引入】营销人员应能够分析目标市场，并制定有效的营销方案。要求掌握营销策划的相关技能，怎样进行新产品开发策划，怎样进行新产品的市场扩散，怎样掌握营销策划书的编写技能等。

【本任务要求】

1. 识记：营销策划书的内容。

2. 领会：新产品开发策划、新产品市场扩散。

一、新产品开发策划

新产品开发策划是指营销策划经理根据企业目标和市场需求，制定新产品开发和具体实施计划，如图 3-1 所示。

1. 提出目标，创意搜集

在电信企业战略基础上，根据市场发展趋势，提出新产品的开发设想，这是新产品策划的开始。营销人员寻找和搜集新产品构思的主要方法有如下几种。

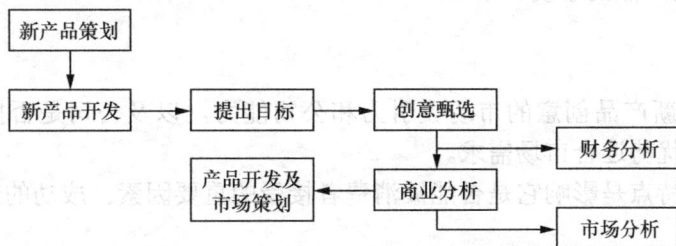

图 3-1　新产品开发策划步骤

① 模仿创新法。重点借鉴国外运营商和其他运营商发展比较好的业务，根据本企业的特点，进行修正创新，推出新的业务。

② 创造孵化器功能。目前各个运营商分别建立适合自己的产业链，建立数据业务平台，由各个产业链同盟一起推出新的数据业务。

③ 捆绑组合法。以客户为导向重新梳理新产品，如中国电信推出"我的 e 家"就是针对家庭客户推出的新品牌，重点是把宽带、固定电话、手机等进行捆绑，向客户提供一站式购齐的综合业务。

④ 基于行业特征推出的新业务。目前，各个运营商都根据不同行业特征，推出针对各行业的业务，如各种 ICT 业务、银信通等。

⑤ 多角分析法。这种方法首先将产品的重要因素抽象出来，然后具体地分析每一种特性，再形成新的创意。

⑥ 聚会激励创新法。这种方法最为典型的代表方式是"头脑风暴法"。将若干名有见解的专业人员集合在一起（一般以不超过 10 人为宜），开讨论会前，提出若干问题并给予时间准备，会上畅所欲言，彼此激励，相互启发，提出种种设想和建议，经分析归纳，便可形成新产品构思。

⑦ 征集意见法。指产品设计人员通过问卷调查、召开座谈会等方式了解消费者的需求，征求科技人员的意见。

2. 创意甄选

每 10 种新产品创意中，一般有两种不赢不亏，7 种将会失败，只有 1 种是将会获得巨大成功的大赢家。新产品创意的甄别和选择即抛弃不好的创意，抓住能够获胜的创意。

企业在搜集新产品开发的许多设想后，必然涉及对设想的甄选。这是新产品策划中一项十分重要的工作，营销策划经理一般可以考虑以下几个方面的因素。

① 新产品与企业发展目标的关系。

② 新产品的目标市场与可能的销售量。

③ 新产品可能获得的利润。

④ 新产品有何突出的特点，容易为消费者所了解。

⑤ 新产品开发成本和企业现有资源的利用。

⑥ 新产品上市市场竞争状况估计。

⑦ 新产品的潜在需求量。

⑧ 新产品与企业现有产品的关系和对现有产品销售的影响。

⑨ 消费者对新产品的态度。

3．商业分析

商业分析考察新产品创意的市场吸引力和公司能力，以及公司是否拥有所需的经营技能，以明显的竞争优势迎合市场需求。

新产品本身的特点是影响它是否能被消费者接受的重要因素。成功的新产品应具备以下几个特点。

（1）相对差异优点

所谓相对差异优点，也就是产品的比较优势。相对于已有的产品或竞争产品，新产品应具有独特的优点。这种优点越大、越明显，越能给消费者提供更多的利益，就越容易被普遍接受。

（2）较好的适应性

新产品同社会的消费习惯及人们的价值观念比较适应，就比较容易被接受；反之，与当地的消费习惯、传统的价值观念、社会文化风俗不相适应，差距越大，就越难以推广。因为改变人们旧的消费习惯要比让人们养成新的习惯更难。

（3）简易性

新产品的结构和使用方法，要力求简便易懂，否则就不易被消费者所接受。

（4）可分割性

由于不同消费者在购买力、生活习惯和消费方式等方面存在差别，新产品应力求可以分割。可分割性越大，新产品被接受的过程就越短，如可分割性在通信产品的应用上较多地体现在通信产品的套餐上，根据各种用户的不同特征，制定适合的套餐。

（5）产品介绍的明确性

介绍新产品的特点和使用方法，内容应明确实在，切忌抽象空泛，使人产生怀疑。宣传越切合实际，说服力越强，产品就越容易被接受。

产品介绍的明确性对于电信产品的介绍，一般包括以下几部分内容。

- 产品定义，具体介绍产品的性能和使用情景。
- 目标客户，重点介绍电信产品应该卖给谁，这些消费者的消费行为是什么。
- 产品卖点，重点介绍产品能为消费者带来哪些好处，与消费者心中所需是否匹配。
- 订购方法，消费者可以从哪些渠道购买到该产品，让消费者很方便地买到产品。
- 产品资费，产品的价格多少。

（6）产品的可试用性

对于大多数数据业务来说，消费者不进行试用，就不知道对自己有没有用，而且试用有助于培养消费者消费习惯，养成消费习惯后，即使产品提价，消费者也会继续使用该通信产品。因此，目前对于大多数通信产品来说，在推出初期往往进行免费试用半年或一年，等用户发展到一定规模，消费者养成消费习惯时，再进行加价。

4．产品实体开发和试销

产品实体开发主要是策划产品说明书的编写和产品技术经济指标的研究分析，即进行技术上的可能性、经济上的合理性与市场占有性的综合论证，然后对此进行全面评价。通过试销，让产品与消费者见面，了解消费者对新产品的意见，并及时改进。一般评价活动包括沟通效果评价和销售效果评价，沟通效果的评价可以采用预试的方法，而销售效果的评价，更多地需要考虑实际的市场反应，难度也会大一些。

（1）沟通效果评价

沟通效果的测试主要是判断广告是否在有效地传播信息。它包括事前测试和事后评价两种。

① 事前测试

直接评分法。就是邀请学者、专家或其他有代表性的客户来评价广告的效果。一般是通过广告评价单来进行测评，即根据广告每一项目评价得分，再根据评分判断是否是好广告。

市场试验法。该方法是选择两个以上试验市场，进行广告效果测定的一种方法。具体做法是选择两个情况基本相同的地区销售同一种产品，一个地区运用甲广告，另一个地区运用乙广告，然后比较两个地区的广告效果，总结经验，扬长避短。该方法优点在于真实可靠，但耗费大量人力、物力。

仪器测定法。广告研究人员利用各种仪器来测量公众对于广告的心理反应，如心跳、血压、瞳孔放大以及流汗等情景。这类试验只能测量广告的吸引力，而无法测量公众对广告的信任、态度或意图。

② 事后评价

广告触及率测定。这里的触及率指的是接触过广告的人数占被测总人数的百分比。如某广告发布后，经测定，看过的人数为 5000 人，被测人数为 10000 人，其广告触及率为（5000/10000）×100%=50%。

知名度测定。知名度通常是以广告接受者对企业名称、广告品牌、商标等的记忆程度为测定内容。通过诸如"你看过中国电信天翼的广告吗？"等问题来统计品牌的知名人数，然后以知名人数占测定人数的百分比作为知名度进行测定。

理解度测定。理解度通常以广告接受者对广告内容、产品作用、功能等的了解程度作为测定内容。如某产品经过广告宣传后，经测定，品牌理解人数为 5000 人，被测定人数为 10000人，则理解度为（5000/10000）×100%=50%。

（2）销售效果测定

在现实的市场营销过程中，人们可以发现一个具有好的沟通效果的广告，并不一定就能带来好的沟通效果。很明显，决定市场销售的因素异常复杂，可能来自于广告，也可能来自于产品本身或价格，或销售渠道。一个好的广告可能迅速提高了某一产品的知名度，增加了公众的偏好，但究竟能提高多少销售量，却是一个难以准确回答的问题。一般有两种方法来测试广告的销售效果。

① 统计法

统计法是运用先进的统计技术，推算广告费用与产品销售比率，以此来测定广告宣传效果的方法。比如，可以用"广告费用/销售额"来计算广告费用比率，广告费用比率越低，广告效果越好；又如，可以用"销售额增加率/广告费用增加率"来计算广告效果比率，广告效果比率越高，广告宣传效果越好；另外还可以用"广告利润效益法"进行测定，广告利润效益：（广告后销售量−广告前销售量）×每件产品利润额−广告费用。广告利润效益越大，广告宣传效果就越好，当其为负值时，广告是亏本的。

② 实验法

即把市场划分为不同的细分市场，这些细分市场有些是同质的，有些是异质的，研究人员可以在这些同质和异质的细分市场上投资不同量的广告，然后观察细分市场的反应，从而确定哪种广告投资在不同的细分市场上最适合。

二、新产品市场扩散

新产品的市场扩散是指新产品正式进入市场后为广大消费者所采用的过程。扩散与采用的区别，仅在于看问题的角度不同。采用过程是从微观角度考察客户个人接受新产品的问题；而扩散过程是从宏观角度分析新产品如何在市场上传播并被市场采用的更为广泛的问题。扩散过程主要表现为潜在消费者由认识新产品进而试用新产品、最后决策采用新产品的行为。企业的策略要点是根据不同产品及不同目标市场消费者的市场特性，以及消费者接受新产品的规律，有效地运用市场营销组合，采取有力的对策，加快新产品的市场扩散。

1. 消费者采用新产品的程序与市场扩散

人们对新产品的采用过程，客观上存在一定的规律。美国市场营销学者罗杰斯总结归纳出人们接受新产品的程序和一般规律，表现为以下 5 个重要阶段：认知——兴趣——评价——试用——正式采用。

① 认知：这是个人获得新产品信息的初始阶段。新产品信息情报的主要来源是广告，或者通过其他间接的渠道获得，如商品说明书、技术资料、别人的议论等。很明显，人们在此阶段所获得的情报还不够系统，只是一般性的了解。

② 兴趣：是指消费者不仅认识了新产品，并且发生了兴趣。这时，他会积极地寻找有关资料，并进行对比分析、研究新产品的具体功能、用途、使用等问题。如果这些方面均较满意，将会产生初步的购买动机。

③ 评价：这一阶段消费者主要权衡采用新产品的边际价值。比如，采用新产品可获得的利益和可能承担的风险的比较，经过比较分析形成明确认识，从而对新产品的吸引力作出判断。

④ 试用：是指客户开始小规模地试用创新产品。通过试用，客户开始正式评价自己对新产品的认识及购买决策的正确性如何。满意者，将会重复购买；不满意者，将会放弃此产品。

⑤ 采用：客户通过试用，收到了理想的使用效果，就会放弃原有的产品形式，完全接受新产品，并开始正式购买、重复购买。从试用阶段到正式采用阶段，从某种意义上说，消费者相互之间的信息沟通比广告的作用更大。从这个意义上讲，新产品信息传达目标，不仅包括目标市场的消费者，还应包括广大社会公众，他们对消费者购买行为往往起着重要的影响作用。

针对消费者采用新产品过程的 5 个心理阶段，企业应采取相应的营销策略。

① 在知晓阶段，企业应通过各种广告宣传媒介，大力宣传新产品的用途、特点。

② 在兴趣阶段，企业应通过各种途径给消费者传递信息，并提供免费赠品，使其尽快掌握新产品的特点、性能及功效。

③ 在评价阶段，企业应通过各种手段进一步提高消费者对新产品特性的认识，如通过推销人员的示范表演或在电视广告中做示范表演，以使消费者充分认识到，新产品比老产品的相对优越性、产品适用性、使用方法的简便性以及新产品的可试性等，最终决定试

用新产品。

④ 在试用阶段，企业从营销上应尽量降低失误率，针对不同产品，详细地向客户介绍产品的性质、使用保养方法等，以便消费者掌握正确的使用方法以增强消费者的自我信心，从而有一种良好的感觉和体验，为其正式采用新产品提供坚实的基础。

⑤ 在正式采用阶段，企业应做好销售服务，消费者在使用过程中遇到问题应及时解决，尽量使消费者感到满意，培养消费者忠诚，以实现重复购买。

2．客户对新产品的反映差异与市场扩散

在新产品的市场扩散过程中，不同客户对新产品的反映具有很大的差异。由于社会地位、消费心理、产品价值观、个人性格等多种因素的影响制约，客户对新产品接受快慢程度不同。企业如果善于分析客户对新产品的反映差异，就有利于新产品促销和营销策略的规划，有利于加快新产品市场扩散。罗杰斯根据客户接受新产品的快慢程度，将新产品的采用者分为以下 5 种类型。

① 创新采用者。任何新产品都是由极少数创新采用者率先使用，创新采用者占全部潜在采用者的 2.5%。这类消费者一般是年轻人，极富冒险精神，收入水平、社会地位和受教育程度较高，且交际广泛，信息灵通。企业推出新产品时，应将营销重点集中于创新采用者身上，通过他们的影响，促进新产品的市场扩散。

② 早期采用者。早期采用者占全部潜在采用者的 13．5%。他们大多数是某个群体中具有较高威信的人，受到周围朋友的拥护和爱戴。早期采用者富于探索性，对新事物、新环境有较强的适应性，多在产品的导入期和成长期采用新产品，并对后面的采用者影响较大。但与创新采用者相比，他们的态度较为慎重。所以，他们对新产品的扩散有着决定性的影响。

③ 早期大众。早期大众约占全部潜在采用者的 34%。这类客户的基本特征是：深思熟虑，态度谨慎，受过一定的教育，有较好的工作环境和固定收入。他们虽不甘落后于时尚，却在早期采用者认可后再购买，成为赶时髦者。由于这部分客户比重较大，研究他们的消费心理和消费习惯，对于加速新产品的扩散有着重要的意义。

④ 晚期大众。晚期大众约占全部潜在采用者的 34%。这类客户的基本特征是：对新事物持怀疑态度，他们的信息多来自周围的同事或朋友，较少借助宣传媒体，他们的受教育程度及收入状况比较差，从不主动采用或接受新产品，当大多数人都已使用过新产品，确信该产品具有良好反应之后，才会购买。因此，对这类客户进行新产品的市场扩散是极其困难的。

⑤ 落后采用者。落后采用者约占全部潜在采用者的 16%。这类消费者的基本特征是：思想保守，拘泥传统的消费观念，对新事物持怀疑、反对的态度，极少借助宣传媒体，他们的社会地位和收入水平最低，只在产品进入成熟后期甚至衰退期时才会购买。

新产品能否扩散，关键在于能否做好创新采用者和早期采用者的工作，他们约占潜在客户总数的 16%。争取他们对新产品的认可，由他们带头试用，早期大众和晚期大众就有可能跟进。这是一般新产品进入市场，并获得成长和发展的普遍规律。必须指出的是，成功地辨认创新采用者并非易事，因为有些人在某方面为创新采用者，而在另一方面却可能是落后采用者。

三、营销策划书的编写技能

1．编制原则

为了提高营销策划书编制的准确性与科学性，编制时应该把握以下主要原则。

（1）逻辑思维

策划的目的在于解决企业营销中的问题，按照逻辑性思维的构思来编制策划书。从策划过程上要求按照思维逻辑进行，首先是设定情况，交代策划背景，分析产品市场现状，再把策划中心目的全盘托出；其次是进行具体策划内容的详细阐述；最后是明确提出解决问题的对策。

（2）简洁朴实

要注意突出重点，抓住企业营销中所要解决的核心问题，深入分析，提出可行性的相应对策，针对性强，具有实际操作指导意义。

（3）创意新颖

新颖的创意是策划书的核心内容，在策划时要求策划的创意新、内容新、表现手法也要新，给人以全新的感受。

（4）可操作

编制的策划书是要用于指导营销活动的，其指导性涉及营销活动中每个人的工作及各环节关系的处理，因此其可操作性非常重要。

不能操作的方案创意再好也无任何价值。不易于操作也必然要耗费大量人、财、物，使得管理复杂、效果差。

2．基本内容

策划书没有一成不变的格式，它依据产品或营销活动的不同要求，在策划书的内容与编制格式上也有变化。但是，从营销策划活动的一般规律来看，其中有些要素是共同的。规范的营销策划书的内容包括以下方面，见表 3-1。

表 3-1　　　　　　　　　　　　营销策划书基本内容表

序　　号	策划书的构成	要　　素
1	封面	策划书的脸
2	前言	前景交代
3	目录	一目了然
4	摘要	要点提示
5	环境分析	策划的依据和基础
6	机会分析	提出问题
7	营销战略及实施方案	对症下药
8	营销费用测算	计算准确
9	行动方案控制	容易实施
10	结束语	前后呼应
11	附录	提高可信度

（1）封面

给一份营销策划书配上一个美观的封面是绝对不能忽略的，因为阅读者首先看到的是封面，若封面能起到第一印象的强烈视觉效果，那么对策划内容的形象定位则起到帮助。封面的设计应醒目、整洁，切忌花哨，至于字体、字号、颜色则应根据视觉效果具体制定。封面制作的要点如下。

① 标出委托方。如果是受委托的营销策划，那么在策划书封面要把委托方的名称列出来，如××公司××策划书。切记，这里千万不能出现错误，否则会给策划者留下不良影响。

② 取一个简明扼要的标题。题目的确定要准确而不罗嗦，使人一看就能明了。有时为了突出策划的主题或者表现策划的目的，可以加一个副标题或小标题。

③ 标明日期。日期应以正式提交为准，不应随随便便定一个日期，同时要用完整的年月日表示，如2013年3月2日。

④ 标明策划者。一般在封面的最下部要标出策划者，策划者是公司的话，则列出企业全称。

（2）前言

前言的文字不能过长，一般不要超过一页，字数可以控制在1000字以内。其内容可以集中在以下几个方面。

首先，可以简单提一下营销策划委托的情况。如××公司接受××公司的委托，就××年度的营业推广计划进行具体策划。

接下来要重点叙述为什么要进行这样一个策划，即把此策划的重要性和必要性表达清楚，这样就能吸引读者进一步去阅读正文。如果这个目的达到了，那么前言的作用也就被充分发挥出来了。

最后部分可以就策划的概略情况，即策划的过程以及策划实施后要达到的理想状态进行简要的说明。这样，一个简洁明了的前言也就基本完成了。

（3）目录

目录的作用是使营销策划书的结构一目了然，同时也使阅读者能方便地查寻营销策划书的内容。因此，策划书中的目录最好不要省略。如果营销策划书的内容篇幅不是很多，目录可以和前言同列一页。目录中所标的页数不能和实际页数有出入，否则会增加阅读者的麻烦，同时也有损策划书的形象。

（4）摘要

① 摘要的撰写要求。摘要的撰写同样要求简明扼要，篇幅不能过长，可以控制在一页纸内。另外，摘要不是简单地把策划内容予以列举，而是要单独成一个系统，因此，遣词造句等都要仔细斟酌，要起到一滴水见大海的效果。

② 摘要的撰写方法。摘要的撰写一般有两种办法，即在制作营销策划书正文前事先确定和在营销策划书正文结束后确定。

运用第一种方法可以使策划内容的正文撰写有条不紊地进行，从而能有效地防止正文撰写离题或无中心化。而第二种方法则简单易行，只要把策划内容归纳提炼就行了。两种方法各有利弊，采用哪一种可以由撰写者自己的喜好和经验来决定。

（5）环境分析

环境分析是营销策划的依据与基础，所有营销策划都是以环境分析为出发点的。环境分析一般应在外部环境与内部环境中抓重点，描绘出环境变化的轨迹，形成令人信服的依据资料。环境分析的整理要点是明了性和准确性。所谓明了性是指列举的数据和事实要有条理，使人能抓住重点。所谓准确性是指分析要符合客观实际，不能有太多的主观臆断。任何一个带有结论性的说明或观点都必须建立在客观事实的基础上，这也是衡量营销策划经理水平高低的标准之一。

（6）机会分析

在这里，要从上面的环境分析中归纳出企业的机会与威胁、优势与劣势，然后找出企业存在的真正问题与潜力，为后面的方案制定打下基础。在确定了机会与威胁、优势与劣势之后，根据对市场运动轨迹的预测，就可以大致找到企业问题的所在了。

机会分析一般采用的方法主要是 SWOT 分析法，即对公司的优势（Strengths）、劣势（Weaknesses）、机会（Opportunities）和威胁（Threats）进行全面评估。

（7）营销战略及实施方案

这是策划书中最主要的部分。在撰写这部分内容时，必须非常清楚地提出营销目标、营销战略与具体实施方案。

在制定营销战略及实施方案时，要特别注意避免人为提高营销目标以及制定脱离实际难以施行的实施方案。可操作性是衡量此部分内容的主要标准。同时，还必须制订出一个时间表作为补充，以使实施方案更具可操作性。

营销战略及实施方案，主要采用 STP 方法（市场细分、目标市场确定、定位）和 4Ps 方法（产品、价格、渠道、推广）。

（8）营销费用测算

营销费用的测算不能马虎，要有根据。电台广告及报纸广告的费用等最好列出具体价目表，以示准确。在列成本时，既不能太粗，也不能太细，最重要的是简单明了，只要区分不同的项目费用即可。如果价目表过细，则可作为附录列在最后。

（9）营销方案控制

营销方案控制的内容不要写得太详细，只要写清楚方案实施过程的管理方法与措施即可。另外，由谁实施也要在这里提出建议。总之，对营销方案控制的设计要有利于决策的组织与施行，而且要简单化。

通常需要为意外的风险做准备，控制风险的最好方法是使用试验市场。试验市场是一种小规模的市场，公司可以按照实际水平尝试所有的营销要素，试验市场在人口统计方面应当具有代表性，然后市场部门和销售部门进行预先和事后的活动，并分析消费者的反馈，从而对活动的效果有更好的认识。

通过这些数据，就可以升级为全国活动的执行计划，以减少不必要投资的风险，并确保得到预定的经营结果。

（10）结束语

结束语在整个策划书中可有可无。它主要起到与前言的呼应作用，使策划书有一个圆满的结束，而不致使人感到太突然。结束语中应再重复一下主要观点并突出要点。

（11）附录

附录的作用在于提供策划书客观性的证明。因此，凡是有助于阅读者对策划内容的理解、信任的资料都可以考虑列入附录，但是，可列可不列的资料还是以不列为宜，这样可以更加突出重点。作为附录的另一种形式是提供原始资料，如消费者问卷的样本、座谈会原始相片等图像资料。原始资料一定要注明出处和时间，以便于阅读者判断其真实性和权威性。同时标明顺序，以便查找。

任务2　营销活动组织技能

【问题引入】营销活动是指企业在特有的目标市场中，为迅速刺激需求和鼓励消费而采取的策略。营销活动手法多种多样，随不同对象、不同产品变化而变化。那么营销活动的特点是什么？有哪些营销工具？营销活动的"5W1H"的原则是什么？会议组织管理有哪些技能？这是我们学习本任务要解决的问题。

【本任务要求】

1．识记：营销活动的特点、营销工具、营销活动的"5W1H"原则、会议组织管理技能。

2．领会：营销活动策略的制定、营销活动的实施和评价、营销活动的3种境界、营销活动方案。

根据《国家职业标准》，电信业务员需具备营销活动的组织技能和会议组织技能，本任务介绍业务员需掌握的营销活动的"5W1H"原则、营销活动的方案、会议邀请、会议组织和会议流程。首先是电信营销活动的概述，然后是电信营销活动的组织技能，最后是会议组织管理技能。

一、营销活动的概述

1．营销活动的定义

营销活动是指企业在特有的目标市场中，为迅速刺激需求和鼓励消费而采取的策略。简言之，营销活动是短时间的、刺激性强的手段。营销活动手法多种多样，随不同对象、不同产品变化而变化，如赠送样品、有奖销售、举办展销等，但多数为完成某一时期特定的营销目标而运用的短期的特殊推销方法。

营销活动往往对刺激需求的效果十分明显，因而常被企业用作新产品进入市场的重要策略。若与广告配合使用，则更能相得益彰，有利于缩短产品介绍期、迅速占领市场。这一策略对于购买力迅速增强和消费时层出不穷的巨大潜力市场有很高的实用价值。而当企业产品进入成熟期后，营销活动又是制造品牌转换者与竞争者争夺客户的主要手段。

诚然，营销活动方法运用不当、求售过急，会损害商品以及该商品制造商与经销商的形象，特别是像折价、赠送等办法，一些努力维护其产品高品质、高档次形象的企业不会轻易使用，至少不会过度使用。

传统营销活动往往只是就问题解决问题，而没有预测性，其结果会造成不良循环，如图3-2所示。

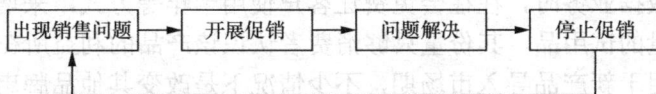

出现销售问题 → 开展促销 → 问题解决 → 停止促销

图3-2　传统促销循环图

87

之所以产生这样的现象，关键是企业管理人员对营销活动的认识有根本的错误，只把它看成是一块"敲门砖"。只有当企业销售出现问题时，才想到利用促销手段，这也会给消费者和购买者造成错觉，使他们对公司产品产生怀疑，从而不敢购买产品，如此反复，必将形成恶性循环，如图3-3所示。

现代营销活动高明之处就在于其具有超前性。这种超前性是建立在对竞争的预测分析基础之上的。企业通过不断变换促销手段，使消费者获得多方的刺激，从而使消费者对产品产生依赖感，最终形成良性循环，如图3-4所示。

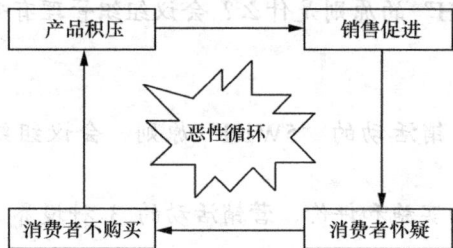

图3-3 营销活动的恶性循环   图3-4 营销活动的良性循环

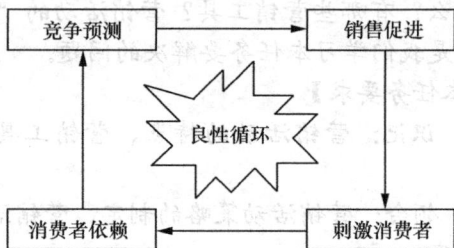

营销活动已从原来的被动应付型发展成主动进攻型。这是传统营销活动与现代营销活动的最大区别，也是促销策略的难题和核心。

2．营销活动工具

营销活动的策划者在选择何种推广工具时，要综合考虑市场营销环境、目标市场特征、竞争者情况、营销活动目标、每一种工具的成本效益预测等因素，特别是还要注意将促销同其他沟通策略如广告、公共关系、人员推广等的互补配合。

营销活动工具很多（见图3-5），但往往需要与广告配合，否则很难在某种营销活动策略实施的有效时间内让更多消费者获知这一消息，并立即作出反应，从而造成营销活动的效率损失。

图3-5 营销活动的工具

（1）产品陈列与示范

电信运营企业在校园等地方进行营销活动时，占据有利位置，同时进行操作使用示范，以展示电信业务的性能与特长，引起客户好奇。这种方法用在新产品进入市场期。

（2）样品赠送

向消费者免费赠送数据业务，通过他们了解效果，传播信息来争取扩大销量。如电信运营企业在推出新的数据业务时，往往会免费让客户使用半年等方式，来增加客户的体验。这些样品通常都是少量的试用品，其份量只够消费者认识该产品的利益所在。

该方法特别适用于新产品导入市场期，不少情况下是改变其他品牌忠实消费者的唯一方式。另外，样品赠送能提高入市速度。广告需反复诉求才能达到效果，但总不如"眼见为实"来得更有说服力，但开展样品赠送活动时，必须有足够的广告加以支持，这样才能达到预期的效果。

（3）附赠赠品

附赠赠品是客户购买某种特定产品后，免费或以极低价格获得产品。它与样品赠送不同，前者是为有市场基础的产品而设的，主要为了争取竞争性产品的消费者转移到使用促销者的产品，也是为了防止竞争者侵入促销者的产品市场。因此，赠品必须让消费者有深刻的印象和一定的实用价值。赠品的优势是明显的，它可以创造产品的差异化、传达品牌概念、增加产品的使用频率和购买量。但不少附赠赠品失败的最主要原因是赠品太差，当赠品的吸引力不够、品质欠佳时，反而会使本想购买该产品的客户打退堂鼓，从而导致销售量的下降。因此赠品的选择是非常重要的。

（4）折价券

折价券是持有人的一种凭证，在指定地点购买某种商品时，可免付一定金额的钱。这种方法一般用于已有一定品牌声望的商品当中，但这种产品应该是一次性使用、周期较短、客户需经常购买或一次性购买量较大的产品。如果在购买率较低的产品上使用折价券，通常反应冷淡。在实际操作过程中，企业应慎重考虑兑换率的问题，因为它影响到促销的预算及其分配。另外应注意不要过于频繁地使用折价券以免影响品牌形象。

折价券可以邮寄，或附在其他商品中，或在广告中附送，但一般是由制造商发出的，因此该策略要取得预期效果，必须得到零售商的支持、配合，并要给他们以适当的补偿。

（5）退款优惠

退款优惠运用的方式非常简单，通常指厂商在消费者购买商品后，消费者邮寄特定产品的购买证明，可以得到部分全额或超额退款的一种促销方式。该产品主要用于鼓励试用新产品。

这种促销方法投资成本低，有利于收集客户资料，而且能刺激消费者购买一些不易销售的高价位商品。但是邮寄购买证明费时费力，因此消费者真正利用此项优惠的比率往往很小，回收兑换率低，自然会影响到促销效果。

（6）特价包装

制造商对其产品的正常零售价格给予一定的折扣优惠，并把原正常价格与限定的优惠价标明在商品包装或标签上。特价包装的形式，可以是将同种商品包装起来减价出售。

特价包装用于非耐用消费品、购买频繁、价格较低的商品。对于短期促销，它比折价券更能刺激消费者。这种方法操作简易，容易控制，并能塑造"消费者能以较低的花费买到较大、较高价值的产品"的印象。

（7）竞赛与抽奖

竞赛就是让消费者按照竞赛要求，运用其知识技能来赢得现金、实物或旅游奖励，这种竞赛不完全依靠一个人的本领，还需要借助运气，而竞赛题目或内容又总与主办者自身特征有或多或少的联系或结合。

抽奖是指消费者凭其资格证明，如购物发票或以此换取的兑奖券，所使用的商品标记，如包装纸、瓶盖等，向主办者申请获奖机会。而主办者根据事先公布的准则、程序，以一定比例从参加者中抽取获奖者，向其颁发奖金或奖品。

竞赛和抽奖的诱惑力还是很高的，它有助于增强广告吸引力，强化品牌形象。但竞赛活动参加率低，无法普及，设计创新的难度也较大；抽奖虽然普及面高一些，但它通常需要大量的媒体经费进行宣传才能达到一定的效果，而且很难事先对活动效果进行完善的效益评估。

（8）会员营销

会员营销又叫俱乐部营销，它是指企业以某项利益或服务为主题，将各种消费者组成俱乐部形式，开展宣传、促销和销售活动。加入俱乐部的形式多种多样，可以是缴纳一定的会费，也可以将产品与特定消费者联系起来。

会员营销容易培养消费者的品牌忠诚度，缩短厂商与消费者之间的距离，加强营销竞争力。另外，由于这种促销直接与消费者接触，是"暗中"进行的，企业的一举一动不易被竞争者察觉。但会员营销的回报结果较慢，费用较高，而且由于俱乐部的服务是否真正受欢迎，只有看俱乐部运转一段时间后的效果，因此其效果是难以预计的。

（9）联合促销

联合促销是指两个或两个以上的公司合作开展促销活动，推销他们的产品或服务，以扩大活动的影响力。这种方法的最大好处是可以使联合体内的各成员以较少的费用，获得最大的促销效果。

联合促销最大的好处在于降低促销成本，促销活动中的广告费、赠品等各项成本均可由联合各方分摊，大大降低了各自的促销投资。另外，选择目标客户已接受的品牌作为联合促销的合作伙伴，可使本产品快速接触到目标消费者，加快本产品的推进速度。

当然，联合促销需估计到合作各方的利益，协调有一定困难，而且促销中多品牌的出现可能对突出本企业产品形象有影响，因此，联合促销中的新产品尤其要注意配合相应的独立广告，以补充说明产品的利益点。

3. 营销活动策略的制定

营销活动策略是一个复杂多样的系统工程，它包含营销活动目标的确定、营销活动工具的选择、营销活动规模的确定、营销活动媒介的确定、营销活动时间及时机的确定以及营销活动预算的确定。

（1）营销活动目标的确定

在确定促销目标时要注意对效果进行综合全面的策划，对于希望在多长时间内维持这种效果也要有必要的平衡，长期目标与短期目标的实现还需要不同的促销手段组合运用。

（2）营销活动工具的选择

在选择营销活动工具时要注意营销活动目标的影响。如将一项新产品引入市场与对一项已进入成熟期或衰退期、市场竞争极其激烈的产品进行推广时，前者会倾向于选择产品陈列、展销、对中间商和消费者赠送样品、有奖销售、向中间商提供职能折扣等，后者则倾向于发放折价券、奖券、给中间商以较大的数量折扣等。

不同的营销活动效果（如希望短期内创造很高的市场需求、营业额迅速增长，或希望长时间内保持稳定、可观的销售记录）要求所选择的营销活动策略会明显不同。一般来说，对推销人员展开的推广活动时效性很长，而对消费者的刺激一般只能帮助实现阶段性目标。

（3）营销活动规模的确定

以多大的费用投入来刺激消费者需求决定着销售实绩。如果要营销活动成功，一定的最低水平的刺激是不可或缺的。随着刺激强度的增大，销售量会增加，但到了一定程度后，其效应是递减的。所以一个营销经理不仅要了解各种营销活动手段的效率，还要认清刺激强度与销售量变化的关系，以争取合理、预期的推广效果。

（4）营销活动媒体的确定

以怎样的途径来传递营销活动信息、实施营销活动手段，这对营销活动的效率起着至关重要的作用。一种新型食品上市期间优惠 5% 的折价券，可以放在零售商处分发，可以邮寄，可以放在包装袋里，也可以附在报纸、广告上。显然，每一种分发方式的效率和成本都各不相同：以包装为媒体，只能刺激曾经消费过的客户；零售点宣传资料可以烘托营销活动的气氛，影响力却只局限于该零售店内的客户；邮寄可以达到特定的客户，用得过滥或客户消费意识成熟，反应就可能不理想；广告有利于大范围快速传播，影响大但成本高。

（5）营销活动时间及时机的确定

营销活动时间应有一定的持续性，但要恰当：持续时间太短，一些客户将由于无法及时重新购买而失去享受优惠的机会，由此会导致其今后重复购买率降低；持续时间太长，则营销活动的号召力逐步递减，起不到刺激消费者马上购买的作用。安排营销活动时间，应考虑选择一个理想的起始日，并保持一个合适的持续时间，同时，它应置于整体营销策略之中来筹划，以求与整体营销活动相协调，创造一个预期的销售高潮。

时机的选择对营销活动效果来说也是很重要的，不同的营销活动方式选择的营销活动时机各不相同。

（6）营销活动预算的确定

① 预算方法。营销活动方案的制定最终要落实到预算上，常用的预算方法有 3 种。

a．参照上期费用来测算本期费用。这种方法简便易行，在营销活动对象、手段、预期效果都不变的情况下可以采用，但许多主观因素和客观因素都在不断变化，运用这种方法必须考虑对一些费用构成予以调整。

b．比例法。根据一定的比例从沟通费用中提取营销活动费用的额度，再将它按不同百分比分配到各个产品或品牌上。对不同的产品、不同品牌的营销活动，在不同市场上的营销活动，其费用预算的百分比是不同的，而且还要受到产品生命周期的不同阶段及该市场上竞争者的营销活动投入的影响。如果一个公司的某种产品有若干个品牌，则哪种品牌需要营销活动，哪种不需要，应该很好地统筹与协调，在预算上也必然反映为不同的百分比。

c．总和法。即先确定每一个营销活动项目费用，然后汇总得出该次营销活动成本总预算。营销活动各项目的费用主要包括：优惠成本，如免费赠送样品、奖品成本、折价券折让成本等；运作成本，如广告费、印刷费、邮寄费等管理费用。显然，在预算制定过程中，对营销活动期间可能售出的预算数量的估计是必不可少的。

② 预算应注意的问题。进行营销活动预算时特别要注意量力而行、留有余地，要做到这一点，应对以下两点加以注意。

a．切忌赌徒心理。有的公司在市场上碰到困难时往往只想通过组织一两次营销活动来解决公司面临的问题，从而把"宝"完全压在营销活动上，这样做会导致公司将大量资金投入在营销活动上，而一旦营销活动未达到效果，不仅原有问题没解决，还会使公司背上新的财务包袱。另外，在赌徒心态下，公司决策者必然会被焦躁心理所支配，这样很容易失去"平常心"，作出种种错误判断。

b．事先对资金的安排作出周密计划。在活动开始之前，公司应清楚自己投入的资金回报如何。如果是增加销售额，那么增加多大，公司投入的资金才能取得可接受的回报。因此，公司就必须确定一个切实可行的目标，根据目标调整资金投入的数量。

4．营销活动的实施和评价

营销活动方案一旦被批准，就可以予以实施，但在实施之前，可考虑进行预试。这是因为营销活动往往是在经验基础上制定的，只有经过预试才能明确所选用的工具是否适当、刺激的规模是否符合预期目标、实施的媒体是否有效。对于一些预算大、影响面广、尤其是新产品大规模上市推荐都应考虑选择一些特定区域进行预试，甚至可作不同方案的预试，以最后选择较优方案。

（1）正式实施和控制营销活动

① 一个好的营销活动方案能否实现其预期目标，将取决于实施阶段的努力，这种努力体现在两个方面。

- 对推广的控制，以求符合既定方案的思路。
- 对一些不测事件的控制和必要调整，以求最大限度排除意外干扰的负面影响。

成都一家有名的醋厂，在《成都晚报》上登载一条营销活动广告，内容是"明天吃醋不要钱"，但是第二天当醋厂发现许多人持广告来领取"不要钱"的醋时，未能及时控制，反而使得企业弄巧成拙。

② 一般来说，一项营销活动在时间上可以分为两个阶段：准备阶段和销售阶段。

准备阶段的工作包括各种营销活动工具的策划，如广告和销售人员材料的创意、设计、制作等；营销活动信息的传播，如材料邮寄或分送到户，广告播放或刊登等；产品包装的修改；赠品的选择与采购；零售点合理库存的分配，营销活动人员的招聘与培训等。所有这些准备工作，有的尽管是琐碎具体的，但将决定日后销售的结果是否能达到预期水平。

销售阶段是指从某一特别选择的起始日开始的一段持续的营销活动时间。在这期间，消费者由于受到吸引，如各种优待、优惠方法的刺激，而会纷纷加入到购买者行列中，从而掀起一个销售高潮。这段时间可短可长，短的一周、十天，长的可达一两个月。营销活动的控制是保证营销活动实现其方案构想的重要手段。

（2）评价营销活动效果

对营销活动效果的评价不仅是对本次营销活动的总结，而且对于了解该营销活动方式的有效性、如何运用其他沟通策略以提高整体营销效率，以及为今后改进和提高营销活动手段提供丰富的经验教训等方面，都有积极意义。

①衡量营销活动效果最常用的方法是分析营销活动前、营销活动过程中及实施后的销售量变动情况。在其他条件不变的情况下，将由于销售量增加而增加的贡献毛利率与营销活动成本比较，即得出该次营销活动的净效果，以此可基本评价该次营销活动的得失。

一般销售情况的变化会出现 4 种情况，具体如下。

a．期初奏效，但持续时间短，缺乏实质内容，如图 3-6 所示。

b．没什么影响，浪费营销活动费用，如图 3-7 所示。

c．营销活动影响不大，而且有后遗症，如图 3-8 所示。

d．营销活动效果明显，对今后的效果也有积极的影响，如图 3-9 所示。

进行营销活动前后市场份额的分析，还可以进一步帮助营销人员认识该次营销活动有无改变总需求。例如，数据业务在营销活动前后的市场占有率，如图 3-10 所示。

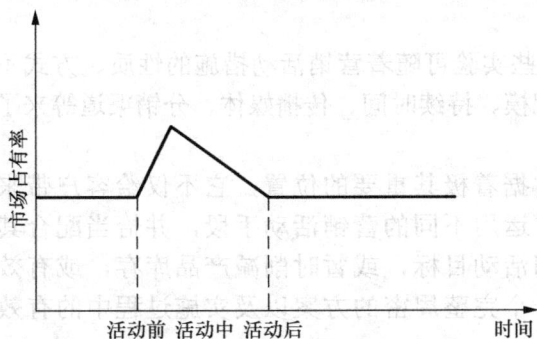
图 3-6 营销活动效果图 1

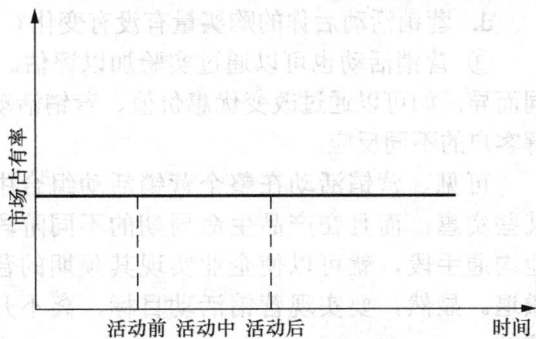
图 3-7 营销活动效果图 2

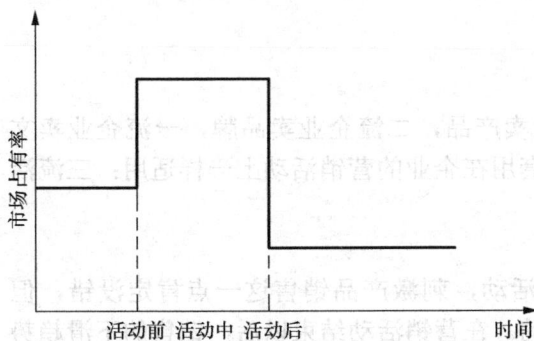
图 3-8 营销活动效果图 3

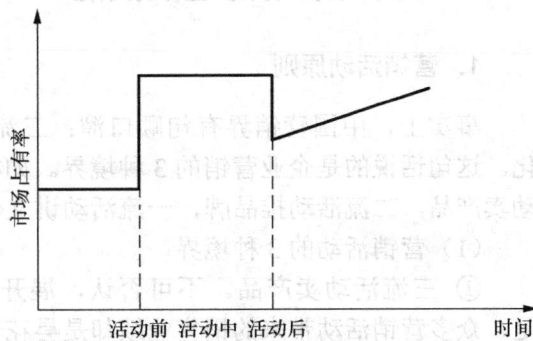
图 3-9 营销活动效果图 4

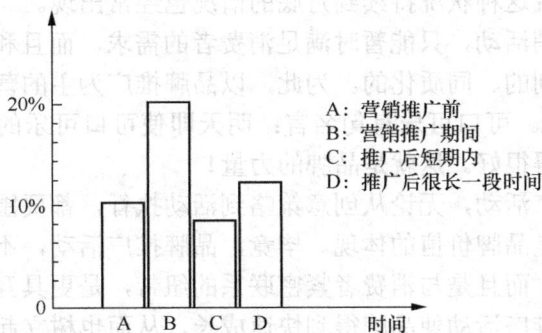

A：营销推广前
B：营销推广期间
C：推广后短期内
D：推广后很长一段时间

图 3-10 市场占有率

该种数据业务营销活动前市场占有率为 10%，在营销活动期间客户受各种刺激踊跃购买，市场份额突升到 20%，营销活动后不久又跌至 8%，因为消费者需要消化一下他们的存货，当该次营销活动过去很长一段时间后，若市场份额又回升到 10%，则说明该次营销活动仅仅改变了需求的时间形态，并未取得长期效果。若超过原来 10% 的水平，如达到 12%，则说明该数据业务可能获得了一些新的客户。

② 另一种用于评价营销活动效果的方法是对客户调查。调查是为了了解客户数量、类型、购买量、重复购买率，以及他们的意见、要求与今后的行为趋向。调查的问题可以是：

a．你是否还会购买营销活动的产品？

b．赠品你觉得是否实用？

c．如果换一种营销活动方式，你最希望换成什么？

d. 营销活动后你的购买量有没有变化？

③ 营销活动也可以通过实验加以评估。这些实验可随着营销活动措施的性质、方式不同而异，如可以通过改变优惠价值、营销活动规模、持续时间、传播媒体、分销渠道等来了解客户的不同反应。

可见，营销活动在整个营销活动组合中占据着极其重要的位置，它不仅给客户带来某些实惠，而且在产品生命周期的不同阶段，运用不同的营销活动手段，并恰当配合其他沟通手段，就可以使企业实现其预期的营销活动目标，或暂时削减产品库存，或有效撤退。显然，要实现营销活动目标，离不开一个完整周密的方案以及实施过程中的有效控制。

二、营销活动的组织技能

1. 营销活动原则

事实上，中国营销界有句顺口溜：三流企业卖产品，二流企业卖品牌，一流企业卖文化。这句话说的是企业营销的 3 种境界。如将其套用在企业的营销活动上一样适用：三流活动卖产品，二流活动推品牌，一流活动讲文化。

（1）营销活动的 3 种境界

① 三流活动卖产品。不可否认，展开营销活动，刺激产品销售这一点肯定没错，但是，众多营销活动带来的销售业绩却是昙花一现的。在营销活动结束以后，销售的下滑趋势是明显的。比如国庆节营销活动，确实迎来了黄金周七天的销售高峰，但是黄金周之后呢？销售状况惨不忍睹，而且这种状况持续到月底的情况也经常出现。

以卖产品为主的营销活动，只能暂时满足消费者的需求，而且和竞争对手相比，这些营销活动行为几乎是无差别的、同质化的。为此，以品牌推广为主的营销活动浮出水面。

② 二流活动推品牌。可口可乐有句名言：明天即使可口可乐的全部工厂都被烧毁，但是可口可乐依然可以活得很好。这就是品牌的力量！

一个优秀的品牌推广活动，无论从创意策略到活动执行，都要围绕该品牌的理念延展，活动的每一个细节，都是品牌价值的体现。毕竟，品牌推广活动，不仅仅是建立在展示产品或者提供服务的基础上，而且是与消费者紧密联系的纽带，是更具互动性、更具吸引力的互动表现。企业通过种种推广活动使品牌得到快速成长，从而也树立起企业关爱社会、关心民生的形象，并与大众紧密联系起来，使其品牌大众化，与大众生活靠近。这些活动对企业的市场效益将产生极大的影响和提升作用。

③ 一流活动讲文化。何谓文化营销？简单地说，文化营销就是利用文化力进行营销，是指企业营销人员及相关人员在企业核心价值观念的影响下，所形成的营销理念，所塑造出的营销形象，是两者在具体的市场运作过程中所形成的一种营销模式。文化营销对企业所产生的利益是非同一般的，所传达的是企业的灵魂，可以历久弥新，让企业的生命力更加强盛壮大，也更为持久。

品牌不仅是个复杂的符号，而且具有一定的个性，其中的个性就是文化的象征。大卫·爱格用形象的比喻给出了下面几种典型的品牌个性：有朝气的、年轻的、最新的、外向的，如百事可乐；有教养的、有影响力的、称职的，如惠普；自负的、富有的、谦逊的，如奔驰和凌志；运动的、粗野的，如耐克。中国也涌现出一批个性十足的品牌，如"金利来"

一句"男人的世界"传达了一种阳刚、气质不凡的个性。所以品牌是有个性的，在创造品牌的过程中，一定要注意品牌个性的塑造。

资源是会枯竭的，唯有文化生生不息。所以，一流活动营销一定要赋予品牌文化内涵，以满足广大消费者对品牌文化品味的需求。因为，文化于一个企业是灵魂，是企业长期生存下去的支柱，任何一个成功企业都依赖于其不断完善的文化体系的建设。

（2）营销活动的"5W1H"原则

如何组织产品的营销活动？结合市场的一线实践，总结出节日营销活动的"5W1H"原则。

① Why：为什么营销活动？

a. 师出有名，有的放矢。"商场如战场"，节日的商场更是战火漫天，弹无虚发。做好节日营销活动策划，首先要明确为什么而做，确定合理的、对消费者和市场负责的目的，不能盲无目的。

b. 一石三鸟，高瞻远瞩。节日营销活动，不能只为提升销量而营销活动，还要建立在品牌的市场规划基础上，着眼于品牌美誉度的提高，着眼于整个市场份额的提高和市场的良性循环发展。节日营销活动，要将短期目标与长期规划结合起来，要保持前后一致性，不能虎头蛇尾或打一炮就跑，也不能头痛医头，脚痛医脚。

② When：何时进行营销活动？

在节日营销活动中，When 是指营销活动的时间资源问题，即如何发现并充分利用这些资源，什么时候该做营销活动，如何抓住机会进行营销，正是我们需要解决的问题。

a. 全年节日一盘棋。首先要把全年相关的节日与市场开发计划相结合，做一份包含五一、十一、元旦、春节等全年营销活动行事历，根据费用情况列出哪些节日是重点，哪些不是重点，对营销活动资源进行初步的规划，并确定全年的营销活动策略与战术，把这些作为全年节日营销活动的指导思想。有好的计划，事情就成功了一半。

b. 节前节后不能松。做好节日营销活动关键是做好节前的筹备，要为节日营销活动打好市场基础。比如，网点的健全、终端形象的美化、营销活动员的培训、展柜与样机是否齐全、实体渠道和电子渠道的意见反馈、竞争对手的市场调查等，查漏补缺做好基本功。

有些产品策划的营销活动，开始时规模很大，销量上升，可是营销活动一旦停止销售立刻下降。这种现象的原因之一就是缺少节日后的跟进。节日营销活动之后，要全面分析活动效果，改正存在的问题，使营销活动效果最大化，及时加强跟进措施，趁热打铁，使市场份额稳步提升。

③ Where：在哪里营销活动？

a. 重点市场，重点营销活动。节日营销活动在哪里进行呢？首先确定营销的重心是在哪个市场区域，是一级市场还是二级市场，或是其他市场，不能遍地开花，眉毛胡子一把抓；根据竞争对手的市场情况，集中优势兵力攻占最有利的市场空挡。通过培育重点区域市场，来带动次重点区域市场。

如何在规定的区域市场中选择并布置好的营销活动开展平台呢？第一，要考虑目标消费群的便利；第二，要考虑有利于促进销售；第三，要考虑如何将轰动效果最大化。

b. 编织节日营销活动大网。最基本的就是各营销活动网点的生动化布展，通过 POP、海报、宣传页、条幅、样机演示等内容按照统一要求进行布展，尽可能统一主题和形式，来塑造良好的节日气氛，同时也形成"巧妆迎节日、营销活动酬贵宾"的销售气氛。要积极动员经销商和一线营销活动员，使各项细节都得到落实。每个分销点正如网上的一个点，多个点共同行动起来就织成一个庞大的节日营销活动大网。

c．巧选主战场。活动主场地可以选择在代表性的大卖场，也可以选在人流量较大的公共场所，如城市广场、文化宫，有些以社区服务为主题的营销活动，则可以直接选择在有代表性的社区开展。

④ What：营销活动做些什么？

a．攻心为上。手机本身就不是冲动性购买产品，而是理性购买的耐用品，必须充分研究目标消费群的特征，如收入状况、消费心理等内容，营销活动的内容要让消费者感觉到是合情合理的，容易接受的，而且会引起心理共鸣等，不能过俗过滥，让人反感，要做到求新、求实。

b．因时制宜。即从市场的发展情况出发。处于不同的市场阶段，营销活动的内容明显不同。如在导入期侧重于产品推广，在成长期形象推广则特别重要；根据竞争对手的市场表现和自身的市场定位，是市场挑战者还是市场追随者，而采取不同的营销活动主题。

c．节日特色。从节日本身的特点出发。不同的节日具有不同的消费特征，同时也需要不同的营销活动主题和形式，如"3·15"侧重于服务与质量的营销活动，元旦与春节则是礼品营销活动策划的契机。

d．量体裁衣。即从产品特色和销售的需要出发。如买一送一活动、特价活动、抽奖游戏以及一些服务方面的活动等。

⑤ Who：谁来进行营销活动？

火车的运行离不了多个轮子的运转，作为庞大系统工程的节日营销活动同样也需要来自各方面的参与和支持，只有充分调动各方面的积极因素，节日营销活动才能得到有效的开展。

a．"脑""手"并用效率高。即市场部与销售部的配合。市场部是营销的"脑"，没有市场部进行深入的市场调研和分析，很难形成富有实效的活动方案；销售部是"手"，有了较好的方案，而没有执行到位，同样还发挥不了更好的营销活动效果。"三分策划，七分执行"，"脑""手"紧密协作，节日营销活动才会更有实际意义。

b．"强龙"与"地头蛇"的共赢。企业在统一部署节日营销活动时，还要充分考虑各分销网络的问题。一方面因为有很多营销活动需要各分销商的大力配合才能完成，同时各分销商在相应的区域市场有更有利的营销活动资源。一些大型的营销活动由企业直接操作，有些营销活动则可以交由代理商灵活操作，企业只需提供方案指导、营销活动用品等。"强龙难斗地头蛇"，如果"强龙"和"地头蛇"联合起来，肯定会事半功倍。

c．士气高则战必胜。动员一线销售人员很重要。营业员是执行节日营销活动的最终环节，一方面要调动营业员的积极性，还要把详细的活动内容讲解给营业员，只有这样，营业员才能以更高的热情开展营销活动和推销产品，才能把营销活动准确无误地执行到位。

⑥ How：如何进行营销活动？

在节日营销活动各项准备工作到位之后，该研究如何将营销活动信息发布出去，如何吸引更多的消费者关注和参与营销活动。单一的手段效果往往是不明显的，需要围绕这些目标策划立体的活动推广战术。

a．强力轰炸的高空战。要根据费用预算情况，适量地策划和发布媒体营销活动广告，从而使营销活动信息有更广的受众范围。媒体要选择目标消费群经常接触的，从而减少资源浪费，报纸广告力求软文与硬广告相结合，这样传播效果会更佳。

b．见缝插针的游击战。如印制宣传单页或海报，在一些居民点或商场门口发放或张贴；在有的社区进行上门咨询活动或服务活动；在一些人流量较大的公共场所进行节前营销活动宣传等。

c．精耕细作的阵地战。在终端进行主题布展与生动化陈列。围绕营销活动主题，根据一些终端的条件在其门口、商场内、展区内等进行装饰和美化，通过 POP、海报、宣传页、条幅、样机演示等内容，全面展示产品营销活动，塑造良好的节日气氛，还可以通过各种营销活动资源实现终端营销活动拦截，使节日营销活动信息传播到位。

2．营销活动方案

营销活动是与人员推销、广告、公共关系相并列的四大基本营销活动手段之一。这里所指的营销活动是指针对消费者的销售促进，至于针对经销商、制造商、销售人员的销售促进在此不列为讨论范畴。随着竞争的加剧，针对消费者的营销活动在营销环节中的地位已越来越重要。据统计，国内企业的营销活动费用与广告费用之比达到 6:4。正如一份缜密的作战方案在很大程度上决定着战争的胜负一样，一份系统全面的活动方案是营销活动成功的保障。一份完善的营销活动方案分为 12 个部分。

（1）活动目的

营销活动往往耗费很多人力、物力、财力资源。为了扩大影响，宣传上往往会动用报纸、网络、电台等媒体，还要追求宏大的场面和规模，这是一笔不小的投入。我们投入的目的是什么？是要提升品牌形象还是要促进销售，目标一定要明确，耗费巨资单纯为了做营销活动是不可取的，也是不值得的。

① 对市场现状及活动目的进行阐述。市场现状如何？开展这次活动的目的是什么？是处理库存？是提升销量？是打击竞争对手？是新品上市？还是提升品牌认知度及美誉度？只有目的明确，才能使活动有的放矢。

② 活动的形式、内容也同样取决于目标的确立。重要的是目标一定要量化，目标是可以衡量的明确的指标。只有量化目标，营销活动策划与实施才能够明确方向，才会少走弯路。

③ 目标针对每种受众互动，希望取得哪些效果？希望受众看到什么，了解什么，做出什么行动？

（2）活动对象

活动针对的是目标市场的每一个人还是某一特定群体？活动控制在多大范围内？哪些人是营销活动的主要目标？哪些人是营销活动的次要目标？这些选择的正确与否会直接影响到营销活动的最终效果。

产品信息传递艰难的基本表现是产品信息向谁传？特定"公众"的心理要求是什么？如何制定"传递"策略才能引起关注、吸引他们、"激动"他们？使得产品信息深入他们的内心并留下深刻的记忆？

① 明确活动信息传递的目标，即明确要把信息传递给谁。只有把信息传递给可能成为业务的消费者的人群，才是有效的传递。必须传递哪些主要的和辅助的信息，才能增加业务？哪些产品和项目可以最好地将受众与现有活动搭配起来？营销集成需要采取哪些额外措施（如直邮、培训等），才能确保活动成功？

② 产品信息的传递必须准确，应提炼一个鲜明的卖点，对卖点进行渲染。为了获得信息传递的高效性，活动最好能够制造具有轰动效应的"新闻事件"或者具有高度独创性的特色活动，以独特的"形式"、高强度的刺激性特点，使消费者对"活动"感兴趣，目的在于使特定公众有意识、主动地接受到产品的独特信息。同时，使活动衍生出有趣的话题，保持信息的延续性传递，达到事半功倍的传播效果。

（3）活动主题

在这一部分，主要是解决两个问题：①确定活动主题；②包装活动主题。

降价？价格折扣？赠品？抽奖？礼券？服务营销活动？演示营销活动？消费信用？还是其他营销活动工具？选择什么样的营销活动工具和什么样的营销活动主题，要考虑到活动的目标、竞争条件和环境以及营销活动的费用预算和分配。

在确定了主题之后，要尽可能艺术化地"扯虎皮做大旗"，淡化营销活动的商业目的，使活动更接近于消费者，更能打动消费者。

这一部分是营销活动方案的核心部分，应该力求创新，使活动具有震撼力和排他性。

（4）活动方式

这一部分主要阐述活动开展的具体方式。有两个问题要重点考虑。

① 确定伙伴。是取得政府的支持，还是依靠媒体的力量？是厂家单独行动，还是和经销商联手？或是与其他厂家联合营销活动？和政府或媒体合作，有助于借势和造势；和经销商或其他厂家联合可整合资源，降低费用及风险。

② 确定刺激程度。要使营销活动取得成功，必须要使活动具有刺激力，能刺激目标对象参与。刺激程度越高，促进销售的反应越大。但这种刺激也存在边际效应。因此必须根据营销活动实践进行分析和总结，并结合客观市场环境确定适当的刺激程度和相应的费用投入。

（5）活动时间和地点

活动时间可依托重要节日、重大事件，如清明、五一、中秋、十一、世界电信日等。对于营销活动则应该依照推广计划整体布局，既不能太密，也不能太疏，否则竞争对手会有机可乘。

注意把握强度和密度，既要一波接一波，高潮迭起，又不能透支资源，损伤市场元气。注重调研策划、分析论证，不打没把握的仗。

营销活动的时间和地点选择得当会事半功倍，选择不当则会费力不讨好。在时间上尽量让消费者有空闲参与，在地点上也要让消费者方便，而且要事前与城管、工商等部门沟通好。此外，对于持续多长时间效果会最好，也要进行深入分析。持续时间过短，会导致在这一段时间内无法实现重复购买，很多应获得的利益不能实现；持续时间过长，又会引起费用过高，而且市场形不成热度，还会降低其在客户心目中的身价。

（6）广告配合方式

一个成功的营销活动，需要全方位的广告配合。选择什么样的广告创意以及表现手法？选择什么样的媒介炒作？这些都意味着不同的受众抵达率和费用投入。

① 媒体选择应充分考虑目标消费群的习惯，选择报纸、电视台、网络、户外广告，还是如何将这些资源组合利用，这些都要根据客户需要和市场状况进行分析判断选择。

② 宣传应该有步骤，从活动的预热、期间报道到事后渲染，都要环环相扣，使活动要传达的信息得到持续性的传播，发挥最大的作用。

（7）前期准备

前期准备分 3 块内容，分别是：

① 人员安排；

② 物资准备；

③ 试验方案。

在人员安排方面，要"人人有事做，事事有人管"，无空白点，也无交叉点。谁负责与政府、媒体的沟通？谁负责文案写作？谁负责现场管理？谁负责礼品发放？谁负责客户投诉？要各个环节都考虑清楚，否则就会临阵出麻烦，顾此失彼。

在物资准备方面，要事无巨细，大到车辆，小到螺钉，都要罗列出来，然后按单清点，确保万无一失，否则必然导致现场的忙乱。

尤为重要的是，由于活动方案是在经验的基础上确定，因此有必要进行必要的试验来判断营销活动工具的选择是否正确，刺激程度是否合适，现有的途径是否理想。试验方式可以是询问消费者、填调查表或在特定的区域进行试行方案等。

（8）中期操作

中期操作主要是活动纪律和现场控制，纪律是战斗力的保证，是方案得到完美执行的先决条件，在方案中应对参与活动人员各方面纪律作出细致的规定。

现场控制主要是把各个环节安排清楚，要做到忙而不乱，有条不紊。同时，在实施方案过程中，应及时对营销活动范围、强度、额度和重点进行调整，保持对营销活动方案的控制。

（9）后期延续

后期延续主要是媒体宣传的问题，对这次活动将采取何种方式？在哪些媒体进行后续宣传？即使一个不怎么成功的营销活动也可以在媒体上炒得盛况空前。

（10）费用预算

对营销活动的费用投入和产出应做出预算。包括营销活动调查预算、营销活动策划预算、设计制作预算、营销活动实施预算、广告媒介费用、其他活动所需要的费用、机动费用。

（11）意外防范

每次营销活动都有可能出现一些意外。比如政府部门的干预、消费者的投诉、甚至天气突变导致户外的营销活动无法继续进行等。必须对各个可能出现的意外事件做必要的人力、物力、财力方面的准备。

（12）效果反馈和评估

营销活动是否达到预期的效果，投入是否得到应有的回报？我们需要对活动效果进行总结和评估。通过市场调研对各量化指标进行考评。例如，预期销售量是否达成，是否达到预期的客户到访，品牌或项目的知名度、美誉度比例是否提高到预期的指标，都应有一个评判。对于没有实现的指标应分析未达成的原因，是活动方式没有吸引力、宣传报道没有到位、没找到目标消费群、或者最初的产品、市场定位出现的问题等，所有问题通过市场的检验，得以回应，这将对后期工作方式的改进提供有力的依据。

以上 12 个部分是营销活动方案的一个框架，在实际操作中，应大胆想象、小心求证，进行分析比较和优化组合，以实现最佳效益。有了一份有说服力和操作性强的活动方案，才能让公司支持自己的方案，也才能确保方案得到完美执行，使营销活动起到四两拨千金的效果。

三、会议组织管理技能

1. 邀请

不管什么样的会议或者展览，主办者当然希望适宜的对象参加。作为主办者，邀请的方式非常重要。通常情况下，邀请包括信息发布、回执处理、确认通知 3 个程序。

（1）信息发布

从媒体角度，可分为印刷品（包括邀请信函、组织文件、会议通知）、电子邮件、印刷媒介公告、电子媒介公告等几种形式。通常信息发布包括主题、时间、地点（暂定或者候选）、主要议程及安排、费用及标准等，有些还附送会议（展）企划书，可以让参与者了解参加的意义及对会展的期望。

（2）回执

对于主办者来说，回执是对会展企划活动成功与否的判定标志之一。回执收到后，通常需要统计（在这之前，需要提醒的是回执单的设计非常重要，应当是合理且圆满的，应当包括如下信息——人数、职务、性别、联系方式、预计到达目的地的时间、迎送要求等），确认回执有效（通常以会务费用是否交纳为标志）。接下来需要做的就是资源分配——主要是展位与酒店住宿的安排，回执确认，即确认通知，可以在这一切完成后发出。

回执可以有多种形式——传真、信函、电子邮件、网络回执或者电话均可。回执需要注意的是，如果会展课题允许，应该考虑到参与者的特殊要求，如果回执清楚，那么对会展的有序安排会起到很大帮助。

（3）确认通知

如果会务费用确认或者有其他方式可以确认，可以发出确认通知。同时发出的应该还有会展的确切地点、时间、议程、签到程序以及会展注意事项等。

2. 会议组织

（1）成立筹委会，组织相关的人员，确定组织、人员保障

一个发布会牵涉方方面面，各项工作相互链接、相互联系、彼此交叉，必须统筹安排，多管齐下，同时进行，仅凭一己之力，殊难完成。

建立组织的原则具体如下。

① "专业原则"，专业的人做专业的事，知人善任。比如，经销商的沟通，市场销售部门是对口部门。其中，专家、官员沟通一般要公关负责人、企业高层出面，不另设组。

② "平衡原则"，因事设组，每个组的工作量相对平衡。

③ "分工原则"，分工应该明确，职责分明，以防止互相推诿的现象，另外，隶属分工和横向协作都要明确。

④ "扁平原则"，一般在大型的活动中有多层次的"金字塔"结构，但在中型的活动中，不宜层级太多，以保证灵活机动，人员不要太多，精干、高效为要。

⑤ "制度原则"，尽管是临时性组织，但一旦加入组织机构，人员就应受规章制度的约束。

（2）确定时间、流程与目标管理，并做好反馈、调整

时间的控制，一般以时间进度表（倒计时）的方式来表现。注意在安排的时间上要合

理，同时要留有余地，一般来说，前面的时间、进度要安排得紧凑一些，保证后面有时间来调整、完善。

整个活动是一个系统工程，流程管理是指在活动中各项工作内容之间的相互衔接、协调和配合关系以及其有机组合的过程管理。比如在活动中，确定主题内容、意义才能确定议程、规格，确定规模、规格才能确定人数，确定人数才能落实场地，落实场地才能现场布置等。流程管理使总协调人对于整个活动的各个部分有着清晰的认识，便于找出工作的关键点、重点、难点，一般以程序框图表现。

（3）活动策划、确定活动主题

活动策划主要包括如下内容。

① 大多数发布会整个过程就是讲话、念稿件、例行演示。实际上，尽管发布会是一个正式的会议，但可以做得更活跃一些，尤其是会议的开幕。

在会议议程安排时，注意紧凑、连贯，从实践来看，一般控制在 1～2 小时为宜。特别是发言的时间，演讲稿字数应该控制在把问题讲清楚的长度，不宜太长，也不宜太短，实践中，15 分钟到 20 分钟比较合适。

② 发布会的主题，可以有多种取法，常见的是在主题中直接出现"×××发布会"字样，也有的有一个大的主题，下面为正题，也有的两者结合。

确定参会人员是一项很重要的工作，也是一个变化较多的因素，而它的变化将影响到整个发布会的规格与规模，进而影响发布会的各个因素。比如，重要人物的出席和缺席可能影响规格；或者方便起见，会议地点或会议的一部分内容改为在机场、贵宾室进行；或者时间调整等。因此，这是总协调工作控制的"关键点"，宜重点来抓。

参会人员的选择上，服务发布内容需要的原则，选择相关性强的人员参加。一般来说，官员都选择讲话较有份量的人物，而专家则是在该领域有建树或名气大的人。

（4）拟订活动策划案和具体操作方案

活动策划案是指导整个活动的战略、战术文本，供策划活动用。一般来说，会议核心成员才提供。

具体操作方案则是用于企业内部或者协助代理公关公司，指导整个活动的具体操作，一般比较详细，具体到每一个人每一步，甚至具体到胸卡的内容，时间上具体到分钟。一般会议人员人手一份。

（5）时间选择与场地落实

时间选择在新闻策划中是一种艺术，发布时机选择不同，效果迥异。

企业发布会有时要避开重大的事件、会议，比如"两会"期间版面较紧张，记者也大多有安排，时间上不能保证。有时则要趋近于某些时机，比如相关性大的时候，起到借势的效果。

另外，在时间上，一般选择人们容易记起的日子，如节日、月初、月末，也要避开一些禁忌日。如果是星期六、星期天或其他节假日，可以考虑在下午进行。

（6）现场控制

现场控制是体现总协调人应变能力的一环，事实上，一个好的协调人会将工作做在前面。首先是预防变数的发生，比如平时做一些培训，事前做一些排练。从实践来看，现场的突变往往是因为沟通不畅，考虑不周，以及礼节上的疏忽，应该重点重视这些方面；其次，要在事前准备好备选方案；再次，注意积累现场的灵活应变的处理技巧。

在气氛的控制上，总协调人处于一个平衡的"重心"上，气氛轻松活泼，与会者的心情也会舒畅。另外一个重要因素是主持人，如果是自己主持则会好一些，但往往是分身乏术，因此在发布会中，需要提前安排好一些事情，事先要与主持人充分沟通，让他（她）对整个会议的风格有个大致的了解与把握。在产品的演示讲解过程中，可以用一些现代科技手段，结合做好的示意图、三维图形、录像、幻灯片等，以助与会者的理解。

整个会议应有正式的结尾。如果发布会安排在晚餐或午餐前结束，则应该有酒会或自助宴会等，在会议结束时，由主持人通知时间与地点。

3．会议流程

（1）会场布置

提前一天到会场确定会场的布置、检查，音响设备、话筒的调试，准备好会务所需的用品。所有参加会务工作的人员工作分配，相关人员有必要进行排练。

① 横幅悬挂周正、牢固。

② 会场指示牌显眼，会场指示清晰。

③ 无线话筒（2 支以上）已充电。

④ 音响设备能正常使用。

⑤ 投影仪与笔记本电脑调试正常。

⑥ 白板准备妥当，固定牢固（白板刷 1 个、小磁铁 4 个、白板笔 3 支）。

⑦ 笔记本电脑中的 PPT 文件（关于公司及讲师的介绍）准备妥当。

⑧ 讲台摆放应靠近学员。

⑨ 座位上摆放必要的纸张与笔，摆有茶杯或矿泉水。

⑩ 签到台摆放就位。50 人以内的会议，设签到处 1 处；50～100 人以上的会议，设签到处 2 处；100 人以上的会议，设签到处 3 处；200 人以上，设 4 处。

（2）会前准备

全体会务工作人员提前一个小时到达会场，整理仪容，并再次明确各自的工作岗位及流程。

① 易拉宝摆放在进口处。

② 会前 1 小时，装有讲义的资料袋放在签到处。

③ 签到处（3～4）块水牌、特殊服务台水牌放至签到桌上。

④ 会前清点以下物品：签到表、笔、入场券（如属现场派发）、发票、剪刀、致辞簿、签名笔、相机（是否已充电）、培训反馈表、歌曲碟、收据、餐纸、电脑、充电器、插座、糕点、矿泉水（视情况）。

⑤ 如有需要，须将水果及糕点准备好。

⑥ 餐巾纸、茶水准备好。

（3）会议流程

① 会前

a．了解相关会议需求。

b．提供会议所需要的航班、火车/汽车车次、住宿酒店、会议场所、交通等信息，并制定完备的会议预案书。

c．一般性会议利用网络传送大量关于会议场地、住宿、餐饮、娱乐等方面的实景资料，提前做到成竹在胸。

d．如有需要，可派专人实地考察会议举办地的吃、住、会议场地、游览、娱乐等相关方面的情况。

e. 确定方案，签订合同，预付定金。

② 会中

a. 会议接待：专人负责机场、车站的礼仪、接站、公关等服务。提前在酒店、会议室悬挂好欢迎条幅、欢迎牌、签到台、指示牌等。

b. 会前准备：准备好会议所需要的会议资料、会议用品、会议演讲稿等会议相关物品。

c. 会议场所：专人到会议室检查会议室条幅、灯光、音响、茶饮等。

d. 会议住宿：房间楼层及房间号确认，询问是否有特殊要求。

e. 会议餐饮：用餐时间、用餐标准及其他特殊要求的安排。

f. 会议旅游：旅游线路行程、用车、导游等安排和确认。

g. 会议娱乐：娱乐消费形式、消费标准、娱乐地点的确认。

h. 会议礼品：会议礼品的采购、发放服务。

i. 会议服务：会议代表合影留念、为代表提供文秘以及相关服务。

③ 会后

a. 结账：提供会议过程中的详细费用发生明细及说明，专人进行核对并结账。

b. 资料：会议后的资料收集，根据客户要求制作会议通讯录或花名册。

任务3　电信大客户营销技能

【问题引入】随着电信市场竞争的加剧，大客户成为各大电信运营企业争夺的重点。因此，如何把握大客户的营销，就成为对电信业务员职业技能要求的一个关键。那么电信大客户营销分为哪几个阶段，电信大客户战略营销的关键点又是怎样的？这是我们学习本任务要解决的问题。

【本任务要求】

1. 识记：电信大客户营销六阶段、电信大客户战略营销的三个关键点。

2. 领会：战略营销的六个要素。

随着电信市场竞争的加剧，大客户成为电信运营企业争夺的重点。因此，如何把握大客户的营销，就成为对电信业务员职业技能要求的一个关键。本任务介绍大客户营销的技能，首先介绍电信大客户营销六阶段，然后介绍电信大客户战略营销的三个关键点。

一、电信大客户营销六阶段

大客户的战略营销过程可划分为 6 个阶段，分别是访问前的研究、对客户的事先引导、制订项目计划、探讨项目实施的方法、投标、客户服务。

在寻找潜在客户群之前，先要根据企业的产品和服务确定企业销售的客户群体，这一般是由企业的市场部或者企业的战略规划部实施的，而且是在企业生产或者制定目标时就研究过的课题，所以在这里就不再赘述了。

1. 访问前的研究

在这一阶段，要根据企业产品或者服务的特征，寻找潜在的客户群。在潜在的客户群中，首先要了解如下信息，然后再进行深入研究。

（1）了解企业的组织架构

众所周知，不同的企业具有不同的组织架构，但一般都有生产部门、市场部门、销售部门、财务部门、信息化部门、人力资源部门、采购部门、行政部门、后勤部门、客户服务部门等。例如，一个国际化IT公司会有销售部门、售前咨询部门、专业服务部门、客户支持部门、市场部门、业务发展部门、研发中心、财务部门、人力资源部门、IT支持部门、法律部门、行政部门等。企业购买产品或服务的决策通常都需要一个或者多个部门参与，例如培训事务一般由人力资源部负责，软件购买由IT部门和相关业务部门决策等，所以了解企业的组织架构及其各自的职责、决策流程等是非常重要的。

如何了解企业的组织架构呢？有很多种方法，最简便的就是通过浏览客户企业的网页了解企业的组织架构。当然，也可以通过企业年报、企业的电话册、拜访企业内部员工、同类企业的对比等了解企业的组织架构。

（2）企业的性质

为什么要事先研究企业的性质呢？因为企业的性质不同，决策的流程和模式就不同，企业和决策者所追求的利益也不同。相比较而言，外企的流程比较规范，决策速度相对更快，并且追求企业利益最大化；较大规模的民营企业也追求企业利益的最大化，但是在很多情况下，决策的流程不够规范，往往是最高层领导"一竿子插到底"；国有大中型企业则追求稳定，希望权利最大化，能完成国家下达的任务。

（3）企业的上、中、下游

要想将潜在的企业客户变成真正的客户，就要和这些企业有共同语言。如何才能产生共同语言呢？首先，要了解他们的业务，从企业的价值链出发，了解潜在客户企业的上、中、下游。上游是指企业的供货方，要知道他们的产品或者原材料的供应商是谁，了解他们的采购流程、决策过程等；中游是指企业内部，除了要了解他们的组织结构外，还要了解他们的产品、生产流程以及各个部门在流程中的作用等；下游是指潜在的客户，要了解客户及其相关要素。比如，银行的上游主要是储户（企业或者个人），中游是银行的总部、分行、分理处、营业部等；超市的上游是供货商，中游是连锁店和总公司，下游则是光顾购物的客人；电网公司的上游是各种发电厂（火力发电站、风力发电站、水力发电站、核力发电站、太阳能发电站等），中游就是电网公司和电力公司，负责配电、输电以及电力营销等。

一些企业属于进销存型企业，主要的业务是进货、库存和销售，像大型零售企业；也有一些企业属于产购销型企业，主要的业务是采购、生产、销售，诸如钢铁公司、食品加工公司等。

（4）潜在客户的产品和服务

了解潜在客户的产品和服务，才能知道客户企业的生命线，才能和客户有共同的语言。如电信公司的主要产品就是其通话业务、增值业务的各种套餐等，具体到通话业务中又包括几十种乃至上百、上千种套餐业务。房地产公司主要的业务是地产、租赁业务等。

（5）企业的核心竞争力

潜在客户的企业核心竞争力是什么？这是企业决策者非常喜欢讨论的话题之一。因此要想接近企业的老总，和老总有共同语言，首先就要了解企业的核心竞争力，如在创新竞争（企业的产品专利、营销模式、管理架构等）、服务竞争、人才竞争、网络竞争（销售和渠道等）、成本竞争、品牌竞争等方面的优势。

（6）企业的赢利模式

企业老总关心的另一个话题——企业的赢利模式是什么，也就是指企业是如何赚钱的，是通过直销、分销还是其他方法。

（7）企业的业务现状

企业运营的现状如何，存在哪些问题，这对战略营销起着关键的作用。要时刻关注企业的现状，了解客户头痛的地方在哪里、最紧迫的事情是什么、是什么原因导致他们的业绩下滑或者扩大生产规模并因之而急需进行咨询服务或者企业定位等。只有充分了解企业的现状，才能给企业提供切实可行的解决方案。

（8）企业存在的问题

潜在客户往往会通过实施新项目来解决急需解决的问题，因此要了解客户的"病"在哪里，为什么客户希望立此项目，以及由谁提出的等。

（9）关键决策人

如果潜在客户要解决存在的问题，哪些部门会介入？谁是决策者？只有了解了决策者，才能成功地接近他们。前面内容一再讲要找准项目、认准人，否则拿下项目的可能性将会非常小。

（10）判断潜在客户的标准

SWOT 是一种分析方法，用来确定企业本身的优势（Strengths）、劣势（Weaknesses）、机会（Opportunities）和威胁（Threats），从而将公司的战略与公司内部资源、外部环境有机结合。通过 SWOT 分析，了解潜在客户的业务现状、存在的问题、企业的规模、企业的投资能力、企业购买我们的产品的可能性大小、企业能否在尽可能短的时间内立项、关键决策人的成功标准等，最后判断该潜在客户是否能成为我们的资格客户。这里特别要强调的是，很多销售人员判断潜在客户的标准是有无预算、预算有多大、客户要做什么事情等，但是这样做对于大客户的战略营销来说为时已晚，在这方面需要事先介入。

2．对客户进行事前引导

（1）拜访潜在客户的关键决策者

通过第一阶段对客户进行的充分研究，已经了解到客户企业存在的问题、企业的现状、关键决策者等有用信息。但是如何保证了解到的信息是真实的呢？要想确保这一点，就要通过拜访客户，来矫正我们的想法和形成的印象。拜访企业的关键决策者是整个营销成功的关键一步。特别要注意的是，一定要事先了解关键决策者的特征、爱好和类型，这样才能接近决策者，才能和决策者有共同语言，和决策者交朋友，获得他的信任。

（2）对关键人物进行理念的宣传和引导

关键决策者（Economical Buyer）就是指项目或者购买产品的最后关键批准者，他对是否购买营销人员推销的产品或者服务具有最终的决策权。即使客户企业项目组中绝大多数人都认同营销人员的产品或者服务，但只要关键决策者认为该产品或服务不适合本企业，营销人员的销售就极有可能以失败收场。反之，当决策者中所有的人都认为不应该购买某家的产品或者服务时，只要关键决策者讲"Yes"，那么销售人员的销售就可能会成功。

成功接近了关键决策者后，还要有让关键决策者感兴趣的话题和理念，这样才能吸引住决策者。那么什么话题才是决策者感兴趣的呢？首先要和决策者成为朋友，然后在一段时间内，对决策者进行潜移默化的理念宣传和教育（这些宣传和教育都是围绕着产品和服务进行的，但不直接介绍产品和功能，而是以讲解决方案为主），使得客户慢慢"中毒"，认为营销人员所讲的很有价值和道理。

（3）了解项目实施会给公司和个人带来哪些利益

当项目的关键决策者认识到该项目的可行性之后，为了加快项目的进展，要了解该项目会为关键决策者带来什么利益？会为企业带来什么利益？因为项目所产生的利益几乎是关键决策者最关心的问题之一。只有这样，才能保证该项目是属于营销人员自己的，而不会产生"自己播种，别人收获"的结果。

（4）让关键决策者对该项目的立项和实施兴奋

由于已经和关键决策者探讨了项目会给企业和个人带来的益处，特别是会对个人的发展带来划时代的转变，决策者会为此寝食难安只想着尽快实施此项目——如果是这样就表示成功了。事实上，也只有这样，才能尽快立项，确保项目的审批工作顺利进行。

（5）为立项扫清道路

如果通过分析发现还有其他的关键决策者反对，就要为项目的顺利进行清除障碍，可以由人力资源部门安排培训（洗脑），统一思想。但是不要"打草惊蛇"，避免大范围的活动引来更多的"敌人"——竞争者也参加到该项目中来。因此，一般在立项期间，要尽量保密，尽可能避免竞争对手也介入同一个项目中。

3．制订项目计划

（1）在项目启动之前介入

对于大客户的战略营销而言，它和传统营销的最大不同就是营销人员要事先介入，在客户未立项之前介入。营销人员应该提早建立项目的初步计划，对客户的关键决策者进行教育，使得他与自己成为真正的朋友，相信自己并建立相互的信任关系。如何做到这一点呢？首先一定要对客户比较了解，了解关键决策者所关心的企业需求和个人需求。

（2）和关键决策者探讨企业的问题和解决方案

一旦客户企业的关键决策者对销售人员产生信任以后，销售人员就一定要站在客户的角度思考问题，想方设法弄清楚决策者关心的问题，为客户提出切实可行的解决方案，使得客户顺利解决问题、渡过难关。其实这时，销售人员就变成了潜在客户的"诸葛亮"。这里要特别强调的是，销售人员一定要时刻坚守着一个理念，就是所有的方案都以产品和服务为中心，策划也要围绕最终目标——把产品或服务卖出去进行。

（3）制定项目的规划和目标

古人云：凡事预则立，不预则废。制定好项目的目标，是完成项目的关键一步。在和客户建立了相互信任、达成共识以后，就要和关键决策者共同讨论，制定项目规划。项目规划包括确定什么时候立项、项目的名称是什么、需要多少投入等。此时要了解潜在客户企业立项的流程、可能介入的部门和人员，研究这些人员和关键决策者以及其他关键决策者的关系，平衡各个部门、各个决策者间的利害关系，分析立项的可行性、方案和技术路线，探讨项目应该达到的企业和个人的目标等。

此外，还要制定项目执行采用的形式，是客户单独执行，还是需要引入合作伙伴，或者三方执行（客户方、合作伙伴、产品和服务供应商）等。

（4）制定项目的里程碑和大致时刻表

制定项目的关键里程碑，也就是应该获得的几个阶段性的成果，以及每个阶段性成果获得的时间和内容。这是项目管理中非常重要的一步。

（5）项目实施的可行性研究

对于前面的策划是否切实可行，一定要进行项目实施的可行性分析，而不是"纸上谈兵"，否则就会把客户和自己都扔到"深沟"里而浑然不知。可行性分析包括企业投资的能力、人力资源、内外部环境、企业的文化、解决问题的紧迫性（这一点可以通过教育培训加以影响）、技术手段和路线等。

4．探讨项目执行的方法

（1）和客户共同探讨项目的竞标方式

当项目立项通过以后，下一步就是进行项目招标。如何既保证客户做到合情、合理、合法，又保证营销人员的前期努力没有白费呢？这时营销人员一般应该和客户绑定在一起，共同制定招标（议标、邀标）的标准、评分标准、评分的条款，甚至推荐评委等。

（2）提出项目竞标的模板和相应指标

为了尽快进行项目的竞标，可以帮助客户制定竞标的模板，给出相应的要求和标准。

（3）邀请产品相关公司参与竞标

建议客户邀请一些生产商或经销商参加竞标，当然，标书的内容一定要显得比较公平，否则，被邀请的生产商或经销商会因发现根本不可能中标而退出，这样就可能导致应标生产商或经销商数量不够而废标。帮助客户整理标书的人一定要对被邀请的其他生产商或经销商的产品、服务、价格等有充分的了解。建议应标时间尽量缩短到 3～5 天，一般情况下，竞争对手因为没有充分的时间准备应标，所以不得不赶时间完成标书应标，可以想象，这样的标书的质量多半是不合格的，因此自然不可能构成威胁。

5．投标

（1）认真应标

一般情况下，应该提前做好应标的准备，等待着标书的发放；一旦发放，马上认真对比标书的要求和条款，完成标书的撰写。

（2）准备报价

报价一定要按时，但是还要尽量在最后一个递交标书；并且还要在递交标书前，尽量了解到其他几家竞争对手的报价情况，以防竞争对手采用压低价钱，先将局势稳住的"破罐子破摔"的方法。

（3）按时交标

为了防止其他特殊情况出现，应该提前到达交标的地点；将标书提前装订好；另外还要带上秘书（以防特殊情况发生需要修改应标书）、公司的公章（以防特殊情况需要盖章）以及装订用的工具。

（4）成功谈判，获得订单

当和客户的关系比较近了，就像是真正的朋友时，在谈判桌上就会很容易达成共识，因为双方的目标在谈判之前就已经定了下来，这时的谈判只是一个合情、合理、合法的关键流程。这里要特别强调一点，这样做的最终结果一定是双赢的。

6．客户服务

当合同签订了以后，双方应该共同努力，履行合同的各项条款，实现共同制定的目标。

特别要注意的是，销售人员不能因为合同已经签订了，就立马转换角色，从"奴隶"变成"将军"，而是应该和项目实施人员一起，全力协调资源，全面获得成功。否则，将会影响客户的满意度，从而影响到后续的销售。

二、电信大客户战略营销的三个关键点

1. 掌握战略营销的六个要素

在战略营销的过程中，首先要分析客户的背景和现状，针对客户存在的问题确定销售的目标，然后考虑可能选择的营销方式，通过分析确定所要采取的营销方式，制订出行动计划，并坚决地贯彻执行，如图 3-11 所示。

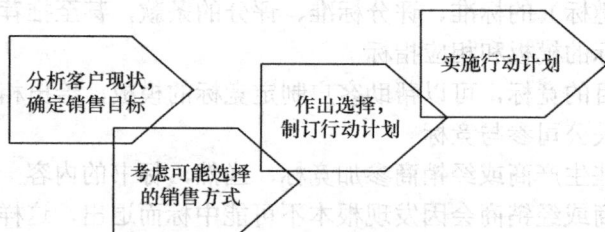

图 3-11　销售成功的 4 个步骤

战略营销有 6 个关键要素，电信业务员要特别加以注意。

（1）谁是真正的购买影响者

即客户企业里购买产品或服务的决策者，这些人有哪些特征。

关键决策者成功的标准是通过采购经销商的产品，其公司能够获得利益，或者其个人的业绩能够得到很大的提升。

要想接近项目的关键决策者，首先必须找到关键决策者。下面来分析一下关键决策者的特征，以便更快、更准确地找到关键决策者，顺势接近他们。

① 具有较强的领导力和激情。

② 比较自负。

③ 掌握相关项目的整体状况，时刻指挥和控制着项目的进展。

④ 特别强调能量、控制和权力。

⑤ 掌握着很多决定性的政策和策略的制定权。

⑥ 对新生事物容易接受，喜欢新概念、新理念。

⑦ 总喜欢衡量风险，探讨如何规避风险。

⑧ 在企业或者项目组中具有较高的信誉。

⑨ 具有敏锐的洞察力。

⑩ 具有较强的创造力。

为了尽快接近关键决策者，营销人员应该进一步探讨关键决策者的日常活动和喜欢谈论的话题。

① 他们关心公司和自己成功的主要要素。

② 他们关心公司的形象和品牌。

③ 喜欢探讨公司的使命和愿景。

④ 喜欢讨论团队精神和产品质量。

⑤ 喜欢讨论如何击败竞争对手。

⑥ 喜欢讨论企业绩效管理、度量和最终的结果。

⑦ 喜欢讨论企业的核心竞争力。

⑧ 喜欢谈论管理的一些新概念和新方法，诸如平衡计分卡、管理的绩效棱柱等。

⑨ 喜欢讲自己的成功故事。

（2）自己在营销中的强项

在销售时，要时刻注意可能存在的问题。一旦发现了问题，首先要查明问题的根源，然后利用自己的强项解决问题，确保营销能够顺利地进行。当自己的产品、服务或者方案和竞争对手相比，在某个方面比他们的强，那么营销人员在这方面就有独特的优势；但是如果这种优势没有被客户认可，那么即使具有这种优势也毫无意义。一般情况下，各个竞争对手的产品、服务几乎相当，各有千秋，那么如何找到自己的优势呢？这时附加优势就会显现出分量。人们经常讲"小恩小惠买人心"，只要在正常产品、服务的基础上增加附加值就可以提升产品的竞争优势。例如，一般的电脑销售公司，在内存、硬盘、显示器和软件方面的差别几乎很小，但只要想办法再赠送免费培训或者其他相关的软件，或者赠送决策者喜欢的一些服务，那么就可以和竞争对手拉开档次了。

其次，优势一定是要针对当前销售而言，例如，销售羽绒服的厂商，它的优势就是具有地域性、时间性的。换言之，优势是具有针对性的，否则就是没有意义的。

（3）注意反馈的模式

在与客户沟通交流的过程中，要时刻注意收集客户的反馈信息，从客户的反馈信息中不断验证自己原先对客户的判断，最终得出是否能够针对该客户进行成功营销的结论。如果营销人员不注意客户的反馈情况，结果往往是在付出了大量的精力和时间后，却得不到想要的结果。

（4）明确赢的标准

包括自己赢的标准以及客户赢的标准。只有明确了客户赢的标准，才能成功地与客户进行交流和沟通，从而实现成功的销售。

营销人员针对客户企业进行销售的过程，是一个博弈的过程。每一方得到的结果只有赢和输两种，但是经过不同的排列组合，整体的结果有4种：营销人员与客户企业双赢；营销人员赢，客户企业输；营销人员输，客户企业赢；营销人员和客户企业皆输。销售的过程决定销售的结果，不同的销售过程导致不同的销售结果，4种销售结果都是有可能出现的。但是，营销人员最乐于接受并且应该努力去追求的，还是与客户企业双赢的结果。

在销售过程中，输的结果无疑是营销人员不愿接受的，但是自己赢而客户输的结果也是营销人员应该尽量避免的。如果在销售过程中，客户感到自己最后得到的是输的结果，那么即使这个结果在当时对于营销人员来说意味着赢，从长远来看，营销人员仍是失大于得。营销人员应该努力去追求与客户双赢的结果，因为双赢的结果不但能够使客户满意，与客户建立起长期的合作关系，给自己的企业带来稳定的销售渠道，还能够为营销人员带来回头客，提升企业的销售额。因此，在销售过程中，营销人员要努力追求双赢的结果，以创造成功案例为目标来进行销售。

（5）判断理想型客户

许多营销人员都有这样一种心理，即认为遇到的所有客户都是自己的潜在客户，因此他们在与每一个客户接触的时候都付出了百分之百的精力，竭力要把自己的产品或者服务销售给对方。甚至明明知道销售成功的机会很小，他们也不放弃，仍然付出很多的时间和精力来和客户进行接触。这就导致许多营销人员尽管整天忙得焦头烂额，但是销售业绩却并不好。

优秀的营销人员在与客户进行接触的同时，经常会思考这样一些问题：在所有接触的客户中，有多少能够最终成为真正的客户？在面对众多类型的客户时，营销人员要善于判断哪些是理想型客户。只有这样，销售人员才能够做到有主有次，从而有更大的机会取得成功。

理想型客户，即容易与营销人员进行成功合作的客户，也就是与营销人员实现双赢为目标的客户。营销人员要想在众多的客户中识别出哪些可能成为理想的客户，并且在销售过程中最终使他们成为自己理想的客户。

① 分析客户的优先级。首先，营销人员要经常审视自己的潜在客户列表，分析自己以前与客户接触的状况，把那些无价值的甚至有负面效应的潜在客户从自己的客户列表中删除。对于剩下的潜在客户，营销人员也要进行分析，划分客户的优先级。对那些容易成为理想客户的客户企业应进行重点接触。

② 敢于对客户说"不"。在与客户接触的过程中，营销人员固然要尽量满足客户的要求，但是也不能一味地退让。即使面对大客户，营销人员也要敢于说"不"，要和客户讲清楚问题的因果，这样既维护了客户的利益，也维护了自己的利益。但是特别要提醒的是，仅仅会和客户说"不"的人是傻瓜，销售人员应该不但要敢说"不"，而且应该建议客户如何去做、为什么要这样做，让客户信服你，这样你才能变为专家，成为真正的咨询式销售。但是营销人员在拒绝客户提出的不合理的要求时也要注意语气，态度要坦诚，方式要委婉，过于直接、生硬的方式是不可取的。要坦诚地对客户展开说服工作，使客户认识到营销人员的拒绝是合情合理的，是为了使双方的合作能继续下去而采取的必要的措施。

③ 把客户当朋友看待，诚心诚意为客户服务。在对理想型客户进行销售的过程中，要将客户当朋友对待，诚心诚意地为客户服务。客户是朋友，而不是上帝。如果把客户当成上帝，会有很多的销售人员心理不平衡，导致签合同之前客户是上帝，签完合同自己就变成了上帝，甚至心里还会暗自得意："签合同前，你将我折腾得够呛，现在看我如何折腾你。"这些都是不可取的。

④ 资源的有效利用。营销人员要认识到销售是一个系统过程，与客户实现双赢也是一个系统过程。对大客户的战略营销是团队作战的项目，所以销售人员应该学会利用资源；不管是企业内部的人、客户企业的人还是社会上的人，只要是能利用的，都应该尽量想办法利用起来，将他们变为销售人员的资源和武器。销售并不是在与客户签完合同后就终止了，营销人员还要关注客户以后的反馈，动用自己可以动用的一切资源，协助客户处理在产品使用以及售后服务等方面出现的问题。

⑤ 把握二八原则。在对客户进行服务时，一定要把握二八原则，即 20%的客户为企业带来 80%的效益。既然如此，销售人员一定要学会客户细分，明确哪些是理想的客户（可以实现双赢的，时刻为销售人员着想的等），哪些相对而言是不好的客户？每个销售人员都在喊自己特别忙，但是统计一下看看，到底有多少时间是真正用在客户身上的？每周绝对不会超过 40%，也就是接近 3 天的时间。营销人员的时间是有限的，一定要将有限的时间用在项目的策划、阶段性的评估检查，放在重点客户的拜访上。有些销售人员天天忙于拉客

户，几乎一周中，每天拜访一个，但是哪一个也没有搞定，结果思维也混乱了，有时甚至跑到这个客户处却在谈论另一个客户的事情，这样如何能将项目拿下来呢！所以，销售人员要把精力集中到大客户身上。当然这样强调并非是不重视其他客户，关键在于要主次分明。前面已经讲过，小客户是保"生存"的，而大客户是保"生活"的，要先吃饱，才能讲吃好。

（6）漏斗原则

在销售过程中，过程管理是非常重要的。在很多情况下，老板很关心销售的结果，关心"数字"，每周都会问销售人员本周能拿回来多少单子、数额多大等。实际上对于销售而言，更重要的是过程和状态，应该关心销售人员的每个项目到了什么阶段、状态如何？那么如何帮助销售人员分析问题、解决问题？这时老板就应该是销售人员的"参谋""军师"。

其实销售人员的上级，特别是销售总监或者销售副总，最关心的是 4 个数字：一是销售的任务（Quota），二是预测（Forecasting），三是承诺（Commitment），四是完成的结果（Achievement）。

首先，任务是主管分配给销售人员的，销售人员一定要和主管共同讨论，尽量做到切实可行。如果任务目标太高，再加上提成的制度又不完善，一般情况下，销售人员都会产生一种抵触情绪；但是如果任务目标太低，对企业又不利。其次，预测是如何实现的？一般是由销售的进度、现有机会、客户的状态决定的，在每个月初或者季度初，每个主管都要向他的上司汇报他预测和承诺的销售额。预测是一个预估的数字，它会随着时间的变化不断作调整。对于任何一个销售人员而言，预估的数字都是最重要的数字，因为每层的主管都要向其上司提前承诺本月或者本季度能完成多少销售额，如果某个人的承诺出了问题，就会产生连锁反应，承诺就变成了一种"欺骗"，所以承诺必须要有一定的事实依据。最后，汇报任务完成的情况。一般情况下，结果不会小于承诺。而要想使每个环节的数字都相对准确和可信，就要有一个很好的工具来帮助大家衡量状态，进行过程管理，漏斗原则就是这样一个很好的工具。

所谓漏斗原则，是指一个对项目进行科学管理的过程管理工具，它可以帮助营销人员科学规划从进行培训到最后签订合同整个销售过程的时间、项目安排等。漏斗是一个形象的比喻，表示营销人员接手的诸多项目到最后并不一定都能签单成功，经过一个周期较长的销售过程（即漏斗的筛选过程），最后可能只有很少的一部分能够签单成功。

在这整个过程中，漏斗又分为漏斗之上、漏斗之中和漏斗之下。在漏斗之上有一些可能转变成真正有需求的潜在客户，这部分客户通常是很大的一群，因此销售人员要认真辨别。随着一系列销售活动、工作的开展，经由销售人员识别的资格客户将会被一步一步推进漏斗当中，但是由于在推进过程中一些条件的限制等各种原因，客户的数量会越来越少，最终到达漏斗底部的签约客户的数目相对就更少了。销售人员总是希望进入漏斗的客户都能够到达漏斗底部而变为签约客户。

销售漏斗也叫销售管道（Pipeline），是一种销售管理工具，适合销售流程比较规范、周期比较长、参与的人比较多的复杂销售过程的管理。它是帮助管理监控销售计划执行和预测未来销售业绩的有效工具；是考核销售人员掌握销售流程的依据，是销售内外部沟通销售状况的标准方式；是帮助决定行动计划优先顺序及销售策略的顾问，同时也能够帮助营销人员更好地把握客户采购程序，真正做到以客户为中心，从而达到企业与客户双赢。

一般情况下，可将漏斗分为四个层次：一是有希望成为客户的机会客户；二是可能购买的资格客户；三是漏斗之中慢慢推进将会从资格客户变为成功客户的推进客户；四是明确购买（已签订合同）的成功客户。

2. 掌握客户的真正需求

企业的根本目标是赢利。要实现这个目标，营销非常重要。对于企业向市场提供的产品，不论是有形产品，还是诸如服务、形象、品牌等无形产品，只有通过优秀的营销人员在激烈的市场竞争中赢得客户，才能实现企业赢利的目标。优秀的营销人员不仅能使企业在某一项销售中胜出，把产品成功地卖给客户并且使客户满意，而且能够通过某个客户带来更多的客户，取得更好的销售业绩。要实现这个目标，全面地了解客户是至关重要的。营销人员不仅要了解客户的需求，了解客户的心理，而且要了解在即将进行的项目中客户企业决策者的构成，甚至每一个决策者个人的详细情况，包括此人最关心的问题、做出决策的前提等。只有清楚地了解了这些情况，才能有针对性地与客户企业的关键决策者展开接触，与客户进行交流和沟通。

此外，营销人员在针对一个项目进行具体策划时，还要做好市场营销环境分析，即 SWOT 分析，即对优势（Strengths）、劣势（Weaknesses）、机会（Opportunities）和威胁（Threats）进行全面分析。通过分析，弄清楚自己在这个项目中的优势和劣势，明白自己可能面临的机遇和挑战。而要想成功地进行市场营销环境分析，获得充足的信息是不可或缺的。销售人员对于自己企业的情况固然要心知肚明，对于客户的信息也同样要充分了解。只有通过公开渠道或者直接拜访客户高层人员了解客户的状况，发现客户存在的问题，有针对性地提出解决问题的方案，才有可能通过谈判达成协议。在针对大客户进行销售时，销售人员不仅要与客户建立良好的关系，充分了解客户的各种需求，而且要完全了解自己的产品，只有这样才能够成功地进行解决方案式的营销（Solution Selling），才能够针对大客户进行成功的营销。

可以通过多种渠道了解客户的信息。通过打电话、上网都可以了解客户的信息，例如公司的性质、规模、组织架构、文化等。但是这些信息都只是客户的基本信息，要想真正了解客户更多的信息尤其是关键的信息，还必须通过拜访客户，通过对客户进行有针对性的提问来获得。如何提问？这也是一门艺术，学会问问题，通过提问掌握客户的真正需求信息。

3. 学会和企业关键决策者打交道

在面向大客户的战略营销过程中，决策者往往不是一个人，而是一个小组，但是在这个小组中，总会有关键的决策者。所以，想要将项目做大、做好、做快，就要学会和企业关键决策者打交道。可是如何接近企业的关键决策者呢？这是销售人员的又一项基本功。

营销人员要明白，只有影响客户企业最重要的决策者，才有可能进行成功的销售。对于营销人员来说，客户企业最重要的决策者往往并不是企业的总裁，而是与某一个具体项目有关的最高的决策者。这类人被称为是非常重要的高层官员，即 VITO（Very Important Top Officer），对于销售人员来说，他们就是最关键的人，其重要性甚至超过客户企业的总裁。销售人员如果能够与这类人会面，进行有效的交流和沟通，那么营销成功的概率就会极大地增加。

营销人员如果想提高自己的销售业绩，必须针对客户企业重要高层官员（VITO）进行销售。企业重要高层官员是指一个企业中具有极大能量、影响和权力以决定销售相关事宜的人。这类人之所以对营销人员来说非常重要，是因为他们对营销人员的产品购买与否具有某一方面的最高决定权，即使其他人都提出反对或者赞成的意见，只要他提出相反的意见，那么他的意见仍然具有最终的决定性。因此，如果营销人员能够实现对客户企业重要高层官员的销售，甚至把某个或者某几个客户企业重要高层官员发展成自己的客户，那么销售成功的概率就会大大增加。

营销人员要实现对客户企业重要高层官员的销售，首先必须与他们进行联系沟通，并建立良好的关系。良好的沟通建立在相互了解的基础上，因此营销人员必须了解客户企业重要高层官员的特征及喜好。

（1）客户企业重要高层官员的关键特征

领导力无疑是企业高层的首要特征。企业高层大都比较自负，强调能量、控制和权力；从个性特征来说，企业高层都富有激情，对新生事物容易接受，并且喜欢衡量风险；另外，企业高层的信誉度、洞察力和创造力都相当高。

（2）客户企业高层官员最热衷讨论的话题

企业高层最感兴趣的问题是企业的长远发展及管理问题。例如，①公司和 VITO 成功的主要因素；②公司的形象和品牌；③公司的使命和愿景；④团队精神和产品质量；⑤如何击败竞争对手；⑥企业绩效度量、最终的结果。

如果销售人员能够就这些问题与客户企业高层展开比较深入的探讨，那么就能够与客户企业高层继续进行卓有成效的沟通，推进自己对客户企业高层的销售。

（3）客户企业重要高层官员喜欢的结果和胜利标准

此外，营销人员还要明白客户企业高层喜欢得到的结果和胜利的标准。对客户企业重要高层官员来说，其喜欢得到的结果包括企业和个人两方面。从企业层面来讲，他希望企业能够增加利润、扩大市场份额或市场占有率以及提高企业的声望；另外，企业还要不断地降低成本、形成新的竞争优势，如果有上市的计划，企业还要尽量缩短上市的周期。从个人层面来讲，客户企业重要高层官员希望自己能够成为典型的成功人士，自己的经历能够成为成功的故事。

对于企业重要高层官员来说，其成功的标准是得到同行业和员工的尊敬，被同行和社会公认为带头人以及获得最大的权力和控制力。

（4）拜访关键决策者的技巧

拜访 VITO 时必须了解的信息：

① VITO 专注于利润；

② 了解项目的目标；

③ 知道 VITO 为何会这么做；

④ 建立业务关系；

⑤ 该项目将会为 VITO 带来什么。

如何拜访关键决策者呢？首先，一定要和关键决策者有共同语言。其次，要时刻牢记关键决策者每天有很多的事情要做，约见他们一定要让他们感到这次拜访是值得的，可以解决他们希望解决的问题，或者有关键决策者希望得到的信息。

任务4 团队管理技能

【问题引入】今天的商场上，靠个人单打独斗已经无法赢得市场的决胜权，发挥团队的力量已成为赢得未来竞争胜利的必备条件。那么怎样制定团队目标？怎样建立一支有效的团队？怎样进行团队的激励和管理？这是本任务需要解决的问题。

【本任务要求】

1．识记：团队的定义和要素、制定团队目标、激励团队成员、有效处理冲突、销售队伍的管理。

2．领会：挑选团队成员、团队冲突的基本内容、销售队伍综述。

今天的商场上，个人英雄主义高唱凯歌的时代已经一去不复返了，靠个人单打独斗已经无法赢得市场的决胜权，发挥团队的力量已成为赢得未来竞争胜利的必备条件。本任务介绍团队管理的基本理论和技能。首先讲解团队管理技能，然后讲解团队冲突处理技能，最后讲解如何进行电信销售团队管理。

一、团队管理技能讲解

1．团队的定义和要素

（1）何谓团队

团队就是由一群有着共同愿望、共同工作目标和态度，并负有共同责任的成员所组成的集合体。

（2）团队的构成要素

团队有 5 个重要的构成要素，总结为 5P。

① 目标（Purpose）。团队应该有一个既定的目标，为团队成员导航，知道要向何处去，没有目标这个团队就没有存在的价值。

② 人（People）。人是构成团队最核心的力量。3 个（包含 3 个）以上的人就可以构成团队。

目标是通过人员具体实现的，所以人员的选择是团队中非常重要的一个部分。不同的人通过分工来共同完成团队的目标，在人员选择方面要考虑人员的能力如何，技能是否互补，人员的经验如何。

③ 定位（Place）。定位包含两层意思：第一层次是团队的定位，团队在企业中处于什么位置，由谁选择和决定团队的成员，团队最终应对谁负责，团队采取什么方式激励下属？第二层次是个体的定位，作为成员在团队中扮演什么角色？是订计划还是具体实施或评估？

④ 权限（Power）。团队当中领导人的权力大小跟团队的发展阶段相关，一般来说，团队越成熟，领导者所拥有的权力相应越小。在团队发展的初期阶段，领导权则相对比较集中。

⑤ 计划（Plan）。计划有两层面含义：第一是目标最终的实现，需要一系列具体的行动方案，可以把计划理解成目标的具体工作的程序。第二是提前按计划进行可以保证团队的进度。只有在计划的操作下团队才会一步一步地贴近目标，从而最终实现目标。

2．制定团队目标

（1）团队目标的作用

建立高绩效团队首要的任务就是确立目标，目标是团队存在的理由，也是团队运作的核心动力。目标是团队决策的前提。团队是一个动态的过程，领导者需要随时进行决策，没有目标的团队只会走一步看一步，处于投机和侥幸的不确定状态中，风险系数加大，就像汪洋中的一条船，不仅会迷失方向，也难免触礁。目标是发展团队合作的一面旗帜。团队目标的实现，关系到全体成员的利益，自然也是鼓舞大家斗志、协调大家行动的关键因素。

（2）确定团队目标的 5 个原则

① 了解是谁确定团队的目标。团队目标的确定需要几个方面的成员：首先领导者必须参加；团队的核心成员，也可能团队的全体成员参与。

② 团队的目标必须跟团队的愿景相连接。目标是与愿景的方向一致的，它是达成愿景的一部分，所以目标必须跟团队的愿景，也可能就是团队发展的目的相连接。

③ 必须发展一套目标运行的程序来随时纠偏或修正目标。目标定下来以后不见得就一定准确，还需要根据监督、检查的情形随时往正确的路上引导。

④ 实施有效目标的分解。目标来自愿景，愿景又来源于组织的大目标，而个人的目标来自于团队的目标，它对团队目标起支持性的作用。

⑤ 必须有效地把目标传达给所有的成员和相关的人。相关的人可能是团队外部的成员，比方说相关的团队、有业务关系的团队、也可能是团队的领导者。

（3）设定目标的窍门

在制定目标的过程中还需要了解一些设定目标的窍门，归纳为"四要、四不要"。

第一个"要和不要"：要使用精确的描述性语言。"我们要在三天内回答客户的问题"，这就是一个精确描述性的语言；不要使用形容词和副词，"我们对待客户要尽量表现得专业些"。

第二个"要和不要"：要使用积极的动词，比方说增加、提升、取得等；不要使用被动词如了解、熟悉等。因为不同的人对于它们的判断标准是不一样的。

第三个"要和不要"：要具体、明确，例如，"人力资源部要求每三天更换一次人头报告"，这就是一个具体明确的说法；不要泛泛而谈，"在团队中增强客户意识"。

第四个"要和不要"：要使用简单有意义的衡量标准，例如，"团队今年的预算要比去年同期减少 15%"，这就是个相对比较简单有意义的衡量标准；不要使用一些模糊的衡量标准，比方说，"把部门的预算控制在去年的水平内"。为了让目标尽可能符合 SMART 标准，让人感觉是一个好的目标，必须要按照一定的衡量标准来确定。

3．挑选团队成员

（1）不同角色对团队的贡献

① 团队中包含着 9 个角色对团队起着不同的作用，如图 3-12 所示。

一个完整的团队是由众多角色构成的，可以将其归纳为 9 种角色。有一段话形象地表明了 9 种角色的作用：创新者（PL）首先提出观点；信息者（RI）从外面提供支持的武器；

图 3-12　团队中的各种角色

实干者（IM）开始运筹计划；推进者（SH）希望散会后赶紧实施；协调者（CO）在想谁来干合适；监督者（ME）这时开始泼冷水——这个事情如果要实施，可能会遇到什么问题和障碍，条件还不成熟等；完美者（FI）则注重细节，强调高标准，吹毛求疵，任何一个微小的问题都不放过；这样看来团队关系很紧张了，但没关系，凝聚者（TW）站出来润滑调节；而技术专家（SP）则对于团队提供一些指导。这样一来，团队中的 9 种角色没有任何一个是无效的、没有用的。

② 团队中任何一个角色都是围绕着团队的 3 个因素开展工作。任务、人和主意构成了团队的三角因素。

（2）团队角色搭配

团队当中有不同的角色，角色和角色间配合的时候，也会存在着若干问题，在角色搭配的时候需要加以注意。

① 比方说创新者碰到协调者的上司，这个时候他们之间的关系应该没有问题，因为协调者善于整合各种不同的人一起去达成目标；但如果创新者碰到实干者的上司就往往不太理想，因为实干者喜欢做计划，不喜欢变化。

② 作为同事，创新者和凝聚者之间不会有问题，因为凝聚者擅长协调人际关系；但如果一个创新者碰到另一个创新者的同事，这时两人会围绕着各自的立场和观点展开争议，内耗就可能出现。

③ 创新者的领导，如果碰到一个实干者的下属会很高兴，因为有人在把他具体的工作细节往前推，正好是一种互补；但要碰到一个推进者的下属，他们之间的矛盾可能会激化。

④ 两个完美者在一起。可能作为上司的完美者并不欣赏作为下属的完美者，因为完美者永远都觉得自己的标准是最高的，很难接受别人的标准；但完美者如果碰到实干者的同事，往往彼此间很欣赏；如果碰到一个信息者的上司，就会有一些冲突，因为信息者对于外界的新鲜事物接受很快，而完美者主张要有 120%的把握时才做，他们围绕着要不要采取新的方式和方法，会存在一些疑问。

（3）挑选团队成员的步骤

挑选团队成员的一种思路是根据角色理论挑选，团队缺什么样的角色，候选人擅长什么，欠缺什么，什么样的人与团队现有成员的个人能力和经验是互补的。另一种思路是对候选人的综合素质进行评价。具体来说，挑选团队成员有下面 4 个步骤。

步骤一：在开始选人前通常要细致分析岗位的要求，包括所需人员的能力、素质、经验等；

步骤二：注意候选人的能力、成就和失败，他对其他人员的依赖性。主要指候选人过去的历史、能力、在未来团队中的合作能力，尤其是对待工作、同事、客户的态度。

步骤三：他曾经所在团队中领导的建议。他有哪些优点，哪些不足，忠告和建议。

步骤四：向候选人描述一下他的工作职责、对他的期望、要达到的业绩标准。看看他的反应，他能否接受挑战？

4．激励团队成员

怎样才能使企业人员发挥出他们的最大能力呢？答案是：激励。

（1）何谓激励

所谓激励，就是组织通过设计适当的外部奖酬形式和工作环境，以一定的行为规范和惩罚性措施，借助信息沟通，来激发、引导、保持和规划组织成员的行为，以有效地实现组织及其成员个人目标的系统活动。激励是一种驱动力或者诱发力。

（2）马斯洛的激励理论

关于激励，学术已经进行了许多理论研究。这些理论都在回答这样的问题：他为什么选择进行工作？他为什么能持续地为某个组织工作？怎样才能使一个人发挥更大的潜力？

马斯洛需要层次论是一种比较有代表性的激励理论，心理学家阿布拉汉姆·马斯洛把人类的需要看成是有等级层次的，从最低级的需要逐级向最高级的需要发展，当某级的需要得到满足后，这种需要便停止了它的激励作用。马斯洛认为人的几种主要的需要按其重要性依次排列如图 3-13 所示。

① 生理的需要：维持人类自身生命的基本需要，如食物、水、住房、衣着等，马斯洛认为，在这些需要还没有得到满足之前，其他需要都不能起到激励人的作用。

② 保障或安全的需要：它是避免人身危险和不受丧失职业、财产、食物及住所等的威胁。

③ 归属或取得他人承认的需要：也称为爱的需要或社会需要，人需要有所归属，并为别人所承认。

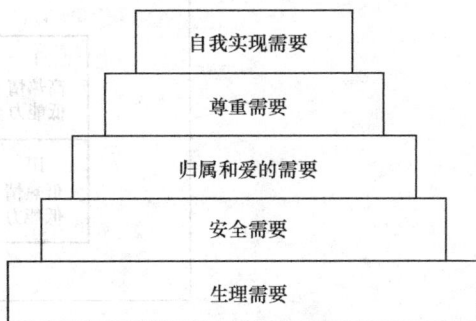

图 3-13　马斯洛需求层次理论

（图中文字，从上到下：自我实现需要／尊重需要／归属和爱的需要／安全需要／生理需要）

④ 尊重的需要：它包括对成就或自我价值的个人感觉以及他人对自己的认可与尊重。

⑤ 自我实现的需要：这是最高层次的需要，是把个人能力充分发挥的愿望，希望最大限度地发挥一个人的潜在能力并有所成就。

（3）如何实施有效的激励政策

图 3-14 所示为一个根据人的能力和热情为划分尺度的模型，在该模型中，企业里的人被分成 4 类。这是很有代表性的 4 类人。从这 4 类人出发，讨论如何实施有效的激励政策。

① Ⅰ 型人。第一个矩阵里的人的特点是高热情、低能力。这是比较常见的一种，尤其是年轻人和新进员工，他们的工作经验尚浅或对新企业的认识不够。对这部分人的激励策略：充分利用他们的热情，及时进行系统、有效的培训，找到提高他们工作能力的具体方法和要求，调整他们到最适合的岗位或职务上去。每个人在面对自己感兴趣的工作时，很快都会成为这方面的专家。

② Ⅱ 型人。第二个矩阵里的人的特点是高热情、高能力。这部分人是企业的宝贵资产，是企业的中流砥柱。企业的绝好创意、持续发展的动力基本都来自于这部分人。对这部分人的激励策略：充分授权，赋予更多的责任。这既对企业有好处，同时也对这些人有好处。

③ Ⅲ 型人。第三个矩阵里的人的特点是低热情、低能力。这部分是最令企业头痛的事。也许有人会说直接解雇他们不就可以了吗？实际工作做起来并非这么简单。不到最后时刻，不应轻易操起解雇这把伤人伤己的刀。对这类人要有不同的应对方向：对还有一定潜力的人，不要失去信心，但控制所花时间，开展小规模培训；激发其工作热情，改变其工作态度，再安排到合适岗位。对于实在不能改变现状的人员，就只有解雇了，但要进行好解雇前的面谈工作，最好能让解雇的人满意离去。

④ Ⅳ 型人。第四个矩阵里的人的特点是低热情、高能力。这类人是因为对自己的职位和前程没有明确目标才会这样的。对这类人要有不同的应对方向：通过交谈发现可以改变的，不断鼓励、不断鞭策，一方面肯定其能力和信任；另一方面给予具体的目标和要求，必要时在报酬上适当刺激。特别要防止这些"怀才不遇"的人的牢骚和不满感染到企业，要与他们及时沟通。通过不断的努力，发现他们仍然难以融入企业文化和管理模式中去，就只有

趁早辞退。心态不积极的人是很难成就大事的。

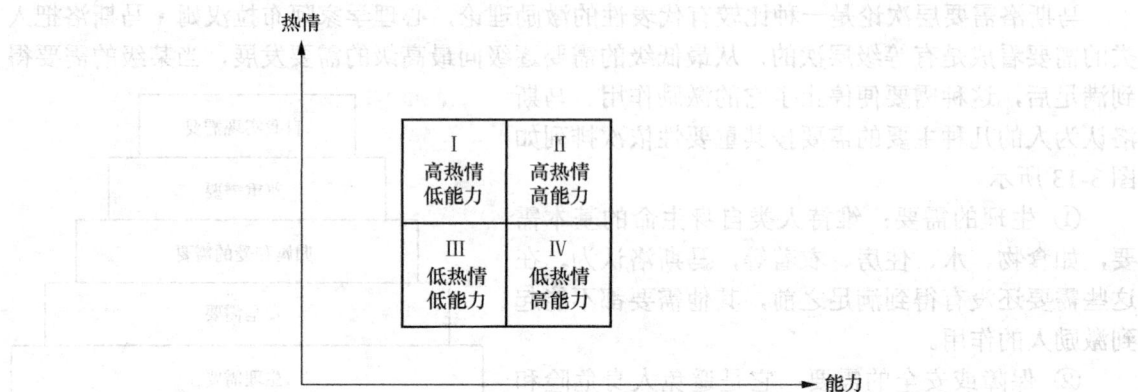

图 3-14 人才类别模型

二、团队冲突处理技能

1. 团队冲突的基本内容

企业组织中的成员在交往中产生意见分歧，出现争论、对抗，导致彼此间关系紧张，称该状态为"冲突"。

冲突因个体间的不同而自然存在，冲突是不可避免的。团队领导必须接受这样一个事实：任何时候把两个或两个以上的人放在一起都会产生潜在的冲突。

例如，团队因为圆满完成任务而获得一笔奖金，这时团队成员围绕着如何使用奖金就会发生一些争议：有人主张把奖金发放给全体成员，也有人主张留下来用于团队的继续发展和提高，这就出现了两者的争议。一个销售经理可能希望储备很多产品存货，以保证客户需要时能快速供货，但对于生产经理来说，他要求限制库存，压缩仓库成本。在以上这两种情况中，所有人的意图都很好，但如果都坚持各自的观点，这时冲突就不可避免。有关冲突的 3 种观点见表 3-2。

表 3-2　　　　　　　　　　有关冲突的 3 种观点对比

	传统的观点	人际关系的观点	相互作用的观点
产生时间	20 世纪 30～40 年代比较流行	20 世纪 70～80 年代产生	最近提出来的
基本观点	冲突是不好的东西，是消极因素，冲突表明团队内部功能有失调的现象，导致冲突的原因可能是沟通不良、缺乏诚信。传统的观点认为应该避免冲突	对于所有的组织和团队而言，冲突是与生俱来的，无法避免。人际关系学派建议，应该以一种接纳的态度面对冲突，把冲突的存在合理化，冲突不可能被彻底消除，甚至有时还会对团队工作有益	和平安宁的组织或团队容易对变革产生冷漠、静止甚至比较迟钝的感觉，所以鼓励团队维持冲突的最低水平，有利于团队保持一种旺盛的生命力，善于自我批评，不断创新以提高团队

2. 有效处理冲突

（1）处理冲突的 6 个步骤

解决冲突需要按一定的步骤进行。团队冲突的解决基本上可以通过以下 6 个步骤。

① 澄清：冲突是什么？

② 目标：团队的共同目标是什么？

③ 可供选择的方案：可供选择的方案是什么？

④ 排除障碍：存在哪些障碍？如果障碍排除了，情形将会怎样？

⑤ 选择：什么样的解决办法符合冲突双方或者各方的需求？

⑥ 认同：冲突双方一致认同的解决办法是什么？

（2）处理冲突的 5 种策略

托马斯的冲突处理模型，是较为科学的处理冲突的方法，许多冲突都用"托马斯"的这个冲突处理模型来解释。

托马斯认为，处理冲突的模式是两维的。一维是武断程度，这里的武断指的是满足自己的利益。另一维是合作程度，这里的合作指的是满足别人的利益。在托马斯冲突处理模型里，按照合作程度和武断程度的不同，可以分成 5 种解决冲突的策略，即竞争法、回避法、妥协法、顺应法和合作法。

① 竞争策略

策略要点：竞争的策略指的是牺牲别人的利益，换取自己的利益。

适用的情况：反对那些采取不正当竞争行为的人时；面对非常重要的问题，必须采取特殊行为时；必须采取快捷、果断行为的紧急状况时；涉及违反企业规章制度，需要严肃处理的时候。

② 回避策略

策略要点：回避是指一个人意识到冲突的存在，希望逃避或抑制而采取的既不合作，也不维护自身利益，一躲了之的办法。

适用情况：当问题看上去是其他问题的附带问题时；当管理者认为没有希望满足员工的利害关系时；使人们冷静下来并收回观点时；收集信息比制定一个直接的决策更重要时；问题很琐碎或有更重要的问题需要立刻去解决时；潜在的损失远远超过解决的益处时；当其他人可以更有效地处理这一冲突时。

③ 合作策略

策略要点：合作指主动跟对方一起寻求解决问题的办法，是一种互惠互利的双赢。双方的意图都可以坦率地澄清，不是我迁就你，你迁就我。

适用情况：解决有关冲突方面的感情问题时，用不同的观点把人们的思想有机结合起来，通过达成一种共识而获得相互信任；当员工的目的是学习的时候，当冲突各方都认为妥协对双方的目标实现都非常重要时，可采取合作法寻找一种彻底的解决方法。

④ 顺应策略

策略要点：顺应指一方为了抚慰另外一方，愿意把对方的利益放在自己的位置之上。顺应别人是为了维持相互友好的关系，一方愿意自我牺牲，遵从他人观点。

适用情况：当和谐与稳定特别重要时；当员工不及对方或已经输了的时候，使损失降至最小；使员工从错误中学习从而提高今后的工作质量；当管理者发现自己是错的时候；当结局对对方比对自己更有利时，即满足对方并保持合作，这为以后的争端处理建立社会信誉。

⑤ 妥协策略

策略要点：妥协指双方都愿意放弃一些东西，并且共同分享利益所带来的结果。目的在于得到一个快速的、双方都可以接受的方案。妥协的方式没有明显的输家和赢家，对于非原则问题较合适。

适用情况：势均力敌的双方坚持他们的目标时；对复杂的问题达成暂时的和解时；在合作或抗争不成功的情况下作为一种弥补；当目标很明确但又不值得使用独断的方法去努力使其实现的时候；在时间紧迫的情况下达到暂时缓和的解决方法。

三、电信销售团队管理

1. 销售队伍综述

（1）销售队伍的作用

① 传播信息，直接沟通

现代市场营销的经验表明，在人们的基本生活、生产需求得以满足的前提下，销售工作与其说是在销售某种产品或服务，还不如说是这些产品或服务所能带给别人的利益，而人们对某种利益的认识又依赖于思想观念的变化。

企业能否向社会大众成功地传播有关使用其产品或服务的观念是至关重要的。销售队伍把企业产品或服务的各种信息，及时地告诉可能的客户，增进客户对本企业的了解，传播新的消费观念。

推销人员又可以把客户对企业产品或服务的意见、建议向企业决策部门反应，从而保证企业营销计划的正确执行。尽管其他营销手段有时也具有以上的功能，例如，广告、营业推广等，但是能把供需两头的信息都及时准确地加以反馈，只有销售队伍是最有效的方法，从这种意义上讲，无疑推销本身也在做着非常重要的企业公关工作。

② 推荐产品，达成交易

有一种好的产品，并不一定就会有好的市场销路，关键在于企业通过直接推销（销售队伍）或间接推销（广告宣传等）将自己的产品送达可能的客户。历史经验表明，销售队伍可以利用其特有的人情味，与客户保持良好的关系，让客户更深入地了解本企业产品的优势，在温情的气氛中达成交易。当然，销售队伍能否成功，还依赖于销售人员个人对各种推销术的熟练应用和不断创新。

③ 收集市场情报，开发新的市场

推销人员是企业市场营销工作的一线人员，通过销售工作，他们直接接触用户，可以观察和询问客户对产品和服务的反应，以及市场动态和竞争对手的策略，为企业收集各类市场信息情报，并在此过程中开发新的潜在市场，培养新的客户。显然，这方面工作的成败，直接关系到企业的生存和发展。

④ 提供各种服务，增进客户的信任

随着现代产品复杂程度的加大，市场竞争程度的加剧，客户对企业的依赖程度也随之提高，因此，对企业的售前、售后服务工作的要求也越来越高，服务已经成为销售工作的一部分，这也要求推销人员具备相当的产品专业知识和维修知识。

美国最杰出的汽车推销员坎多尔费说："一旦你下决心真心地为客户服务，你就会成为一个出色的推销员，并在竞争中显示出绝对优势……要承认服务是区别一个公司和另一个公司，一个推销员与另一个推销员优与劣的唯一标准。"所以，从中可以发现现代市场营销成功的企业都纷纷举起服务的大旗，只有依靠成功的服务，才能增进客户的信任，培养稳固的关系。

⑤ 树立良好的企业形象

随着社会营销风气的盛行，企业能否在市场竞争中获胜，至关重要的是企业的形象。销售人员直接面对用户，不能把销售工作仅仅看成是卖出商品或服务，在整个成交过程中，销售人员本身的工作事实上就代表了公司或企业形象的一部分。

因此，销售人员的一举一动与其说是代表了个人，不如说是代表了企业，这应该引起销售人员的高度重视。

（2）销售队伍的目标

确定销售队伍目标的时候，必须充分考虑企业目标市场本身的特点和企业在这些市场上寻求达到的地位这两个因素。

不同的企业或公司为销售队伍确定了不同的目标。美国的 IBM 公司销售队伍的职责范围包括销售、安装和改进用户的计算机设备；电话电报公司则负责发展销售和保护客户关系。而我国绝大部分企业除了要求推销员销售产品、发展客户关系、提供适当服务外，还要求推销员把回收销售款作为一项重要的任务。在一般情况下，推销员应为企业承担以下一项或几项工作。

① 寻找——推销员负责寻找和培养新客户。

② 信息沟通——推销员应能熟练地将公司产品或服务的信息传递出去。

③ 推销——与客户接洽，向客户推出样品并报价，回答客户的疑问并达成交易，所以销售人员必须懂得推销艺术。

④ 提供服务——对客户的问题提供咨询意见，给予技术帮助，安排资金融通，加速交货等服务项目，推销人员必须认真完成。

⑤ 收集情报——销售人员要进行市场调查和情报工作，并认真填写访问报告。

⑥ 分配——销售人员要对客户的信誉作出评价，并在产品短缺时将稀缺产品分配给客户。

（3）销售队伍的种类和结构

① 销售队伍的种类

随着现代市场营销的发展，销售队伍成为整个企业市场营销组合的一部分。销售队伍本身也并非人们过去所理解的：一个推销员在外向潜在的客户销售某种产品或服务时并不是单枪匹马的，而是需要市场策划部门和销售部门的方方面面都给予密切配合，因此推销人员的种类比过去大大扩展了，把以下几类的承担者都理解为是销售队伍的一种。

• 某一职位，其主要工作是为客户发货或送货。

• 某一职位，其主要工作是在公司内部处理订货，包括制作订单。

• 某一职位，虽也处理部分订货业务，但更主要的工作是现场为客户提供服务。

• 某一职位，其主要工作并非处理订货，而是为企业建立市场声誉，或对可能的购买者施行"教育"，例如，某些技术专家或明星为企业产品的生产和销售给予指导或向外宣传。

• 某一职位，其在销售方面的工作，主要是以其专业知识为基础，例如电脑的销售工程师等。

• 某一职位，其主要任务是把企业的产品或服务以创造性的方式向外推销产品，例如企业的市场策划人员、营销顾问以及各种推销员。

② 销售队伍的结构

企业销售队伍的结构是企业销售战略中很重要的一部分，它可能直接影响企业对市场的作用力。如果企业只有一条产品生产线，对分布在许多地方的用户销售该产品，则企业销售队伍可按照地区进行分配；如果企业虽生产多种产品，但销售地区比较固定，则销售队伍可按产品进行分配。但事实上，市场情况要复杂得多。现将不同的销售队伍结构形式分述如下。

a．按地区结构组织销售队伍（见图3-15），这是最简单的推销结构。每个销售代表被指派负责一个地区，作为该地区经销该公司全部产品线的唯一代表。

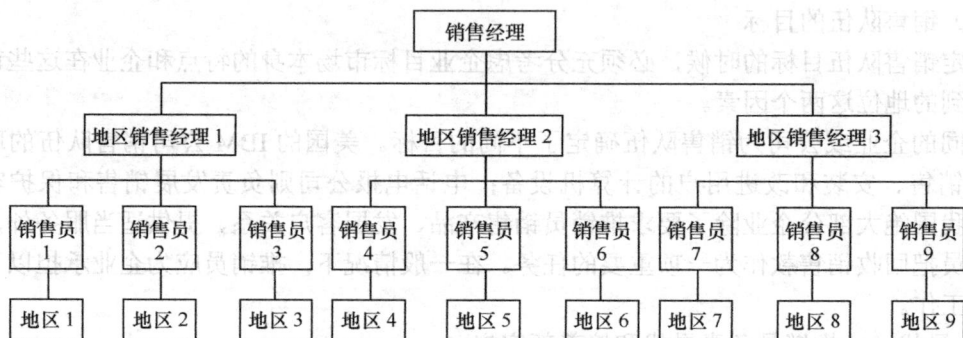

图 3-15　销售队伍按地区结构组织

这种结构形式有许多优点，具体如下。

- 推销员的职责明确。由于一个地区只设一个推销员，所以必须承担由于个人推销努力的差别带来的地区销售情况的褒贬。
- 地区责任能促使推销员与当地客户加强联系，这种联系有助于提高推销效果。
- 由于每个推销员只在固定的一个地理区域活动，因而差旅费的开支较小。当然，这种结构形式一般适用于产品线比较集中的企业。如果产品线比较分散，一个推销员势必要掌握多种产品的技术知识和推销技巧，这就给企业实行这种结构形式带来了难度。

企业在规划地理区域时，要考虑地理区域的一些基本特征：如各区域是否易于管理；各区域销售潜力是否易于估计；每个推销员的工作量和销售潜力是否均等；推销员用于推销的全部时间可否缩短。一般情况下，应特别注意在区域划分时给予推销员均等的市场潜力或工作量，因为只有通过这种方式，才能在今后考核推销员时给予每个人公正的待遇。

b．按产品结构组织销售队伍，如图3-16所示。随着产品技术的复杂，产品种类的增加，产品间关联度的下降，推销人员要掌握全部产品的知识越来越困难，因此，许多公司采用了按产品线组织其销售队伍结构。

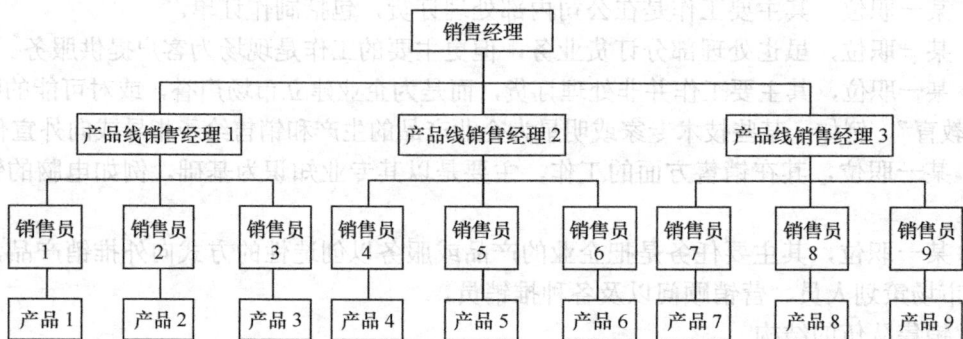

图 3-16　销售队伍按产品结构组织

这种结构形式固然适用于产品组合宽、产品线长的企业，但这并不等于说，产品品种多，就足以成为按产品组成销售队伍的理由。

c. 按客户结构组织销售队伍。企业往往按照不同行业和客户的大小；按现有业务或新业务发展安排不同的销售队伍。

按客户专门化结构组织销售队伍的最明显的优点在于推销人员对客户的特定需要非常熟悉，从而能更好地做好销售工作。但这种结构的主要缺点是，如果各类客户遍布全国，那么企业的每个推销员都要花很多的差旅开支，而且正确地划分客户类型难度亦很大。

d. 复合的销售队伍结构，如图 3-17 所示。如果企业要在一个广阔的地理区域向许多不同类型的客户推销多种产品，可以将以上几种组织销售队伍的方法混合起来使用。销售员可以按地区——产品、地区——客户、产品——客户进行分工，也可以按地区——产品——客户分工。一个推销员对一个或几个产品线经理和部门经理负责。

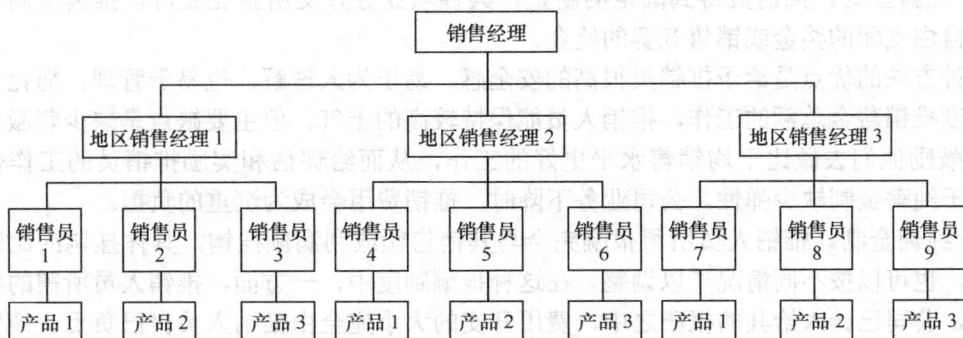

图 3-17 地区——产品复合的销售队伍

（4）销售队伍的规模

企业或公司在确定了自己的销售队伍战略和结构之后，就应着重研究销售队伍的规模问题。销售队伍是企业市场营垒中一支极为重要的生力军，同时又是开支最大的销售成本之一。因此，确定销售队伍的规模就显得尤为敏感和重要。

① 工作量法：就是根据销售工作的数量决定销售人员的数量。

a. 将客户按年销售量大小分类。

b. 确定每类客户所需的访问次数（对每个客户每年的推广访问次数），这反映了与竞争对手相比达到的访问密度是多大。

c. 每一类客户数乘上各自所需的访问数便是整个地区的访问工作量，即每年的销售访问次数。

d. 确定一个销售员每年可进行的平均访问次数。

e. 将总的年访问次数除以每个销售代表的平均访问数即得所需销售代表数。

② 增量法：即先把一定数量的推销员集中在企业的主要产品、主要市场，然后随着销售数量或销售地区的扩大而逐步增加销售人员。但是，销售数量和销售人员的增加不一定成正比例关系，应按企业的具体情况决定。

（5）销售队伍的费用

销售队伍的费用在整个企业市场营销费用中始终高居榜首，因为销售人员在整个推销活动中，需要花费很多差旅费、交际费，而且其薪金开支、奖金开支也比企业的普通人员大。为了吸引到足够数量的优秀推销员，企业应拟订一个具有吸引力的报酬计划。推销员总喜欢有固定收入，对成绩较好的给予奖励，对他们的经验和工龄，在支付报酬时也给予公正的考虑。

① 销售队伍的报酬一般由以下 4 部分组成。

a．固定金额：可以是薪金和补贴等，用于满足推销收入稳定性的需要。

b．变动金额：可以是奖金、红利或利润分成，用来刺激和奖励推销员所作的较大的努力。

c．费用津贴：主要用于推销人员进行必要或需要的推销工作。

d．福利补贴：如带薪假期、生病或意外事故时的福利、养老金以及人寿保险，即用于提供安全感和工作满足感。通常情况下，推销员 70%的收入固定，还有 30%根据绩效浮动。

② 固定和变动的报酬产生的 3 种基本的推销员报酬方法。

a．纯薪金制。推销员得到固定的薪金，其各项业务开支由企业支付，推销员偶尔可以得到可自由支配的奖金或销售竞赛的奖金。

这种方法的优点是给予推销员很高的安全感，易于为人理解，也易于管理，简化了预计下一年度推销薪金总额的工作，推销人员能保持较高的士气。但主要缺点是缺少刺激作用，不利于鼓励他们去做比平均销售水平更好的工作，从而给评估和奖励推销员的工作带来困难。由于纯薪金制缺少弹性，公司业务下降时，推销费用会成为沉重的负担。

b．纯佣金制。推销人员所得报酬完全与其销售额或利润额挂钩，具体挂钩的比例既可以固定，也可以按不同情况予以调整。在这种报酬制度中，一方面，推销人员所需的各项业务开支，公司已计入给其的报酬之中，费用开支的大小完全由推销人员自己负责。纯佣金制能鼓励推销员尽最大努力工作，使公司的销售费用与现行收益紧密相关。管理人员可根据不同产品，推销员之间不同的工作给予不同的佣金，从而对推销员的工作施加影响。但是，纯佣金制也要付出一定的代价，例如，管理当局如果安排推销员做一些不能立即获得收益的工作，包括市场调研、报告撰写、提供服务等，往往会遭到推销员拒绝。纯佣金制的巨大刺激，也有可能使他们在推销时采取高压战术或不正当的回扣，从而毁坏公司在客户中的信誉。另一方面，采用纯佣金制，公司承担的销售费用一般较高，推销员的安全感相对较低，在销售不畅时，收入的下降有可能挫伤推销员的积极性。

c．薪金佣金混合制。企业或公司把给推销员的收入分成两大部分：一部分是相对固定的薪金，包括其基本工资、福利补贴，公司也承担推销员必要的业务开支；另一部分是佣金，与推销员的销售业绩相联系。

这种报酬支付方式保留了薪金制和佣金制各自的优点，又尽量避免各自的缺点。管理当局一方面可以利用这种方法，充分鼓励销售人员的工作积极性和进取心；另一方面，可以利用这种方法，给推销员较高的工作安全感，控制推销员非销售本职的工作情况，使那些无法用佣金形式计算的工作得以落实。

2．销售队伍的管理

电信运营企业在确定了销售队伍的结构、规模和报酬之后，应着手推销人员的招聘、挑选、训练、指导、激励和评价。

（1）推销员的招聘与挑选

销售工作要获得成功，关键是选择优秀的推销人员去进行高效率的工作。

① 优秀推销员应该具备的基本条件

a．从思想素质来讲，一名优秀的推销人员必须具有高度的事业心和敬业乐业的精神，要具备创业精神和崇高的道德品质，要遵守国家的法律和有关政策，并切实从用户利益出发，为他们提供优良的服务。

b．从身体、个性、语言等方面的素质来看，要求推销员具有身体健康、年富力强、精力充沛的条件，特别是要具有适应外出工作的能力和家庭条件；推销员要具有仪表端庄、举止大方、态度和蔼、作风正派的外表条件，能给用户一种亲切、愉快和满意的感觉；要有较强的语言表达能力，要善于针对不同的性别、年龄、文化、籍贯、职业等类型的用户，灵活地选用不同的语言和讲话技巧。

c．就智力和工作能力方面的素质而言，要求推销员有比较广泛的兴趣爱好和文化科学知识，具备企业的生产技术和产品方面的基本知识，对市场营销的理论和经验要充分掌握，另外也要有一定的经济和管理方面的知识，要善于收集及研究市场的信息情报，掌握市场的变化动态，提出自己的市场营销建议。

② 推销员的招聘和选择

在确定了招聘人员的基本条件之后，企业管理层就可以开始着手具体的招聘和选拔工作。招聘人员的途径很多：可以刊登广告诚招；可以接触相关的大专院校；可以委托就业辅导或其他中介机构；也可以通过各种途径的推荐；还可以从企业或公司的其他部门，甚至是在同行业中进行招聘。

挑选推销员的程序可简可繁。最简单的方法只需进行一次面谈；复杂的则需要进行卷面测验、面试，甚至在考核高级销售主管时，还得进行情景模拟，进一步测验其实际推销和管理能力。从简单到复杂，各企业可以根据自己的实际情况及应聘人员的情况具体加以选择。

（2）推销员的训练

许多公司在挑选了推销员以后，即提供他们样品、订单，然后让他们马上上岗推销。然而，这样做的结果往往效果不好，因为虽然这些经过挑选的人员，可能潜质不错，但他们毕竟尚缺乏对许多专业知识的了解，准备不够充分，难免出现一些差错，因此必须加以培训。

培训的内容主要应包括以下部分。

① 推销员要了解公司各方面的情况。一般把训练的第一部分主要用于介绍公司的历史和经营目标、组织机构设置和权限情况、主要的负责人员、公司的财务状况和措施，以及主要的产品和销售量。

② 推销员应学习和掌握产品的基本知识。这些知识包括产品的品质、性能和主要特点，以及使用和维护知识。

③ 推销员要深入了解本公司各类客户和竞争对手的特点。推销员要了解各种类型的客户和他们的购买动机、购买习惯，要了解本公司和竞争对手的策略和政策。

④ 推销员要熟练掌握销售技巧和展示技巧。他们要接受推销术的基本训练，要学会揣摩用户的心理，用最有效的方式去说服客户。

⑤ 推销员要懂得推销的日常工作的程序和责任。推销员要了解怎样在现有客户和潜在客户间分配时间、合理支配费用，如何撰写报告、拟定有效推销路线。

从培训的方式来讲，可以进行课堂讲授、角色扮演、观看有关销售技术的录像带以及参观和跟班实习等方法。在整个培训过程中，要特别强调理论与实践相结合，可以组织优秀的销售员现身说法，或者相互之间进行经验交流，来提高整个培训的效果。

（3）对推销人员的指导

在企业或公司为推销员分配了销售地区，提供了必要的培训，制订了报酬政策之后，并不是就可以放任自流，还必须不断地给推销员加以指导，希望通过这种指导能帮助和鼓励推销员把工作做得更为出色。

各企业可以根据管理推销员的基本制度、推销员自身的能力以及环境变化的情况，实行不同的指导。一般情况下应该包括以下内容。

① 制订现有客户目标和访问标准。可以依据客户的销售量、赢利水平、成长潜力等因素把客户进行分类，例如 A、B、C 三类，从而按照 A、B、C 三类客户的不同情况分别确定需要访问的次数，而确定访问次数的标准，一方面必须考虑到可能增长的销售额和利润额，以及销售成本的上升；另一方面也必须对竞争对手的策略给予高度的重视。

② 制订潜在客户目标和访问标准。如果不明确要求，则推销员很可能考虑到去访问潜在客户劳而无功，访问现有客户多少会有收获而不再去开拓新的市场。所以企业或公司完全有必要规定推销员必须用多少工作时间去与潜在客户接触，并且对在开发潜在客户方面表现突出的推销员给予奖励。

③ 提高推销员使用时间的效率。如何善于用其有限的时间，发挥最高的效率，对于每一个推销员来说都十分重要。其基本工具之一就是制订一个全年客户访问的计划，明确各月份应该访问多少数量的现有客户和潜在客户，并且要认真地执行这一计划。另一种思路是对推销员进行"时间与任务分析"。一般来说，推销员的时间除了用于推销的本职工作之外，还必须用于多种非推销性质的工作和事情，如差旅、餐饮、休息以及文书事务等，实际用于推销的时间或许只占他全部工作时间的 15%。若能把这种比例提高到 20%，则意味着推销工作的时间提升了 33%。

（4）推销员的激励

从对推销员的激励而言，一般的方法可以分成两部分，一部分是物质鼓励；另一部分是精神鼓励。就物质鼓励来讲，主要是指推销员的薪金和佣金。

关于精神鼓励，在当今对人力资源管理的工作中所起的作用越来越大。对推销员的精神激励可以从以下 3 方面着手。

① 创造一个重视推销工作和推销员、有利于推销员充分发挥才干的组织氛围。这主要可表现在企业或公司的领导对推销工作、推销员的表现给予极大的关心，充分考虑推销人员的意见，并能经常主动地与推销员保持沟通和联系，到现场访问或参加他们的销售会议，给表现突出的推销员予以肯定，给尚处下游的推销员予以指导和鞭策。

② 应该制定科学合理的销售定额。一般这种定额会略高于销售预测，这样可以促使销售经理和推销员尽最大的努力去工作。

③ 采取公开的正面的精神鼓励措施。例如，在定期的销售会议上表扬优秀推销员；每年评选最佳推销员；开展销售竞赛；提供更多的晋升机会等。

（5）推销员的考核

对推销员进行有效的监督和指导的前提，就是必须对推销员进行考核，正确评估推销人员的绩效，给予及时的控制和反馈。

① 考核销售人员的基本思路

建立一套正规的考核推销员的标准，可以帮助管理者拥有明确的标准去判断推销员的绩效；同样也可以使企业或公司的推销员在公平的制度下与上级主管共同讨论，提出其本身绩效的说明。

a. 销售人员之间的相互比较。在企业或公司内部，按照推销员的业绩由高到低排定座次，从而鼓励先进，鞭策后进。这种思路的操作简便易行，但问题是由于推销所面临的形势不尽相同，简单的排名可能会有失公平。

b. 将推销员现在的业绩与其前期的业绩进行比较。这一比较可以直接显示推销员本身的进步，将比较期限拉长，更可观察推销员销售额及利润额的趋向。

c. 考核一名销售人员不能局限某一、两方面的指标，而应全面加以考虑。考核销售员绝不能仅仅看其销售额的情况，同时还应该注意其销售利润的情况、费用的增长情况、新客户的开发情况、资金的回笼情况和市场占有率情况，以及服务质量等指标，从而能准确反映推销员的工作。

② 考核推销员的具体指标

a. 销售定额完成率 = 实际销售额/推销定额 × 100%。

b. 访问次数完成率 = 实际访问次数/计划访问次数 × 100%。

c. 新客户销售率 = 新客户销售量/总销售量 × 100%。

d. 新客户访问率 = 对新客户访问时间/总访问时间 × 100%。

e. 销售利润率 = 销售利润/销售收入 × 100%。

f. 市场占有率 = 某产品在某市场的销售额/该类产品在某市场的总销售额 × 100%。

g. 资金周转次数。

h. 销售服务质量。

过关训练

一、简答题

1. 新产品开发策划的步骤是怎样的？
2. 营销活动的定义是什么？
3. 营销活动的工具有哪些？
4. 营销活动的三种境界分别指什么？
5. 营销活动的"5W1H"原则是什么？
6. 衡量营销活动效果时，一般销售情况的变化会出现哪几种情况？
7. 会议组织包括哪些内容？
8. 如何进行会场布置？
9. 在大客户的战略营销过程中，划分为哪几个阶段？
10. 如何判断理想型客户？
11. 什么是漏斗原则？
12. 掌握战略营销的六个要素是什么？
13. 客户企业高层官员最热衷讨论的话题有哪些？

14．什么是团队？ 确定团队目标的5个原则是什么？

15．马斯洛的激励理论是什么？

16．销售队伍的作用有哪些？

17．考核推销员的具体指标有哪些？

二、不定项选择题

1．美国市场营销学者罗杰斯总结归纳出人们接受新产品的程序和一般规律，表现为以下（　　）等重要阶段。

A．认知 　　　　　　　　B．兴趣 　　　　　　　　C．评价

D．试用 　　　　　　　　E．正式采用

2．美国市场营销学者罗杰斯根据客户接受新产品的快慢程度，将新产品的采用者分为以下（　　）类型。

A．创新采用者 　　　　　B．早期采用者 　　　　　C．早期大众

D．晚期大众 　　　　　　E．落后采用者

3．营销策划书的编制原则包括（　　）。

A．逻辑思维 　　　　　　B．简洁朴实

C．创意新颖 　　　　　　D．可操作

4．营销活动的预算方法有（　　）。

A．参照上期费用来测算本期费用 　　B．分成法

C．比例法 　　　　　　　D．总和法

5．通常情况下，会议邀请包括（　　）等3个程序。

A．信息发布 　　　　　　B．广告

C．回执处理 　　　　　　D．确认通知

6．销售总监或者销售副总，最关心的是数字，包括（　　）。

A．销售的任务（Quota） 　　B．预测（Forecasting）

C．承诺（Commitment） 　　D．完成的结果（Achievement）

7．团队的构成要素包括（　　）

A．目标（Purpose） 　　　B．人（People） 　　　C．定位（Place）

D．权限（Power） 　　　　E．计划（Plan）

8．SWOT是一种分析方法，用来确定企业本身的（　　），从而将公司的战略与公司内部资源、外部环境有机结合。

A．优势（Strengths） 　　B．劣势（Weaknesses）

C．机会（Opportunities） 　　D．威胁（Threats）

E．趋势（Trend）

9．投标的过程包括（　　）。

A．认真应标 　　　　　　B．准备报价

C．按时交标 　　　　　　D．成功谈判，获得订单

10．处理冲突的策略包括（　　）。

A．竞争策略 　　　　　　B．逃避策略 　　　　　　C．合作策略

D．顺应策略 　　　　　　E．妥协策略

11．基本的推销员报酬方法包括（　　）。

A．纯薪金制 B．纯佣金制

C．计件制 D．薪金佣金混合制

12．销售队伍的报酬一般由（　　）组成。

A．固定金额 B．变动金额 C．费用津贴

D．福利补贴 E．工作环境

三、分析与讨论题

分析中国移动对推销员招聘的要求是什么？我们应该怎样努力满足中国移动的推销员招聘要求？

四、实训操作题

校园营销活动方案实训

1．受训者 4～5 人一组，采取自由组合方式形成，每组设组长 1 名。

2．在规定的时间内完成中国移动校园营销活动方案，每个小组派成员进行 PPT 汇报。

3．指导老师组织受训者就活动方案进行讨论，形成基本判断。

4．评分标准：小组完成活动方案的表现（40%）；

小组成员的团队合作表现（20%）；

PPT 汇报的表现（40%）。

通信产品销售渠道建设

【本模块问题引入】移动通信无疑是目前各个领域里最具发展前途和发展最为迅猛的行业，其高速发展给人们的工作和生活带来了巨大便利，改变了人们的工作和生活方式。而面对快速变化的通信产品市场和愈演愈烈的竞争，我们怎样建设一个快捷有效的通信产品销售渠道来增强企业的市场竞争力呢？这是我们学习本模块要解决的问题。

【本模块内容简介】本模块介绍销售渠道的一些基本概念；以及如何有效地设计和开发通信产品销售渠道。

【本模块重点难点】重点掌握通信产品销售渠道的设计和开发。

【本课程模块要求】

1. 识记：销售渠道的基本概念；通信产品销售渠道的基本流程、基本类型；渠道设计的基本步骤。

2. 领会：销售渠道在企业营销中的重要性；企业对渠道成员管理和控制所采取的策略。

任务 1　销售渠道认知

【问题引入】任何企业要想做好销售，必须建立自己的销售渠道。那么什么是销售渠道？销售渠道都有哪些？它们的组成结构又是怎样的？这是我们学习本任务要解决的问题。

【本任务要求】

1. 识记：销售渠道的基本概念、基本流程、基本类型和主要作用。

2. 领会：销售渠道主要组成单元的作用。

任何企业要想做好销售，必须建立自己的销售渠道。那么，什么是销售渠道？渠道对企业今后发展有何作用？企业怎样选择好渠道成员，去更好地构建销售渠道系统？

一、销售渠道认知

大多数生产厂商都不是直接将产品销售给最终消费者，在生产者与最终消费者之间，有批发商与零售商买入商品，取得所有权后再转售出去；还有经纪商、制造商业务代表及销售代理人等负责寻找顾客；等等。生产商生产出产品后，产品就像流水一样从代理商→一级批发商→二级批发商→零售商流动，一直到消费者，这些生产商和消费者之间的路径或载体就是销售渠道。

1. 销售渠道的定义

关于销售渠道的定义，有如下两种较为流行的说法。

（1）组织机构说。美国市场营销协会（AMA）："销售渠道是企业内部和外部的代理商和经销商的组织机构，通过他们的运作，商品才能得以上市销售。"像美国的现代营销学权威菲利普·科特勒、艾尔·安利塞、路易斯·W·斯特恩以及我国学者王方华、奚俊芳等都主张组织机构说。

（2）路径过程说。美国营销学家理查德·斯蒂尔和爱德华·肯迪夫："产品从生产者向最后消费者和产业用户移动时，直接参与或间接转移所有权所经过的途径。"他们认为渠道是所有权转移的路径而不是渠道成员。

总之，销售渠道是连接企业与市场的桥梁、沟通产品与顾客的媒介。企业生产出来的产品，通过这个桥梁或媒介走进消费领域、走进市场与顾客见面，实现产品的最终销售。

2．销售渠道的构成

（1）销售渠道的基本构成模式

销售渠道是企业把产品向消费者转移过程中所经过的路径或载体。这个路径或载体包括企业自己设立的销售机构、代理商、经销商、零售店等。

（2）基于渠道终极点构建分析的销售渠道基本模式

在市场上充满了形形色色的购买者，包括消费者、产业购买者、转卖者、组织购买者等。通过归类，可以将终极购买者分为两类，即消费者和生产性团体购买者。由于个人消费者与生产性团体用户使用的主要商品不同、消费目的与购买特点等具有差异性，客观上使企业的销售渠道构成两种基本模式：企业对生产性团体用户的销售渠道模式和企业对个人消费者的销售渠道模式，见表 4-1。

表 4-1　　　　　　　　　基于渠道终极点构建分析的销售渠道基本模式

企业对生产性团体用户的销售渠道模式	企业对个人消费者的销售渠道模式
生产者→用户	生产者→消费者
生产者→代理商→用户	生产者→零售商→消费者
生产者→批发商→用户	生产者→批发商→零售商→消费者
生产者→代理商→批发商→用户	生产者→代理商→批发商→零售商→消费者

3．销售渠道的基本类型

分类标准不同，销售渠道的类型就不一样。渠道的一般层级模式如图 4-1 所示。在某些特殊情况下，渠道的级数可以达到五级。

由图可知，零级渠道最短，三级渠道最长。每个企业都可以根据具体的情况选择不同层级的渠道，但决策的主要依据之一是长渠道或短渠道各自的特点。

按渠道的规模即渠道的长度、宽度与广度划分，通常将营销渠道分为如下几大类。

（1）长渠道

长渠道是指产品分销过程中经过两个

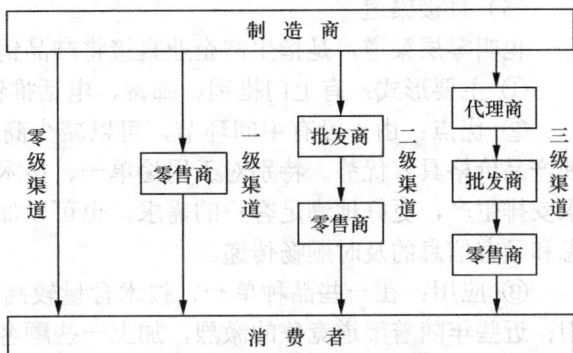

图 4-1　渠道的一般层级模式示意图

或两个以上的中间环节。

① 长渠道的优点：可以明确划分生产企业和中间商在流通领域的职能，便于生产企业和中间商的专业分工；可以快速进入生产企业不太熟悉的市场和领域，拓展新的市场；通过将产品大量销售给批发商可以减少生产企业的资金占压。

② 长渠道的缺点：生产企业对渠道的控制能力随着渠道环节的增多而减弱；生产企业对市场信息的收集和反馈能力随着渠道环节的增多而减弱；中间环节增多导致产品价格攀升，不利于产品在终端市场的竞争力。

（2）短渠道

短渠道是指企业仅采用 1 个中间环节或直接销售产品。

① 短渠道的优点：生产企业可以及时准确地掌握最终用户的有关信息，便于企业做出相应的经营策略调整；渠道缩短可以有效地降低商品流通成本，增强商品的竞争力；可以促进生产企业与中间商建立直接、密切的关系。

② 短渠道的缺点：不利于企业大规模、大范围地进行市场拓展和产品销售。

（3）宽渠道

是指生产企业在同一流通环节利用中间商的数目较多，形成渠道的宽度大，由多家批发商经销，又转卖给更多的零售商，能大量接触消费者，进而实现产品的大批量销售。

① 优点：通过分布广泛的多种类型的分销商可以快速将产品送达消费市场，便于消费者购买；促使中间商开展竞争和学习，促进销售效率，提高消费者的满意度。

② 应用：一般来说，消费品中的日用品和工业品中的标准化产品适合于宽渠道销售，如毛巾、牙刷、开水瓶等。

③ 缺点：渠道成员的复杂增加了生产企业的渠道管理难度；渠道成员类型多，可能导致中间商与生产企业的关系松散，相互之间的合作程度降低，不利于提高销售效率。

（4）窄渠道

指生产企业只选用一个中间商来销售自己的产品，使用的同类中间商少，分销渠道窄。

① 优点：生产企业与中间商的关系密切，相互之间忠诚度大大提高，有利于厂商团结一致开展业务；销售、运输和结算的手续大为简化，便于新产品的上市、试销，迅速取得信息反馈。

② 应用：适用于专业性强的产品，或贵重耐用消费品，由一家中间商统包，几家经销。

③ 缺点：生产企业在销售上过于依赖中间商，容易形成中间商的独大，不利于生产企业的控制；少量的中间商，不利于企业市场占有率的快速提升，不利于消费者的方便购买。

（5）直接渠道

也叫零层渠道，是指生产企业直接将产品销售给最终用户，中间不经过任何环节。

① 主要形式：有上门推销、邮寄、电话推销、电视直销及网上销售等。

② 优点：由于没有中间环节，可以减少商品的流通时间及产品损耗，降低流通费用，使产品价格具有优势。特别对于用途单一、技术复杂的产品，可以有针对性地按照顾客的要求安排生产，更好地满足客户的需求；也可以加强生产企业与顾客之间的沟通，便于产品信息和顾客信息的及时顺畅传递。

③ 应用：在一些品种单一、技术含量较高和功能较特殊的工业品的销售渠道中较多采用；近些年随着渠道竞争的激烈，加上一些顾客的特殊需要和商品的特殊性质，直接销售渠道在消费品销售中也被广泛采用，如鲜活食品、高档次的洗化用品等。

④ 缺点：这种渠道会使生产企业的产品销售范围受到较大限制，增加生产企业的销售费用，加大管理难度，从而影响销售量和市场占有率。

（6）间接渠道

是指生产企业通过中间机构将其产品或服务销售给最终用户。

① 主要形式：工业品的间接渠道一般通过工业经销商、生产企业代理商、生产企业配销机构至经销商完成销售；消费品的间接分销渠道则通过零售商、批发商或代理商至零售商来完成销售。

② 优点：其主要优势在于生产厂家可以依托中间商的力量，达到分销产品，进入并占领市场的目的。如可充分利用中间商的资金，减少生产企业的资金占用，加速资金周转；可以充分利用中间商具有的商品集中、平衡和扩散的功能，减少商品的交易次数，简化分销渠道；还可以利用中间商降低销售费用；同时可以扩大产品的销售范围。

③ 应用：在日用消费品销售中广泛应用。

④ 缺点：当然，采用间接渠道往往会导致流通成本和产品价格的提高，也会带来生产厂家渠道控制力下降和市场反应迟缓等问题。特别是近几年来，由于超级中间商的市场地位日益强势，在一定程度上压榨了生产厂家的利润空间，也使生产厂家的价格体系遭到破坏。

4. 销售渠道的流程

对企业来说，销售渠道起到物流、资金流、信息流和商流的作用，把商品从生产厂家转移到消费者手上，能够同时满足生产厂家、消费者及中间商的需要。为了使这一转移过程能够有效地完成，在销售渠道中，通常有如下 5 大流程发生。

（1）实体流程（见图 4-2）。

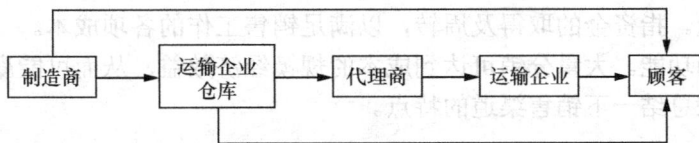

制造商 → 运输企业仓库 → 代理商 → 运输企业 → 顾客

图 4-2　实体流程示意图

（2）付款流程（见图 4-3）。

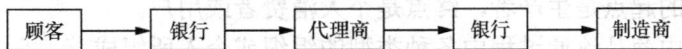

顾客 → 银行 → 代理商 → 银行 → 制造商

图 4-3　付款流程示意图

（3）所有权流程（见图 4-4）。

制造商 → 经销商 → 顾客

图 4-4　所有权流程示意图

（4）促销流程（见图 4-5）。

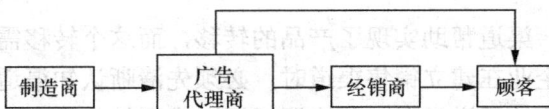

制造商 → 广告代理商 → 经销商 → 顾客

图 4-5　促销流程示意图

（5）信息流程（见图 4-6）。

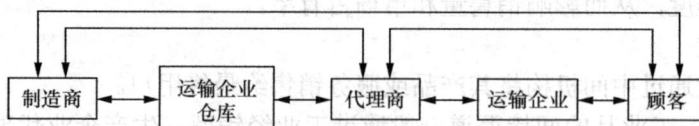

图 4-6　信息流程示意图

在销售渠道的 5 大流程中，实体流和所有权流是整个产品分销活动得以实现的关键，通常对销售渠道的研究也主要是针对这两个流程。

我们了解了销售渠道的概念、构成、类型和流程，那么建立一个销售渠道到底有什么用？

5．销售渠道的作用

销售渠道是企业的无形资产。一个企业拥有四通八达的营销网络，就等于拥有了决胜市场的控制权，优秀企业都把建立销售渠道视为企业开拓和占领市场的关键。销售渠道所执行的功能是将产品由生产者转移至消费者，它弥补了产品、服务和其使用者之间的缺口。销售渠道的功能主要包括 5 个方面。

（1）联系顾客功能。指与消费者的接触和沟通。如发生于销售前的寻找目标顾客、销售中的销售演示及销售后的售后服务等。

（2）市场调查功能。指搜集与传递有关营销环境的各种信息以供规划和促成交易。

（3）整理功能。指中间商将不同产品分类、集合、分配、组合的活动，以使所提供的产品能够配合顾客需求。

（4）信用功能。指资金的取得及周转，以满足销售工作的各项成本。

（5）大量分销功能。大量分销可达到成本的规模经济效益，从而可能赢利。

最后，我们来总结一下销售渠道的特点。

6．销售渠道的特点

销售渠道具有如下特点。

（1）销售渠道的起点是生产者，终点是个人消费者或用户。

（2）销售渠道由商品流通过程中各种类型的组织或个人所组成。

（3）在销售渠道中，产品或服务必然发生所有权转移，并且所有权至少转移 1 次。

（4）销售是物流、信息流、货币流的统一，它们相辅相成，但在时间和空间上并非完全一致。

下面我们进一步明确销售渠道成员在渠道中的作用并加以区分，为企业建立更好的销售渠道系统奠定基础。

二、销售渠道基本成员认知

由渠道的概念可知，渠道帮助实现了产品的转移，而这个转移需要通过一定的环节和渠道主体来实现。因此，企业在建立销售渠道时，必须先清晰认知渠道每个环节上的成员，才有可能建立符合企业需要的渠道类型，并协调好渠道成员的关系，控制好渠道的发展。

广义地说，构成企业价值链的任何一个组成部分，都是一个渠道成员。

而从是否拥有企业产品或服务的所有权并相应地承担实质性的风险分类，又可分为基本渠道成员（Basic Channel Member）和特殊渠道成员（Special Channel Member）。像制造商、代理商、经销商和用户都是基本渠道成员；而广告公司、公关公司、市场研究机构、运输公司等则属于特殊渠道成员。相对于特殊渠道成员来说，基本渠道成员对产业链系统的良性发展起着更为关键的作用。因此，本节主要分析基本渠道成员的有关内容。

1．制造商

制造商（厂商、生产企业）是销售渠道的起点，它在渠道管理和控制中具有举足轻重的作用。

（1）制造商在渠道中的管理作用

① 对经销商的供货管理。保证供货及时；在此基础上帮助经销商建立并理顺销售子网，分散销售及库存压力，加快商品的流通速度。

② 对经销商负责。在保证供应的基础上，对经销商提供产品服务支持；妥善处理销售过程中出现的产品损坏变质、顾客投诉、顾客退货等问题；切实保障经销商的利益不受无谓的损害。

③ 对经销商的订货处理管理。减少因订货处理环节中出现的失误而引起发货不畅。

④ 对经销商订货的结算管理。规避结算风险，保障制造商的利益；同时避免经销商利用结算便利制造市场混乱。

⑤ 对经销商广告、促销的支持。减少商品流通阻力；提高商品的销售力，促进销售；提高资金利用率，使之成为经销商的重要利润源。

⑥ 其他管理工作。包括对经销商进行培训，增强经销商对公司理念、价值观的认同及对产品知识的认识；还要负责协调制造商与经销商之间、经销商与经销商之间的关系；尤其对于一些突发事件，如价格涨落、产品竞争、产品滞销及周边市场冲击或低价倾销等扰乱市场的问题。在关系处理中，要以协作、协商的方式为主，以理服人，及时帮助经销商消除顾虑，平衡心态，引导和支持经销商向有利于产品营销的方向转变。

（2）制造商对渠道的控制作用

制造商可以对其销售渠道实行两种不同程度的控制，即绝对控制和低度控制。

① 绝对控制。是指能够选择负责产品销售的营销中介类型、数目和地理分布，并且能够支配这些营销中介的销售政策和价格政策等控制行为。对于一些生产特种产品的大型企业，可以利用绝对控制来维持其高价格，以维护产品的优良品质形象（如果产品价格过低，会使消费者怀疑产品品质低劣或即将淘汰）；即使对一般产品，绝对控制也可以防止价格竞争，保证良好的经济效益。

② 低度控制。又可称为影响控制，是指通过对中间商提供具体支持和协助来影响营销中介。这种控制的程度较低，大多数企业的控制属于这种方式。

低度控制方式主要有如下方面。

向中间商派驻代表。大型企业一般都派驻代表到经营其产品的中间商中去亲自监督商品销售。派驻代表可通过给渠道成员提供一些具体帮助来掌握他们的销售动态，如帮助中间商训练销售人员、组织销售活动和设计广告等；生产企业还可直接派人支援中间商，如由企业派人开设厂家专柜、店中店等。

与中间商多方式合作。制造商通过制定详细的措施，因地制宜地实施各种策略，对分销商提供强大的服务和广告支持，争取分销商的广泛参与、积极协作，来提高自身品牌的知名度，又帮助分销商赚取利润，激发他们的热情，引导他们正当竞争，从而减少各种冲突，实现制造商与分销商的双赢。如企业可通过负担部分费用等方式与中介联合进行广告宣传、公关活动，开展营业推广；对业绩突出的中间商给予价格、交易条件上的优惠；对中间商传授推销、存货销售管理知识，提高其经营水平。通过这些办法，调动营销中介成员推销产品的积极性，达到控制网络的目的。

2．中间商

处于生产者和消费者之间，参与产品交易活动，促进买卖行为发生和实现的具有法人资格的经济组织或个人，都称为中间商。

按是否拥有商品的所有权，中间商又可分为经销商和代理商。

（1）经销商

经销商是指将购入的产品以批发的形式通过自己拥有的分销渠道向零售商或批发商进行销售的独立或连锁的商业机构。经销商拥有产品实际所有权；他们拿着钱从企业进货；他们买货不是自己用，而是转手卖出去赚取利差。经销商的经销模式一般有独家经销和非独家经销；直营制和直销制。

经销商分为普通经销商和特约经销商。前者不受厂家严格限制，后者则和代理商或厂家在诸如销售额、产品价格、广告等方面有特别约定。

经销商不仅能简化销售手续、节约销售费用，而且还能扩大销售范围、提高销售效率。

① 经销商的作用

a．提高流通效率。如有 4 个生产者直接将产品售给 4 个顾客，需要进行 16 次交易，而在同样条件下，通过 1 个经销商，则交易次数降到 8 次。交易次数的减少，使得产品流通的效率大大提高。这样，经销商的介入帮助减少了工作量。依此类推，卖者和买者的数量越多，经销商介入所减少的交易次数及节约的社会总劳动就越多。这是经销商最重要的贡献。

b．有效分担企业的市场营销职能。大多数生产者缺乏将产品直接销售给最终顾客所必需的资源与能力，而这些正是经销商所擅长的。经销商由从事市场营销的专业人员组成，他们更了解市场，更熟悉消费者，对各种营销技巧掌握得更熟练，更富有营销实践经验，并拥有更多的营销信息和交易关系。因此，由他们来承担营销职能，工作将更有成效，营销费用相对较低。尤其是企业打算进入某个陌生的地区市场时，经销商的帮助更为重要。

c．调节生产与消费之间的矛盾。经销商起着社会生产的"蓄水池"作用。一方面，经销商的存在可以缓和供需之间在时间、地点和商品数量、种类等方面的矛盾；另一方面，经销商的存在能为生产者和消费者带来方便。对消费者而言，经销商充当了他们的采购代理，经销商可以在合适的时间和地点提供所需要的产品、灵活的付款方式和条件以及周到的售后服务；而对于生产者或贸易企业来说，经销商的存在使企业的销路有了保证，降低了流通成本。

② 合格经销商的基本条件

a．要和产品性质相符。有的经销商长期从事某类产品的市场销售，熟悉该类产品市场特点和营销要点；但是对于超出该类别范围的其他产品，他可能缺乏市场知识和营销经验。

b．有较好的声誉。在一个具体的局部市场上，显然应当选择那些目标消费者和二级分销商愿意光顾，甚至有意在那里出较高价格购买商品的经销商。这样的经销商在消费者的心目中具有较好的形象，能够烘托并帮助企业建立品牌形象。

c．较大的渠道网络规模。企业选择经销商，建立分销渠道，就是要把自己的产品打入目标市场，方便购买和消费。而渠道网络规模较大的经销商，其对网络的控制能力和管理能力就强，就能把产品迅速覆盖到很大的地区。

d．合适的经营实力。经营实力表现为经销商在商品吞吐规模上，在市场开发投入上的行为能量。在选择经销商时，不能单纯强调经销商实力而忽视了其他。如实力大的经销商不会花很大精力去销售一个小品牌，厂家可能会失去对产品销售的控制权；实力大的经销商也会经营竞争品牌，并以此作为讨价还价的筹码；等等。

e．对公司有合作诚意。总之，厂商关系应该与企业发展战略匹配，不同的厂家应对应不同的经销商。

（2）代理商

代理商是指代企业打理生意而赚取企业代理佣金的商业单位。他们一般不买断企业的产品，货物的所有权属于厂家；他们也不是自己用产品，而是代企业转手卖出去；他们在销售过程中由生产厂家授权在某一区域进行相关产品的销售。

代理商可分为全球代理、国家级、地区级、省市级和县级等；还有独家代理、总代理和品牌代理等。所有代理商都有相应的特权，代理级别低的原则上由高一级的代理商管理。

（3）经销商和代理商的区别

经销商和代理商的区别主要在有没有涉及商品所有权。除此以外，还有以下几个方面。

① 两者的利润获取方式不同。经销商是加价销售，获得经营利润；代理商按规定价格售卖，赚取佣金也就是所谓的提成。

② 两者的经营权限有所不同。经销商可以经营多品种，甚至经营竞争品牌；代理商经营品种较少，一般不经营竞争品牌。

③ 厂商对两者的成本投入不同。

④ 厂商对两者控制的难易程度不同。

（4）其他中间商

批发商：批发商的概念是以前对商人的一种叫法。顾名思义，批发就是一批批进货，然后往外一批批地发。可见这样的生意没有什么计划，只是一个货物买卖的概念，而少了管理和控制。所以，批发商一般是用来指没有服务终端意识的坐商。

分销商：分销和批发是相对的。随着批发概念的落伍，出现了分销的概念，即分着来销。可见在销售的过程中，已经考虑到了下家的情况，不是盲目销售，而是有计划地销售。所以，分销商一般是用来指有服务终端意识的行商。

零售商：零售就是一个一个地销售，而不是像批发商那样，一批一批地销售。所以零售商，一般是指商店或店铺。

加盟商：厂家与代理都可设立加盟商。厂家一般都会在每个城市或者某个区域设立几个加盟商。代理商也可以在某个地区设立几个加盟商。

3．终端商

终端商是指将商品直接销售给最终消费者的中间商，是相对于生产者和批发商而言的，它面对个人消费者市场，直接连接消费者，完成产品最终价值实现的任务。

（1）终端商的作用

终端商是联系生产企业、批发商与消费者的桥梁，其基本任务是直接为最终消费者服务。它的职能包括购、销、调、存、加工、拆零、分包、传递信息、提供销售服务等；在地点、时间与服务方面，方便消费者购买。

（2）终端商的行业特征

① 零售经营。终端商面对的终端顾客每次购买数量小，要求商品档次、花色品种齐全，提供购买与消费的服务方便。这就形成了终端商少量多次进货、低库存和重视现场促销服务的零售经营特点。

② 业态多元。为解决顾客需求多样、快速变化与零售经营规模效益之间的矛盾，其经营方式呈现多元化特点。如商店就有超级市场、百货商店、专业商店、连锁商店、折扣商店、便利店和杂货店等各具特色的多种业态，而且还在不断创新。

③ 竞争激烈。与其他渠道成员相比，终端之间的竞争显得更为直接、激烈，手法也更加多样。如为了应对竞争，终端商千方百计地装饰销售现场及周边环境，加强商店整体设计和形象宣传；为了吸引并留住顾客，终端商不断强化特色定位，纷纷对商店位置、营业时间、商品结构、服务项目、广告宣传、促销手段等各种因素进行综合战略策划，实施差异化营销。

④ 销售地域范围小。与批发销售不同，终端商的顾客主要是营业点附近的居民和流动人口。因此，终端经营地点的选择（零售选点）就成为决定经营成败的一个关键。

（3）企业实施终端竞争的基本措施

如何做好市场，其实是如何做好终端。

① 建立细分基础上的终端管理。终端可分为营利终端、非营利终端、广告终端、竞争终端等；还可分为明终端和暗终端。明终端是日常生活中可以见到的，如超市、商店、街头小摊店，这其中的一部分可以通过业务员和跑单员将其控制住。暗终端是平时较少接触的地方和特殊场所，如餐饮店、娱乐场所、乡村小店及偏僻地区。怎样去操作和控制终端？我们除了自己能够控制或必须控制的一部分终端外，其他终端应该通过渠道去控制和服务。

② 建立与终端相配套的渠道。面对不同的终端，需要寻找和开发不同的渠道。而渠道的源头是经销商，因此，找经销商必须区分开来设立：相同的渠道不多设，而不同渠道的经销商应该多开发，以利于市场的发展和终端铺货率的提高，最终提高销量。如常规的饮料经销商是做大渠道批发为主的，如果新开发一些做娱乐场所、网吧、浴室、歌厅、餐馆的经销商就可以在这些场所大大提高见货率。

③ 加强渠道和终端互补性。开拓终端固然重要，但开拓以后的维护保养更为重要。明终端我们可以自己不断地铺货跟进；而暗终端，我们只有通过渠道和经销商去维护、渗透和跟进。终端和渠道是互补的，互相依托，共同发展的。终端做好了，渠道上的货就容易进入，销量会增大；渠道上的货源充足后，有利于给终端及时补充货源，相辅相成，共同发展。

三、目前我国运用的基本销售渠道模式

从我国营销渠道发展轨迹来看，不同的行业、不同的产品以及企业不同的规模、不同的发展阶段，其渠道模式不尽相同。但从总体上看，目前大致有以下几种渠道模式。

1．传统区域代理模式

渠道模式：厂家→代理商→用户。

优点：以较少的资金和人力投入，在较短的时间内换取较大的市场空间。

缺点：渠道较为松散，厂家对用户网络难以掌控；代理商常常过分要求销售政策，加大厂家的负担；当代理商的发展不能与企业发展同步时，还会形成制约力量。

应用：这一模式适合中小企业。

2．直销模式

生产厂家在重点销售区域设立分公司或办事处，派驻营销人员直接开发最终用户，为用户提供直接的服务，对产品的营销进行全程控制。

特点：需要付出较大的人力、物力等成本。

应用：通常为大企业所采用。

3．直营模式

即实行终端管理。生产厂家为加深对渠道的控制，绕过一级代理商，直接与零售商建立联系。

优点：能够使企业及时了解销售市场变化，并采取相应对策。

缺点：需要企业付出较大的营销成本。

4．直复营销模式

生产厂家利用互联网、直接邮寄广告（direct mail advertising，DM 广告）等传播媒体进行产品宣传，直接对最终用户的"采购行为"产生影响，促使其与企业进行联系。

这种模式的优点：减少了中间环节，实现厂家与用户的直接沟通，并能节约营销成本，有效规避通路风险。

5．利益共同体模式

生产厂家与区域经销商为寻求合作利益最大化而合资组建联合公司，以进行渠道运作。这种模式可减少厂商之间营销资源重叠及厂商争端，促成厂商共同把产品在特定区域做大做强。

任务2　销售渠道的设计

【问题引入】销售渠道好比一条输水管道，将产品及时、安全、低成本地分销到目标市场是进行渠道体系设计应追求的目标。那么如何设计有效的销售渠道？这是我们学习本任务要解决的问题。

【本任务要求】

1．识记：渠道的具体目标；影响渠道设计的基本因素；渠道设计的基本步骤。

2．领会：影响渠道设计的基本因素。

企业的竞争优势不仅在于先于竞争对手发现目标市场的需求，还在于要先于竞争对手将产品送达目标市场，而这其中的关键因素就是销售渠道。那么，企业该如何开展渠道设计？如何设计出有效的销售渠道？

这就要求我们先要确定企业的渠道目标、再分析影响渠道构建的重要因素、然后确定渠道设计的步骤、最后制订销售渠道系统的设计方案。

一、确定企业的渠道目标

明确企业在特定阶段的分销目标是开展销售渠道设计的第一步，分销目标的设定要在企业整体营销目标架构之下完成。作为联系生产企业与消费者的通道和纽带，分销渠道的目标最先考虑的应是购买者的服务需求。

1. 分析最终购买者的服务需求

渠道的设计始于顾客，分销渠道设计要以最终用户的需求为核心。以用户为核心，并非单指在营销活动前期进行购买者研究和目标市场选择，更重要的是在产品设计、价格确定、渠道选择和促销活动等整个营销策略的选择和实施中满足购买者的需求。如果说产品是满足购买者的效用需求，价格是满足购买者的价值需求，促销是满足购买者的信息需求，那么分销渠道则是满足购买者的便利需求或者说服务需求。

一般来说，在设计销售渠道时，必须弄清目标购买者需要的以下5种服务水平。

① 批量。通常指在分销渠道中一个购买者的一次购买行为中提供的商品数量。侧如，对于日常生活用品，小工商户喜欢到仓储商店批量地购买，而普通百姓偏爱到大型超市购买。因此，购买批量的差异，要求厂家设计不同的分销渠道。

② 出行距离。指顾客从家里或者办公地点到商品售卖地的距离。不同的商品，人们所能接受的出行距离是不同的。一般而言，顾客更愿意在附近完成购买行为。顾客购物出行距离长短与渠道网点的密度相关。密度越大，顾客购物的出行距离就越短，反之则长。市场分散程度较高，可以减少购买者在运输和购买商品时花费的时间和费用。

③ 等待时间。是购买者通过某个渠道收到货物的平均时间。消费者往往喜欢反应迅速的渠道。分销渠道交货越迅速，说明服务能力越强，则购买者满意度越高。

④ 选择范围。指分销渠道提供给顾客的商品的花色、品种、数量。一般而言，顾客更喜欢购买商品时有较大的选择余地。如果不是单一的品牌崇拜者，他们不愿意去专卖店购买服装，而愿意到集中多品牌的服装店或商场购买。

⑤ 售后服务。指为顾客提供的各种附加服务，包括信贷、送货、安装、维修等。购买者对不同的商品有不同的售后服务要求，分销渠道的不同也会产生不同的售后服务水平。

销售渠道设计者必须了解目标顾客需要的服务水平。提供更多更好的服务意味着渠道开支的增大和购买者所支付价格的上升。折扣商店的流行表明，许多购买者更愿意接受较低水平的服务带来的低价格。

2. 确定销售渠道目标

渠道目标通常以公司如何、何时、何地使其产品到达目标顾客来表述。

企业在进行经营渠道设计时，必须要以确定的销售目标为基础，而这个目标的确定必须以购买者的服务需求为基础。

一般来说，渠道设计的目标主要有以下几种。

① 分销顺畅。分销顺畅是分销渠道设计最基本的要求，为了达到这一目标，一般应使渠道扁平化、沟通便利化。

② 分销便利。为了使顾客感到便利，企业应使市场分散化，节约顾客的运输成本；同时提供完备的售后服务，及时为顾客解决问题。

③ 分销流量最大化。通过广布网点、提高铺货率，可最大化地增加流量。

④ 分销成本最低化。在设计与选择分销渠道时，要考虑到渠道的建设成本、维护成本、改进成本及最终收益。

⑤ 拓展市场。一般情况下，在进行市场开拓时，大部分厂家更侧重于依赖中间商，待拥有一定的市场份额和自己的顾客群后，再建立自己的分销网络。

⑥ 提高市场占有率。在建立起合适的分销渠道后，应特别注重分销渠道的维护与保养，从而逐步扩大市场份额。

⑦ 提高市场覆盖面积和密度。为了实现这一目标，大多采用多家分销和密集分销形式。

⑧ 扩大品牌知名度。在维护老客户对品牌忠诚度的同时，进一步争取新顾客。

⑨ 控制渠道。制造商可以通过提高自身的管理能力、融资能力，掌握一定的销售经验，建立品牌优势来掌握渠道主动权。

⑩ 创新渠道服务。如延长营业时间、提供主动上门服务、开展网上分销等。

每个企业可以根据以上渠道目标的种类，结合企业的战略目标来选择自己的目标。

需要说明的是：在具体目标的选定上，可以考虑 1 个核心目标，另外再选择 2～3 个辅助目标，前提是这些目标之间不会互相冲突。

总之，在销售渠道中，既要考虑快速抢占市场空间，又要考虑企业的成本利润指标，同时还要考虑现有批发商的意图。这就是销售渠道体系设计追求的目标：将产品及时、安全、低成本地分销到目标市场。

二、分析影响渠道构建的重要因素

一个企业在选择使用何种销售渠道之前，必须对影响渠道的各种因素进行认真分析。如产品特性、企业性质、中间商、市场因素及环境因素，就是企业开展营销活动无法超脱的 5 个关键因素。

1. 产品特性因素

影响渠道设计的产品特性因素主要有以下几个方面。

① 产品的自然属性。我们要据不同产品的自然属性选择不同的销售渠道。如自然属性为易毁损、易变质或易腐烂的活鲜品、危险品等，其储存条件要求高、产品有效期短，应采用较短的分销渠道，尽快送到消费者手中。而像产品的体积和重量等自然属性，它们将直接影响运输和储存等费用。如过大或过重的产品，应尽可能选择最短的分销途径；小而轻且数量大的产品，则可考虑采取间接销售；对于那些按有关规定超限（超高、超宽、超长、超重）的产品，应该直达供应。

② 产品种类和规格。不同种类和规格的产品需选择不同的分销渠道。如日用百货品要通过批发商销售；而蔬菜类产品直接由零售商经销；有些品种规格少、销售量大，可经批发商销售；而规格多、销售量小的产品，则由专业商店销售或企业直接与用户签订购销合同。

③ 产品的标准性与专用性。如果产品具有一定的品质、规格、式样等标准化特征，则分销渠道可长可短；若用户比较分散，宜采用间接渠道；对于非标准化的专用品或定制品，需要供需双方面议价格、品质、式样等，并直接签订合同，宜采用直销渠道。

④ 产品的技术性。对于技术性较强的产品，如消费品中的大型电器用品，具有经常性提供服务的要求，多数采取较短的分销渠道，尽量减少中间环节，保证向客户提供及时良好的技术服务；如需要安装和维修服务的产品，通常由公司本身或授权独家专卖特许销售和维修。

⑤ 产品的时尚性。款式、颜色等时代感很强且变化较快的流行性商品，如各种新奇玩具、时装等，尽量采用短渠道分销，以求快速销售。

⑥ 产品的价格。一般来说，产品单价越高，流通环节越多，就会造成售价的提高，影响销路，这样对生产企业和消费者都不利。如较为昂贵的耐用品，就不宜经较多的中间商转手；而产品单价较低、市场面广的商品则通常采用多环节的间接渠道销售。

⑦ 新产品。为了尽快把新产品投入市场，打开并拓广销路，生产企业一般重视组织自己的推销队伍，直接与消费者或用户见面，推介新产品和收集用户意见。当然，如果能取得中间商的良好合作，也可以考虑用间接销售方式。

2．企业自身因素

企业自身因素在渠道选择中也起着重要作用。具体说来，企业应从以下 5 个方面考虑如何使渠道设计与自身特点相协调。

① 实力与声誉。实力雄厚、信誉好的企业则可以加强对流通渠道的控制，将部分销售职能集中在企业手中，从而建立自营体系，不依赖中间商，这样能够了解市场、增加收入。不过，这对企业有严格的要求，一般情况下，企业都不宜完全自己掌控分销渠道。

② 销售能力。如果企业自身拥有足够的销售力量，有丰富的经验，则可少用甚至不用中间商。

③ 管理决策。有些企业管理决策倾向于使用直营体系，只有在企业销售体系无法达到的区域才采用经销。

④ 提供的服务层次。如果企业愿意且有实力为消费者提供更多服务，则可采用直接销售渠道；如果愿意为零售商提供更多服务则可选用一阶渠道；以此类推。

⑤ 市场信息收集能力。如果企业市场信息收集能力弱，缺乏对顾客的了解，就需要借助于中间商销售产品；反之，就可以采用直接渠道。

3．中间商因素

企业可从中间商的可得性、服务质量和使用成本 3 个方面选择渠道长度。

① 可得性。是指在选定的市场区域内能否选到有效的中间商。在许多情况下，中间商可能由于先前与企业竞争对手的关系和契约而不能经销本企业产品，这时企业只能建立自己的分销机构，采用直接渠道。

② 服务能力。企业还需要评估中间商向顾客提供服务的能力。如果中间商的实力不能提供有效的服务，企业就要考虑建立自己具有保障服务能力的直接渠道。

③ 使用成本。在实际的渠道开发中，可能会碰到中间商索取较高佣金的情况，此时企业就要选择和比较两种分销渠道的成本差异，以决定是否选择中间商及中间商的层次。

4．市场因素

市场状况也是影响分销渠道的一项重要因素，它是分销体系发挥作用的外部环境。

① 市场需求。如果产品销售的市场范围大、批量也大，则宜采取宽而长的分销渠道，尤其是在全国范围内销售或出口销售，就需要更多的流通环节。

② 市场潜力。如果目前市场规模小但发展潜力大，则分销体系应有扩展延伸的余地；相反，如果潜力不大则应有缩小转移的准备。

③ 市场竞争性。对同类产品，企业可以采用与竞争者相同的分销渠道与之抗衡，也可开辟新渠道推销产品。主要应依据竞争需要，分析对手实力，灵活选择流通渠道，或针锋相对，或避其锋芒。

④ 市场景气状况。市场繁荣时，生产者可采用长而宽的流通渠道以扩大市场；反之，则应以最经济的方式销售产品。

⑤ 顾客购买习惯。对于一些价格较低、购买频繁、顾客无需仔细选择的日用产品多采用中间商，扩大销售网点以增大销量；而一些耐用消费品，由于顾客购买少，则可少设网点。

⑥ 顾客集中度。若顾客集中于某一区域，则可考虑设点直接销售；而市场范围大且分散的商品宜采取长而宽的渠道。

5．环境因素

影响分销渠道结构和行为的环境因素既多又复杂，但可概括为以下几种。

① 经济环境。指一个国家或地区的经济制度和经济活动水平，它包括经济制度的效率和生产率，与之相联系的概念可以具体到人口分布、资源分布、经济周期、通货膨胀等。经济环境对渠道的构成有重大影响，例如，生产太集中，而人口分布面广，分销渠道就相应要长；而当经济不景气时，这就要求制造商尽可能使用比较短的分销渠道，用最经济的方式把商品送到消费者手中，保证商品价格尽可能低。

② 社会文化环境。包括一个国家或地区的思想意识形态、道德规范、社会风气、社会习俗、生活方式、民族特性等许多因素。与之相联系的概念可以具体到消费者的时尚爱好和其他与市场营销有关的一切社会行为。

③ 法律环境。法律法规也会影响分销渠道的设计和选择，如有关限制和减少分销渠道垄断、鼓励自由竞争等方面的法律法规，在进行分销渠道设计时必须遵守。例如，我国对食盐、烟草等产品实行专卖制度，这就使得生产食盐、烟草等产品的企业必须按专卖程序选择分销渠道。

三、确定渠道设计的步骤

销售渠道的设计是一个系统工程，要科学合理地确定销售渠道，需要遵循渠道设计的如下基本步骤。

1．分析内外部环境

分析内外部环境时，要求对目前销售渠道的状况、覆盖的市场范围及其对企业的绩效、面临的挑战，有一个清晰的认识和准确的把握。

（1）了解企业渠道现状和环境

通过对企业过去和现在分销渠道的分析，了解企业以往进入市场的步骤；各步骤之间的逻辑联系；企业与外部组织之间的职能分工；现有渠道系统的经济性，包括成本、折扣、收益、边际利润等。

渠道设计和改进始终面临着复杂变化的环境的挑战。如宏观经济、技术环境和消费者行为等环境要素，对分销渠道结构都有重要影响。渠道设计者要认真分析行业集中程度、宏观经济指标、当前和未来的技术状况、经济管理体制、市场进入障碍、竞争者行为、最终用户状况（忠诚度和地理分布等）、产品所处的市场生命周期阶段、市场密度与市场秩序等。

（2）分析竞争者渠道

渠道设计者还要参考竞争对手的渠道模式，分析主要竞争者如何维持自己的地位、如何运用营销策略刺激需求、如何运用营销手段支持渠道成员等，以汲取其优点，改造其缺点。

对竞争者的分析主要涉及下面几个内容。

① 竞争者的渠道战略是直销、总经销、独家经销、密集经销、独家代理、特许经营抑或其他。

② 竞争者的渠道战略意图是增加销量、提高市场占有率、独占市场、制造声势还是其他？

③ 竞争者的渠道是否存在值得自己学习的优点？是否存在可供进攻的漏洞？如伙伴关系是否密切等。

④ 竞争者的渠道结构及产品辐射区域。

⑤ 对手反击的可能性及强度。

（3）收集渠道信息

对企业及竞争者的渠道环节、重要相关群体和渠道有关人员进行调查分析，获取现行渠道的运作情况、存在的问题及改进意见等方面的第一手资料。

2．渠道系统分析及优化

渠道是否能够超越竞争对手，核心在于是否真实地反映了市场的需求并予以满足，因此，对终端客户需求的把握是对渠道设计进行分析并予以优化的关键步骤。

（1）最终用户的需求分析

在分析最终用户的需求时，一般要考虑以下因素。

① 购买批量。批量是指消费者在每次购买行为中所实现的购买数量。不同的产品及不同的购买地点，对消费者购买数量都会产生深刻影响。

② 分销网点。最终用户是否要求就近购买？是否需要信息、技术支持？能否接受远程服务等。

③ 运输和等待时间。最终用户关心的是运输时间还是运输安全性。

④ 产品多样化或专业化。最终消费者愿意选择综合性商店还是专业性商店。

事实上并不存在所有消费者都要求同样服务的市场。因此，有必要对关键群体进行面对面访谈，以得到一个满足用户需求的详细清单；然后寻找购买模式与相关细分市场的漏洞，把注意力集中到目标细分市场而不是具有相似需求的市场；在了解消费者需要何种服务需求的基础上，进一步了解这些服务对消费者的重要性，并比较分析这些特定要求对不同细分市场的重要性。

（2）行业分析

行业分析的重点是分析行业内外的类似渠道，剖析具有高效分销渠道的典型企业，发现并吸纳其渠道经验。

（3）优化渠道系统

首先，要认真评估调研分析得出的服务需求整合到渠道中去是否可行。这常常需要收集和充分听取熟悉分销的专家和其他人员的观点。

其次，要论证渠道将上述服务需求传递到相应的细分市场需要做出哪些努力，即设置哪些渠道功能，才能保证满足客户的期望。

最后，要确认各分销功能由何种机构承担才能带来更大的整体效益。这里的关键是要解决渠道功能及分销流程的设计，怎样才能以最低成本有效传递服务需求。

3．优化渠道方案的调整

对拟出的优化渠道方案的现实限制条件进行调研分析，并比较分析优化渠道系统同现实渠道系统的差异，为最后选定渠道战略方案提供依据。

首先，要对管理者的偏见、管理目标和内外部强制威胁进行详尽分析。通过与渠道方案的执行人员进行深入访谈、了解未来的方案能否被认可和执行。要综合分析本企业的政策、管理目标、组织结构和文化传统，了解传统观念和做法的力量有多强；新方案的证据和逻辑性是否足以使方案获得通过；企业是否有这样的人（包括渠道主管），即具有足够的权力和威信保证渠道变革的实施等。

其次，应当允许管理层对渠道方案提出各种质疑和限制。他们可以就有关效率（如成本-收益关系）、效益（市场份额和投资回报率）和适应性（投入资本的流动性、营销新产品的能力、应用新技术的能力）等方面提供限制意见并列出在企业可能采用的所有分销渠道中，什么是或什么应该是目前或将来的目标。

再次，应当了解渠道系统设计的约束条件，例如，是否有无法更改的行规。许多行业有历来严格遵守的行规，有的做法已成为法律。如美国汽车行业，经销商系统已存在 60 年，基本上是无法改变的。部分原因是美国汽车分销法律结构的要求，还有部分原因是行业惯例和价值观将经销系统变得不可侵犯。

最后，将所有合理或不合理的目标和限制条件清晰地列出来，就可以看到改变分销渠道的各种困难。这时，设计者应将这份清单转变为调查工具，分发到企业内与分销有关的所有人员手中，让他们进一步做出类似于销路设计的权衡分析。然后，再分析这些数据，以确定目标和限制条件的相对重要性，拟出受"限制"的分销系统方案。

4．渠道设计方案决策

根据前面调研分析的结果选择分销战略方案，设计构建最佳渠道系统。

（1）调研结果分析与研讨

首先，将目标和限制条件陈述给企业外部人员和内部挑选出来的人，评估其合理性，是否可以改变及改变可能带来的收益。

接着，要召开非正式会议，分析说明管理层的定位和理想定位之间的差距。高级管理层应回顾过去出现的"限制"（目标和约束）因素对理想系统的影响，说明这些限制怎样才能尽可能与用户的期望统一起来。

然后，应当列出宏观环境和竞争机会的制约。

最后，综合以上信息和意见，决定达到理想系统所需要的对原系统进行重新构建的原则。

（2）最佳渠道系统决策

让优化的分销系统通过管理层保留或认可的目标和制约，形成充分吸纳了整个过程中合理要求的最佳分销渠道系统方案。尽管一些管理层人员仍会对此有所保留，但他们必须对企业面临的主要环境和竞争力量形成一致意见。最佳系统可能并不是"理想"系统，但它将能足够限度地满足管理层的质量（传递最终用户的满意度）、效率、效益和适应性标准。

总之，分销渠道的设计对分销渠道的成败影响很大，合理的分销渠道设计步骤将在一定程度上保证分销渠道设计的合理性。

四、制订销售渠道系统的设计方案

一个企业在渠道上的所有分析和决策最终要落实到一个可行的渠道实施方案中来。那么企业采取何种渠道系统、以怎样的方式将产品分销到最终用户手中？这个过程包括渠道的长短、宽窄以及系统的设计等方面决策。

1．确定分销渠道的长度

不同企业采用不同长度的分销渠道。当企业需要确定组织中分销渠道的长度时，可以参考以下各种法则。

① 产品越重、越易腐，不便运输，渠道越短；反之则长。

② 产品技术性越强、价值越高，渠道越短；反之则长。

③ 产品越是非规格化，渠道越短；反之则长。

④ 产品生命周期越短，渠道越短；反之则长。

⑤ 顾客购买量越大，渠道越短；反之则长。

⑥ 产品越耐用，渠道越短；反之则长。

⑦ 市场规模越大，渠道越长；反之则短。

⑧ 市场聚集度越弱，渠道越长；反之则短。

⑨ 顾客购买频度越高，渠道越长；反之则短。

⑩ 顾客购买季节性越强，渠道越长；反之则短。

显然，短渠道较适合在小地区范围内销售产品（或服务）；长渠道则适应在较大范围和更多的细分市场内销售产品（或服务）。

2．确定分销渠道的宽度

分销渠道的宽度是指分销渠道每个层次中使用同种类型中间商数目的多少。根据企业在渠道每一层级使用同类型中间商的多少，可以确定渠道的宽度结构。若制造商选择较多的同类中间商经销其产品，则这种产品的分销渠道称为宽渠道；反之，则称为窄渠道。分销渠道的宽窄是相对而言的。

当企业需要确定组织中分销渠道的宽度时，需要考虑产品性质、市场特征和企业分销战略等因素的影响。一般来说，渠道宽度的确定可以考虑以下法则。

① 产品越重，不便运输，渠道越窄；反之则宽。

② 顾客一次购买量越大，渠道越窄；反之则宽。

③ 产品越是非标准化，渠道越窄；反之则宽。

④ 产品技术性越强，渠道越窄；反之则宽。

⑤ 产品价值越高，渠道越窄；反之则宽。

⑥ 产品周期越短，渠道越窄；反之则宽。

⑦ 产品越耐用，渠道越窄；反之则宽。

⑧ 市场规模越大，渠道越宽；反之则窄。

⑨ 市场越不集中，渠道越宽；反之则窄。

⑩ 顾客购买频率越高，渠道越宽；反之则窄。

⑪ 产品销量季节性越强，渠道越宽；反之则窄。

总之，分销渠道宽度的选择主要取决于产品的类型、产量和价格等多方面因素，并且需要与企业的整体分销战略相一致。

3. 销售渠道系统结构的设计

任何一条销售渠道都包括若干成员，这些成员像接力赛一样，完成商品的传递过程，而这些成员的关系状况就表现为销售渠道系统。按渠道成员相互联系的紧密程度，销售渠道系统可以分为传统渠道系统、垂直渠道系统和水平渠道系统。

（1）传统渠道系统及其适应性

传统渠道系统也称为松散型渠道系统，指渠道中各成员之间是一种松散的合作关系，各自都为追求自身利益最大化而激烈竞争，甚至不惜牺牲整个渠道系统的利益，最终使整个销售渠道效率低下。其优势是具有较大的灵活性，可以随时、任意地淘汰或选择分销渠道；其缺陷是渠道成员各自追求自己利益最大化，不顾整体渠道利益，结果会使整体分销效益下降，同时渠道成员之间缺乏信任感和忠诚度，自然也就缺乏合作的基础，难以形成长期稳定的渠道关系。

传统渠道系统主要适用于小型企业和小规模生产两种情况。如在市场营销不发达的时期，传统渠道系统非常流行；还有就是在生产较为分散的日常用品、小商品领域，也普遍存在着传统的渠道系统。像小型企业，资金实力有限，产品类型与标准处于不稳定状态，不适合采取固定的渠道系统。例如，今年它生产服装，明年就有可能生产床垫；今年卖米和面，明年有可能卖蔬菜，必然要求渠道具有较大灵活性，可以随时、任意地选择销售渠道。而小规模生产，产品数量太少，不可能形成一个稳定的渠道系统，因为大分销商不会与一个经营规模相差悬殊的企业形成紧密型关系，小分销商也常常寻找大生产商合作。

（2）垂直渠道系统及其适应性

垂直渠道系统指由生产者、批发商和零售商纵向整合组成的统一的联合体。在此渠道系统中，每个成员把自己视为渠道系统中的一分子，关注整个系统的成功。

垂直渠道系统主要有以下 3 种形式。

① 公司式垂直渠道系统：也叫产权式垂直渠道系统，由一家企业拥有和管理若干工厂、批发机构和零售机构，控制渠道的若干层次，甚至整个销售渠道，综合经营生产、批发和零售业务。其又分为两类：一类是由大工业公司拥有和管理的，采取"工商一体化"经营方式；另一类是由大型零售公司拥有和管理的，采取"商工一体化"经营方式。

② 管理式垂直渠道系统：即通过渠道中某个有实力的成员来协调整个产销过程的渠道

系统。在此系统中，有一个规模大实力强的牵头企业作为系统核心，分销策略、规划、方向都出自这个核心，各个渠道成员围绕着这个核心从事各种各样的分销活动，自然地构成一个相对紧密、团结互助的渠道系统。如名牌产品制造商以其品牌、规模和管理经验优势出面协调批发商、零售商的经营业务和政策，采取共同一致的行动。

③ 合同式垂直渠道系统：又叫契约式垂直渠道系统，即不同层次的独立的制造商和中间商之间通过法律合同来确定它们之间的分销权利与义务，形成一个独立的联合渠道系统，如批发商组织的自愿连锁店、零售商合作社、特许专卖机构等。它与公司式垂直渠道系统的最大区别是渠道成员之间不形成产权关系，与管理型渠道系统的最大区别是用法律合同来规范各渠道成员之间的行为，而不是用权力和实力。

垂直渠道系统的特点是：生产制造商与批发商及零售商形成紧密型合作关系，便于合理管理库存，削减分销成本；便于把握需求动向；易于安排生产与销售；渠道控制力强；商品质量有保证，服务水平高。其缺陷是：维持系统的成本较高；经销商缺乏独立创造性；制造商有可能出现武断决策。

垂直渠道系统具有广泛的适应性。无论是大企业，还是小企业，无论是日用品还是生产用品，都大量采用垂直渠道系统。这种渠道系统在美国已经成为消费品市场的主要力量，其服务覆盖了全美市场的 70%～80%。

（3）水平渠道系统及其适应性

水平渠道系统又称为共生型渠道系统，是指由两家或两家以上的企业相互联合在一起，共同开发新的营销机会的销售渠道系统，发挥各自优势，实现渠道系统有效、快速运行。它实际上是一种横向联合经营。这些企业或因资金、生产技术、营销资源不足，无力单独开发市场机会；或因惧怕承担风险；或因与其他企业联合可实现最佳协同效益，因而组成共生联合的渠道系统。其优点是能够通过合作实现优势互补和规模效益，并能节省成本和快速拓展市场；其缺陷是合作有一定冲突和困难。

水平渠道系统主要适应于实力相当而营销优势互补的企业。例如，电信运营商和手机制造商联合，组成共生联合的渠道系统，采用手机和通信业务的捆绑销售模式，实现优势互补和规模效益，以快速拓展市场。

五、模拟案例

广东一家饮品企业，开发了一种具有保健功能的饮料，其中主要成分取自大自然中的果汁原料，长期饮用，可以强身健体。企业的设备全部是进口的，整个生产线非常先进，产品的研发力量较强，该项目获得省级科技成果金奖。

在产品上市之前，企业进行了口味测试，大多数消费者认为口感上乘。在设计和核心卖点的提炼上，也较多地倾听了消费者的声音。产品的定价采用跟随策略，比同种类型的知名品牌的价格略低。在目标定位上，企业第一年主要立足省内，占领较有优势的市场。

在形势一片大好的情况下，产品进入了市场，原本打算直营和稳扎稳打的企业渠道策略，因为经销商的热情而发生了改变。因为产品上市初期较大的宣传力度和饮料不错的口碑，经销商开始主动向企业要货，并做出了一些承诺。

在这样的情况下，企业考虑要迅速打开市场。在第一年将销售额提高一倍，必须依赖经销商的帮助。于是，企业很快和经销商签订了协议，并加大了生产数量。在当地，企业共开发一级批发商 5 个：1 个是饮品批发商，2 个是酒类经营批发商，另外 2 个是糖酒批发商。

在省内其他两个大城市，企业分别开发两家一级经销商，其中有两家是主要经营奶制品的经销商。同时，企业在邻省的省会城市开发了一家经销商。

渠道全面打开使企业一厢情愿地认为，销量必然会成倍地增长，企业只需要进行持续的宣传和支持经销商。然而，在经过了产品上市初期的宣传攻势后，消费者对产品失去了新鲜感，销量已经开始渐渐稳定，而产品生产数量的激增导致大量货物积压在经销商手中。

进入 9 月份，产品上市不到半年，盲目的渠道开发和疏于管理的病症开始全面爆发。

首先是本地市场的乱价现象，经销商的零售价开始低于企业直营终端的零售价，一级批发商放弃利润，把货物压向二级批发商，等着企业的年终返利，二级批发商的价格几乎接近了进价，价格出现全面"穿底"。在邻省城市，由于企业完全采用"一脚踢"的方式，当地经销商完全依赖产品"静销力"，没有任何广告宣传，结果半年时间里，产品仅卖了 200 多箱，还有几千箱的货积压在仓库里。

任务：现假设你是该企业营销经理，请根据案例中提供的背景材料，结合渠道体系设计的相关知识，替该企业进行渠道诊断，并为该企业设计出一个科学合理的渠道体系。

任务 3 销售渠道的开发与建设

【问题引入】营销渠道作为产品到消费者之间流动的载体，已逐渐成为增强企业市场竞争力的重要手段和长期战略，渠道的开发与建设也成为了一个热门话题。那么，面对快速变化的市场和愈演愈烈的竞争，如何进行渠道的开发与建设？如何实施招商开发工作？电信运营商怎样进行营销渠道的开发与建设？

【本任务要求】
1. 识记：合适经销商的甄选标准；运营商销售渠道的体系结构。
2. 领会：合格经销商的基本条件；实体渠道和电子渠道的组成和区别。

通过前面的学习我们知道：一个企业只有依托经销商这个群体，才能将产品分销到市场中去，以实现企业的分销目标。那么，如何找到适合自己企业的经销商？怎样将其打造成一支能征善战的经销队伍，为企业开疆拓土并巩固疆域？这就归结到一个核心任务：销售渠道的开发。

一、销售渠道的开发

销售渠道的开发通常可分解为 4 个主要任务：确定招商产品、制定招商政策、甄选合适的经销商以及经销合同的设计与签订。

1. 确定招商产品

作为招商企业，首先应该清楚，不是任何一个商品都可以拿来招商的。产品是合作的根本，选择一个优秀产品，是成功招商的第一步。在终端铺货产品趋向同质化的情况下，一定要选择诉求点明确且具有很强差异化的产品来开展招商活动。适合用来招商的产品应该具有以下特征。

（1）功能过硬。产品同质化、新产品开发不足是困扰营销的一个长期问题，要开发科技含量高、使用效果好的产品是一项难度很大的工程。在招商运作中，如果选择一个功能过硬的产品，市场就已经成功了一半，如中国联通在 3G 竞争中选择美国苹果公司的 iPhone 通信终端作为杀手锏。

（2）能引领和满足市场需求。一个好的产品一定是能引领和满足市场需求的产品。企业不仅要关注经销商的需求，还要关注消费者的市场需求，只有把两者的市场需求有效结合，才能确保招商目标的顺利启动。

（3）具有持续发展空间。一个好的招商产品应具有广阔的市场空间。其市场应该正处于导入期后期或快速成长期，市场风险很小，市场应该具有可操作性。

（4）具有广阔利润空间。经销商的利润空间是由招商价与零售价之间的差价形成的。经销商在项目选择时，关注的重点之一就是项目的投资安全性，这个安全性是从收益的角度去考虑的，即经销该产品具有多大的利润空间。企业要想方设法满足经销商的利润要求，经销商才会有和企业合作的动力。

此外，在招商产品的选择上，还可以关注独树一帜的品种，可以是瞄准一个差异化的市场，或者是具有差异化的技术。例如，如今采用低能耗和低辐射概念的绿色环保电子产品。

2．制定经销政策

经销政策反映的是企业的经营意图、经营模式和赢利模式。企业应根据自己的经营目标和意图，通过对经销商进行调查整理出来的资料，来制定对经销商有生命力的经销政策。

（1）经销方式

在经销政策中，最为直接的内容就是经销方式。根据招商厂家和经销商之间的关系，经销方式可以分为买断经销和厂家局部支持两种。

① "买断经销"就是经销商买断厂家的产品，厂家只管生产和供货，经销商全权负责市场营销的一揽子方案。在这种方式下，厂家规定一个市场零售价，并以很低的折扣价格（如零售价的1～2折）给总经销商，总经销商拿钱提货。在市场方面，厂家不提供任何支持。

② "厂家局部支持"则又有两种方式，具体如下。

单纯的广告支持。就是经销商以一个合适的价格现款拿货，厂家只负责广告，给予"空中支持"，其他市场推广工作，由经销商自己完成。

厂家的促销与广告支持。就是厂家不仅有广告的"空中支持"，而且还有"地面部队"配合：帮助经销商搞好产品促销，负责上市推广、策划、促销、客情关系、终端辅导、区域维护等。经销商只需要进货、铺货和回款就行了。这种方式的折扣率相对较高，一般比买断经营的要高40%左右。采用这种方式有利于产品的深度分销，将单个市场做深做透，这也有利于厂家对经销商的控制，防止商家窜货和低价甩货。

（2）其他经销政策

在经销政策中，除经销方式外，还有以下几方面的政策需要制定。

① 市场准入政策

指企业根据营销渠道战略所确定的入选成员条件。这个政策是在经销商符合遴选条件的基础上，对与经销商首次合作中资金投入所做出的规定，主要包括两个方面：首批进货量和保证金。首批进货量的规定能有效锁定经销商的经营精力，积极地开拓市场，因为只有前期相当的投入才不会让经销商漫不经心甚至三心二意；而一定市场保证金的缴纳，使得经销商不敢轻易违背经销合同而做出不利于企业和市场的事情，如窜货、损害形象等。

② 市场支持政策

支持的政策通常有：给经销商提供样品试用；给予一定的退货保证；给予信用赊销；提

供以旧换新；提供一定的物流配送；提供经销商相关培训；举办展示、展览、演示等推广活动；特殊情况下的价格折让等。

市场支持政策的大小往往影响着经销商选择产品的信心，影响着后续市场经营的信心。在企业支持方面，要考虑市场和经销商的实际情况，体现支持的科学性和系统性，让经销商真正理解企业的理念，只有产品真正实现了终端销售，企业和经销商才能获利或长久获利。

一般操作原则是：利润空间大的产品，市场支持政策可弱；利润空间小的产品，市场支持政策应该强。

③ 价格管控政策

一个合理的价格策略应该包括：制定规范的价格制定步骤；预留合理的利润空间；制定遏制竞品的定价策略；合理预留风险投入等方面。

企业有时为了抢夺经销商，倒是给经销商留足了利润空间，却轻易让出了自己的利润底线。一旦市场出现不利状况，企业就很难有足够的利润周旋空间而导致企业亏损，往往会以牺牲产品质量或者减少市场投入来应对，而这些都是不利于企业和经销商持续稳定发展的。因此，企业要合理预留风险投入，以应对市场开发、品牌建设、市场推广等活动。

④ 返利政策

通过返利政策可以激励和控制经销商。返利的具体形式可以根据不同的标准划分为明扣和暗扣、阶梯返利和固定返利。

明扣：指厂家以明示的方式确定返利扣点。如果产品单品利润空间大而总量相对较小，厂家对市场的控制力较强且厂家要确保对经销成员形成具有说服力的控制，这时可以采取明扣的方式进行返利。

暗扣：是厂家根据具体情况确定与经销商的返利扣点。如果厂家对市场控制力较弱，需要借助经销商的力量来完成对市场的经营，可以通过调整扣点来机动控制和激励经销商。

阶梯式返利：是随着销售量的增大而逐渐加大返利额度的一种返利形式。适用于企业处在一个成长速度较快的市场，而且市场中还有很多空白的情况。

固定返利：是指采取一个固定比例进行返利，在销量达到一定数量就可以获得。它是在企业所处市场已经比较成熟，各区域市场已经开发得比较到位的情况下采用。

⑤ 退出机制

企业与经销商的持续合作取决于双方的合理利益得到实现。一旦这个过程中出现预期目标难以实现的时候，不论是企业还是经销商都可以选择退出合作。

在一般的厂商合作中，厂家总是处于强势地位。因此，经销商在合作之时肯定要考虑厂家所制定的退出机制是否合理，这是经销商选择是否合作的重要影响因素。

因此，在退出机制的制定中，厂家要充分考虑对经销商的保障体系，如剩余货的等值回收、使用道具（工具）的折价回收及合理市场推广费用的弥补等。此外，对于符合企业需要的经销商员工也可以考虑召入麾下。

3. 合适经销商的甄选

企业要想建立一个有效率的经销队伍，需要对经销商的条件进行分析，找到最适合自己的那一个。生产商选择中间商所依据的标准一般包含以下几方面。

（1）市场网络覆盖能力

指经销商现有的网络体系能够影响到的目标市场的大小。它包括"分销区域范围的大小"和"销售目标对象的多少"两个方面。

具体选择如下：就企业快速提高市场竞争力而言，则倾向于选择网络覆盖能力强的经销商；对于一些资源不足以支撑强势经销商需要的企业而言，则需要回避过于强势的经销商，以免出现"客大欺店"的状况，使得厂家十分被动。

（2）经营特长与经验

生产商选择经销商，还要考虑经销商的经营优势是哪些产品，与生产商的产品特征是否相符。例如，生产商的产品是通信用品，则选择通信用品专业经销商就会比选择一般的混合经销商要好得多。

此外，从业经验也是生产商选择经销商的重要因素。选择对产品销售很有经验的中间商就会很快打开产品的销路。例如，中关村的电脑经销商对销售电脑很有经验，很多电脑厂商都愿意选择他们作为自己的经销商。

（3）资金实力

资金实力是衡量一个合格经销商的重要因素。资金实力雄厚的经销商在网络建设、货品供给、资金流通周转、品牌推广等方面就具有了物质基础；财务状况良好的中间商，不仅能及时付款，还可能在财务上向生产商提供一些帮助，如预付货款、分担一些促销费用或直接向顾客提供某些资金融通，允许顾客分期付款等，从而有利于扩大产品销售。但是，有资金实力的经销商一般都在同时运作几个品牌，而不会去全力推广某一个品牌；更有甚者，有些实力强的经销商可能是为了制约你的产品在他所在地区的发展而来拿经销权的。

因此，对于具体企业，要结合自身产品现状，在经销商的资金实力能满足公司对客户的保证金、周转金的要求和公司物流配货方面的要求就可以了，不必苛求有很大资金实力。例如，某快销品企业由于产品的价格较低，对于客户的资金实力要求不是很高，把很多原来各企业的业务人员发展成其经销商，也取得了较好的销售业绩。

（4）信誉状况

这个信誉，不仅指与厂家合作是否守信，还要考查对终端客户、对消费者是否负责。对那些只为利益，而根本不考虑企业发展与否、其他人的利益是否会受到伤害的经销商，我们坚决不要去选择；尤其是一些原来有过经营假冒伪劣产品而牟取暴利的经销商，更是不要选择。否则将对企业的市场开发与销售造成不良影响。

（5）经营理念

随着市场的不断细分，渠道网络也在不断发展。有些经销商能够通过自己辛勤的耕耘，逐渐随着企业的发展而不断完善自己的网络渠道建设，增强自己的服务功能而得以不断的发展；而有些经销商秉持小富即安的思想，认为目前做得不错，没必要再继续打拼了；还有一些经销商为一些蝇头小利而不惜做出损害品牌和市场的事情。以上这些就涉及经销商的经营理念。

企业在选择经销商时，一定要关注其经营理念，这关系着企业的整体发展。如在企业初创期，由于产品单一、价格较低，直接在传统的流通渠道销售就取得了较好业绩；而随着企业的发展壮大，其很多新品相继开发上市，企业前期开发的一部分经销商在经营理念上可能已经无法跟上公司发展的需要，会导致其新品的上市工作受到严重影响。此时，公司应对经销商进行相应调整，并在开发新经销商时重点关注其经营理念，迅速扭转新品上市难以推广的不利局面。

（6）合作意向

合作意向是选择经销商最关键的环节。经销商愿意与生产商合作，就会积极主动地推销其产品，对双方都有好处。因此，生产商应考察经销商对产品销售的重视程度和合作态度，再选择最理想的经销商进行合作。同时，生产商应尽量向自己的目标经销商展示产品的销售优势，使其对自己的产品有信心，相信生产商的产品有很好的市场潜力，从而积极销售，使双方获取利润。

（7）产品组合

很多企业希望中间商只销售自己一家的产品。其实，中间商销售的产品种类及其组合的多少，常常决定着顾客的多少，也决定着产品销售机会的多少。

在经销产品的组合关系中，一般认为如果中间商经销的产品与自己的产品是竞争关系，应避免选用；但是如果产品组合中有市场空当，或者自己产品的竞争优势明显，也可以选取这样的中间商。

当然，选择经销商是个复杂的过程，除了上述 7 个基本条件外，还要考虑经销商的促销能力、地理位置和综合服务能力等。总之，生产商选择的经销商是否合适，不仅关系到分销渠道的畅通，还关系到生产商营销活动的成败，所以，生产商应慎重选择中间商。

4．经销合同的设计与签订

经销合同是厂商双方合作的纲领性文件，对双方的合作方式、合作内容进行了必要的约定。如果合同设计不合理，或者双方在签约前没有进行充分的信息沟通，就会导致一系列的合作困难。下面就拟定和签订合同的主要内容和注意事项进行分析和探讨。

（1）拟定经销合同的十大关键条款

① 经销区域。每个经销商都应该在指定的区域内经销产品，企业需要在合同中明确经销区域。如在合同中，要具体到某省、某市、县（区）；并且要规定相应的违约责任，让合同真正起到管控作用。

② 任务指标。明确的任务指标是招商企业获利及持续经营的基础，也是保证产品市场份额扩大的硬性指标，合理的、科学的任务指标将促进经销商积极运作本产品。如在合同中规定："乙方自签订本协议之日起至××××年××月××日止，以供货价从甲方购进某产品的总购货额为××万元人民币，以乙方到达甲方账户的货款为准。"在确定总任务额后，要将其分解到季度或月份中以便促进执行与考核。

③ 首批进货款。首批进货款是招商企业与经销商第一次实质性的交易，首批进货款到账意味着合作正式生效。招商企业应认真结合行业、产品等具体特点确定合适的首批进货额度，并督促经销商如期打款进货。如在合同中注明："本协议自签订之 15 日内，乙方须将首批货款××万元汇入甲方指定账户内。逾期未交足上述款项，则视为乙方解除本协议；甲方有权对该地区更换经销商。"

④ 价格条款。价格是招商企业与经销商共同关注的焦点，是市场管理的重中之重。如果价格失控，就会引起价格大战或者价格混乱，影响经销商和招商企业的整体利益，最终会影响整个渠道的运行。合同中规定的价格有批发价和零售价等；合同中对指导价和价格调动幅度要有明确的规定；特别是对结算价的明确界定，要清楚地注明结算价格是否含税、是否包括运费（何种运输方式的运费）。这些都要通过合同明确规定，加以严格监督实施，实现招商企业对经销商在价格领域的掌控。

⑤ 让利约定。一般包括批量让利、成长让利和管理让利三部分。

批量让利是鼓励经销商严格按照合同的规定，完成甚至超额完成年度销售额，完成得越好，得到的返利额也越多。批量让利应按合同规定及时兑付，这样才能调动经销商的积极性，不按时支付甚至久拖不付，就会挫伤经销商的积极性。

开拓市场初期，销量不会很大，但随着市场被打开，销量就逐渐增大，并给予经销商返利奖励，这就是成长让利。它能有效地调动经销商的积极性，也方便招商企业安排生产。

管理让利是对经销商关于价格执行情况、遵守不窜货情况等招商企业对市场管理要求执行的好坏所给予的奖励返利。

让利条款一定要注明相应的考核标准；并将兑付时间与兑付形式界定清楚，以免出现误解和争议。

⑥ 铺货要求。一个经销商的实力，很重要的一点就是看他所拥有的终端资源。在合同中，对经销商铺货的速度和数量，应有明确的要求：一是督促经销商按时按量完成；二是对没有能力的经销商起到隔离作用。

⑦ 退换货条款。退换货条款首先要明确退换货的条件或起因（一般有质量问题、包装问题、有效期问题等），并注明退换货的范围，以便执行；其次是退换货的附加条件（如要求货物完好、无破损和一定的时间限制），作业流程（如结算、运输方式与费用承担等）和责任承担等。责任承担应根据不同情况，明确归责，以免产生矛盾。退换货条款的基本格式如："首批进货 6 个月后及 8 个月内，乙方可要求甲方原价回购首批未销完产品，同时乙方自动放弃经销权。如乙方在此前曾经两次进货，或者违反本合同规定，则本条款的退换货规定自动失效。"

⑧ 违约条款。指经销商违反合同规定，但还没有达到应该解除合同的程度所执行的处罚条款。如没有按合同规定的价格出货、没有完成任务量、少量窜货、铺货终端数量不够等行为，要根据事先洽谈与公司的规定，详细地注明到合同中，关于处罚的程度一定要数字化，犯到哪条就能找到相应的处罚额度，以方便执行和避免争议。

⑨ 解约条款。招商企业平时应帮助经销商开拓市场，遇到困难，应共同研究解决，将问题消灭在初始状态。如问题太严重需解约，应把握好时机，防止经销商压货，以避免损失。解约条款格式如下："如乙方未能按照合同约定的年、季度进货额完成销售任务，甲方有权利自行进入市场；或发展新的经销商进入乙方经销区域内；或取消乙方经销权。如乙方有违反销售价格，未在规定的销售区域销售产品或其他违反合同规定的行为，甲方有权取消乙方经销权。"

⑩ 权利义务的规定。权利义务条款是合同的核心部分，分甲方权利义务和乙方权利义务，主要内容有以下几个方面。

招商企业义务：提供合格产品和相应的说明资料；提供必要的产品检测报告；提供市场协助、宣传计划和资料、广告协助资料；货物托运和货物调换等。

招商企业权利：处置经销商违反市场规范的问题；核定零售指导价；审核广告宣传资料；参与指导制订营销方案等。

经销商义务：维护产品形象和声誉，做好区域内售后服务工作，配合当地政府职能部门的工作；按时结算货款；提供相应的销售资料（含库存、实际销量、市场预测等）；协助广告宣传，协助市场开发，以便新产品上市；维护区域内招商企业的权益等。

经销商权利：享有独家销售的权利；按约定要求供货；享有招商企业提供的各种市场协助的权利等。

在拟定经销协议的时候，企业应该尤为注意对以下几个方面进行约定。

① 终端建设方面的条款，如铺市率及进度的要求，陈列、卖场生动化的要求。

② 对经销商实施支持的约定。

③ 建立产品专营小组的约定。

④ 对品牌管理、市场管理、销售管理的约定。

⑤ 销售信息方面的约定，如规范的报表系统。

⑥ 何种情况下企业可以发展新经销商进入市场，以发展不达标区域业务的约定等。

（2）签订经销合同应注意的十大事项

① 签订合同前，要考察经销商是否合法存在，是否具有独立法人资格。如果对方是无独立法人资格的挂靠单位，或单位产权不清，或是根本不存在的虚假单位，不要与其合作，以免造成不必要的损失。

② 签订合同前，招商企业要到签约经销商所在区域市场进行市场调研，进行市场评估。一是研究市场，为量身制定区域市场政策及营销策略奠定基础；二是根据市场潜力，确定恰到好处的首批进货量。因为经销商进货多了，长期压仓不走，打击经销商积极性；也会造成商家资金压力，这不利于长期合作。

③ 因地适宜制定区域市场策略。招商企业在新产品上市推广时，要避免"天下一盘棋"地制定市场政策和营销策略而导致在一些区域市场上的水土不服，而要采取"一地一策"区域市场策略。当然，在制定市场政策和营销策略时，要注意维护整体市场秩序；在保护经销商利益的同时，也要顾全企业大局。

④ 科学确定首批进货量。招商企业有责任科学地帮助经销商确定进货量，而不是鼓励首批进货越多越好。同时要替经销商把关以下几个指标：平均库存、安全库存、配送周期等。

⑤ 合同中要限定货款清算方式及日期；详细规定违约事项及规则问题。

⑥ 合同中要严格限定授权期限、区域，并明确经销商的权利和义务；严格规定产品的价格，退换货流程及责任。

⑦ 签订合同时，经销商公司名称一定要和营业执照上的名称一致，并加盖公章；不能使用简写或法律上根本不承认的代号；不能以私人章或签字代替公章或合同专用章。

⑧ 对区域经销商培训。主要包括对经销商的操盘手、市场管理人员、一线代表、促销员等不同群体层提供不同的培训。即使是行业内资格较老的经销商，生产商也要把产品、品牌、文化、服务、业务流程、市场操作等方面内容对经销商加以培训。

⑨ 进行样板市场考察。要注重样板市场建设，并积极组织经销商进行参观考察、经验交流研讨。这样既可以增强招商的可信度与说服力，树立经销商信心，又可以很好地总结市场经验，供后加盟者学习，在经销过程中少走弯路。

⑩ 签完合同后，提供相关销售宣传物料。如营销手册、宣传单、光盘、免费赠品、试用装产品等宣传资料，及时提供给经销商。这里强调一点，在销售物料方面，招商企业也可以定向地为经销商策划、设计及制作，乃至投放，因为对于不同区域市场实效宣传与传播工具可能并不相同。

总之，制定缜密、完善的招商合同是保障双方利益的前提，具有有法可依、有法必依的有效凭证。企业招商合同、违约条款的设计应体现双方共赢的主旨；在违约责任、仲裁方式、利润分配、双方责权、促销策略、市场支持、销售体系等条款上应公平、合理；确保招商价值链的每一个个体都有增值、增幅的潜质，以达到企业扩张运营业绩的目的。合同要体现公平、公正、自愿互利的原则。《加盟意向书》不能预先设置陷阱；也不能收取高额的所谓"保证金"，套牢经销商。

二、营销渠道建设

1. 营销渠道建设的认知

营销渠道建设是指与新营销渠道的形成或对现有渠道的选择有关的决策，是在市场调研的基础上，根据生产企业外部环境和生产企业的总体战略目标、自身的优劣势、对生产企业的渠道目标、渠道结构、渠道管理办法和政策等进行的规划活动。

营销渠道建设的具体内容包括：对现状的了解和对未来趋势的预测，建立渠道目标，制定各种方案、政策以及达到目标的具体步骤等。

对营销渠道的建设分为两种：一种是对已有的渠道结构进行改进和再设计；另一种是从零开始打造全新的渠道结构。

在对营销渠道进行建设之前，要进行如下工作。

（1）分析企业渠道现状。通过对企业过去和现在的营销渠道的分析，了解企业以往进入市场的步骤；各步骤之间的逻辑关系及后勤、销售职能；公司与外部组织之间的职能分工；现有渠道系统的经济性（成本、折扣、收益、边际利润）等。

（2）了解目前企业的营销系统。即了解外界环境对企业渠道决策的影响。宏观经济、技术环境和消费者行为等要素对营销渠道结构也有重要影响，一般来说，渠道环境越复杂、越不稳定，客观上越要求对渠道成员进行有效的控制，同时也要求渠道更有弹性，以适应迅速变化的市场。这种高弹性和高控制是相互矛盾的。设计者必须对环境要素和行业发展状况进行分析，考虑不同的备选渠道方案。

（3）分析竞争者渠道状况。如分析主要竞争者如何维持自己的市场份额、如何运用策略刺激需求、如何运用营销手段支持渠道成员等。具体列出这些资料，以便了解主要竞争对象并制定竞争策略。

2. 营销渠道建设的作用

营销渠道的建设是一种非常关键的战略性决策。渠道建设的主要作用就是通过渠道改进和渠道创新来消除三种差距。

（1）消除需求方差距

需求方差距通常被称为服务—价值差距，即服务产出供应与服务产出需求间存在的差距。需求方差距可以通过渠道的重新设计得以消除。

① 提供具有不同服务产出水平的渠道。一般情况下，产品都是针对多个具有不同产出水平的目标市场，如果生产企业提供能产出多种服务水平的渠道，将会缩小需求方差距。

② 改变服务产出水平。根据需求方差距形成的原因，适当调整服务产出水平。注意：提供与顾客目标差距甚远的服务产出水平会影响生产企业的利润。

③ 改变目标细分市场。实践经验显示，改变现有的目标细分市场比改变服务产出水平或供应水平更容易。

（2）消除供应方差距

供应方差距是指所有共同执行渠道流的总成本高于必要的成本。注意：只要从实物拥有流到支付流中的任何一个相关的渠道流执行成本过高，就有可能导致供应方的差距。

消除供应方差距的方法有如下。

① 改变渠道成员的职责。如果认为存在的问题不是十分严重，可以在不改变原有渠道成员的情况下，通过内部调整各成员的职责来提高效率，降低成本。

② 降低新的分销技术成本。即通过渠道运营与新的技术相结合以降低成本。

③ 引进新的分销功能专家。

（3）消除联合渠道差距

联合渠道差距是由供应方和需求方共同作用产生的差距。产生联合渠道差距的原因是多维度的，供应方和需求方都有可能发生，因此在实践中完全、永久消除渠道差距是很难的。

消除联合渠道差距的主要方法是综合运用上面提到的消除供应方和需求方差距的方法。

3．营销渠道建设的原则

（1）掌控原则。一方面要掌控市场，将关键点占领，并在渠道数量和质量上领先于竞争对手；另一方面要掌控渠道，即在酬金管理方面充分考虑渠道的积极性和稳定性。

（2）激活原则。在代办商获取合理利润的基础上，引入良性竞争，从而提升渠道竞争力，稳定存量客户，发展潜在客户。

（3）覆盖原则。以方便用户为宗旨，尽量考虑网点布局的覆盖率，使用户可以快速获取优质服务。

三、电信市场销售渠道建设

要建立有效的销售渠道，首先要建设一支优秀的销售渠道团队。

1．电信运营商销售渠道团队的建设

（1）营销团队成员的标准

"团"是一个"口"字里面放一个口才的"才"；"队"是"耳朵"旁一个"人"。团队的象形概念就是一群有口才的人对着有耳朵的人不停地讲话。这就要求营销队员要会交流，只有交流才能交心，交心才能产生最终的交易。

所有的厂家和厂商在做广告的时候都会建立感觉。如可口可乐的"喝了就有激情"，苹果公司的"苹果心，中国情"，这就是在向消费者传递一种激情和好感觉。作为优秀的执行人也应该是能够和客户建立好感觉的一批人。

因此，团队成员应该具有下列标准。

① 领悟力：能够发现和满足客户的需求。销售工作要站在客户的角度领悟客户真实的想法。

② 自信力：便于和陌生的客户建立关系。真正有自信力的人，应该是一只目光炯炯的狼，能像狼一样执着坚强，充满信心，不达目的誓不罢休，这样才能成为顶尖销售人员；最有魅力的销售人员，是敢和猫叫板的老鼠。老鼠怕猫是天经地义的事情，敢于叫

板意味着具有过人的胆识和魅力，这是营销团队需要的强势推销，对犹豫不决的客户相当有作用。

③ 取悦力：我们的执行人要能够揣摩客户的想法，能够投客户所好，能够让客户的心情愉悦，能够让客户建立比较好的感觉。

④ 影响力：面对客户能够主动推进销售进程。如会讲故事的销售人员，或者是感性的销售人员，用想象力创造购买力，从而提升销售业绩。

（2）营销团队成员的选择

选择营销团队成员的标准可用一个坐标来表示，横坐标代表对企业的认同度，纵坐标代表想甄选或者打造的这个人的个人能力水平，如图 4-7 所示。

由图可知：第一象限表示个人能力强，对企业也非常认同，就是人才，多少钱都留下，重用；第二象限表示个人能力很强，但是对企业不认同，要不要留下？杰克韦尔奇的观点也是要留下，叫利用；第三象限是能力弱，对企业也不认同，直接砍掉就是了；第四象限，对企业文化很认同，但是个人能力不是很强，属于老黄牛的，要不要留下？留下，毕竟我们需要打造阶梯状的团队，有精华也有老黄牛，只有这样团队才会有竞争力，才会形成竞争局面。

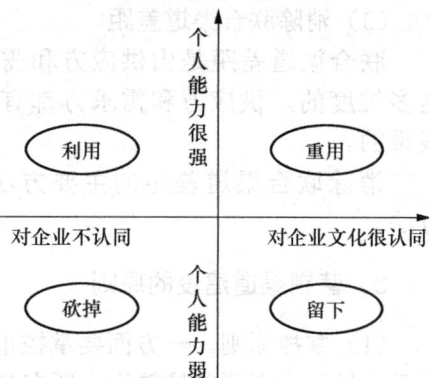

图 4-7 选择营销团队下属的标准示意图

总结起来就是："一等人不用教，二等人用言教，三等人用棍棒教，四等人用刀砍掉。"

2. 国外电信运营商渠道建设

① NTT DoCoMo：日本 NTT DoCoMo 在移动业务市场营运方面处于世界领先水平，特别是其移动增值业务保持了多年的世界第一。从营销渠道的角度来看，日本 NTT DoCoMo 与移动终端产业链联系紧密，且处于领导地位，因此，其对营销渠道的控制力度比其他国家的运营商要强很多。此外，NTT DoCoMo 的营销渠道分为两大类：自营营业厅和代理/销售商，其下控制着代理店、电器行/超市等终端。在职能划分上，自营营业厅负责注册用户/销售手机、销售增值业务、售后服务工作；代理/销售商只负责注册用户/销售手机。因此，自营营业厅在移动增值业务的销售和服务方面起着非常重要的作用，同时有利于渠道信息的收集和反馈。

② SKT：韩国的主导移动运营商，其营销渠道主要采用特许经营代理的模式，由 SK Global 批销中心向特许代理店提供产品和代理佣金，并完成一般性的服务。SKT 通过建立一些体验店，重点提升客户服务质量以及给客户更好的生活体验。例如，主要针对某类细分客户 TTL 设计的"TTL Zone"互联网咖啡屋提供免费上网、游戏、电影、音乐等，同时也举办活动，宣传品牌、宣传新业务；针对中高端客户成立的"leaders club"主要提供 leaders club 服务，并在机场等地设置专门的 leaders club 候机室，为高端客户提供高水准的服务。

SKT 采取细分策略，根据每个品牌所包含的目标人群的特点进行产品细分，渠道根据其经营的产品进行同步细分，如表 4-2 所示。其细分渠道不仅面向实体渠道，同时也很注重网上电子渠道的开展。

表4-2 SKT 的渠道细分策略

主要品牌	目标用户	特色渠道
i-Kids	针对儿童	TTL Zone, TTL Shop, TTL Camp, Speed Shop, www.ttl.co.kr, www.011ting.co.kr
TTL-Ting	针对13~18岁的青少年	
TTL	针对20多岁的年轻人	
UTO	针对25~35岁的高端用户	Leaders Club, Speed Shop, Exclusive Shop, www.Speed011.co.kr, www.myuto.co.kr, www.cara.co.kr
CARA	针对已婚女性	

③ Vodafone：是全球首屈一指的移动通信运营商，其销售渠道包括传统的零售专卖店、直销队伍以及大量的分销渠道，如代理商、零售商、连锁超市、油站、报亭等。其签订了两家全球范围的代理商 Ingram Micro 和 Tech Data 销售其移动产品，包括 3G 数据卡及黑莓手机。对于分销渠道，Vodafone 根据不同市场情况制定了不同的策略。Vodafone AU 在发展过程中，将公司拥有的专卖店转卖给了两家专业零售商和电信零售分销商，通过与独立的专业化的销售公司合作，可使自身更注重核心业务，降低销售成本。同时，Vodafone AU 更加关注客户在 Vodafone 品牌店里的体验和实践。Vodafone UK 启动的营业厅重建计划，要求在集团形象保持一致的基础上强调本地特色，强化以客户为中心的策略。营业厅中设有类似导购台的专门区域用来启发、关注客户的真正需求，强调客户的直觉体验，并采用"Q-管理"（Quality，品质）技术来鉴别和满足客户的需求。为凸显 Vodafone UK 在英国移动领域的领先地位，公司提出要"创新零售体验"，在营业厅中关注新客户对新业务的体验，如 Mobile TV 等。

④ Verizon：Verizon 是美国通信市场上运营宽带、有线、无线多种业务的主导公司，面向公众用户、商业用户、政府和批发用户。Verizon 公司的多数客户有网上购物、电话购物的经验和习惯，因此，公司在营销策略方面加强了对业务体验的关注，建成了第一个关注体验的旗舰店"Verizon 体验"，提供以无线、宽带、高科技为基础，以娱乐为导向，能够提高生产力的有线/无线综合业务一站式的互动体验，提供极速上网，以及 20 多个高清频道、3000 多个视频点播节目和其他互动视频工具的全光纤网络电视；针对 DSL 用户推出的家庭一体化通信产品"Verizon One"，集合了 DSL 调制解调器、802.11g 无线路由器、5.8 GHz 无线电话、宽屏彩色触摸屏、Verizon 超级黄页、家庭事件计划提醒器以及一触接入新闻、天气、娱乐、证券、体育等各种信息；移动增值业务，如定制下载音乐和视频的手机服务 V CAST；通过 CDMA EV-DO 网络提供移动宽带接入；并增加了视频电话邮件、跨多种平台同步主叫方的 ID、IM 和地址簿等功能。这些电信业务的体验经历可以对客户的购买行为起到积极的促进作用，特别是战略重点业务、高附加值综合产品，加强通过低营销成本的电子渠道覆盖客户的营销力度。

体验营销的概念在国内也逐渐受到电信运营商的重视，国内部分地区市场领先运营商也新开设了专注于业务体验的营业厅，同时结合多种形式的活动，如游戏、比赛、讲座等，向客户推广产品，宣传品牌形象。

3. 我国电信运营商渠道建设

（1）我国电信运营商销售渠道的现状分析

电信运营商销售渠道的种类很多。按属性划分，一般分为自有主控渠道、社会合作渠道与复合渠道等；从营销服务方式划分，又可分为实体渠道和电子渠道两类。

① 主控渠道。从产权角度上是指运营商直接掌握、直接参与管理的核心渠道。包括营业厅渠道、大客户服务、客户服务热线、运营商网站等。

在新的渠道体系中，电信运营商的自有营业厅需要具备较强的终端销售能力，营业厅内应陈列种类齐全的终端产品，营业员能够向客户进行认真讲解和引导，并为客户提供体验或者试用服务，给客户更多的自选空间。

② 社会合作渠道。从合作层次上主要是指除了运营商自建渠道以外、利用社会资源拓展的销售型渠道。包括社会代理商、授权销售点和直供零售点等。

电信运营商的社会渠道在新的渠道体系中也会有很大的不同。与现在相比，未来的社会渠道将会进一步细分为大型综合渠道和毛细末梢渠道。大型综合渠道能够办理全电信业务，并具备较强的终端销售能力；毛细末梢渠道的功能则相对简化，强调覆盖密度和便利度。在大型综合渠道中，随着市场竞争的日趋激烈，具备较强终端销售能力的优质社会渠道已经成为三大运营商争夺的焦点，对于苏宁、国美、迪信通这些本身已经具有相当实力和话语权的连锁社会渠道，电信运营商需要放弃强势态度，真正与其建立合作共赢的商业模式。

③ 复合渠道。自建他营渠道是介于自营渠道和社会渠道之间的一种典型复合型渠道。自建他营是指电信运营商将自有产权的营业厅外包给社会资源的一种渠道管理模式。电信运营商负责提供运营场所，承担房屋租金（或购置房屋）以及装修和配套设备等固定资产费用，并根据合作商的经营情况支付酬金；合作商负责运营管理，承担人工、水电、安保等运营管理费用，并在电信运营商的业务规范下销售业务。

④ 实体渠道。从物理存在形式上是指有实体表现形式的渠道。包括品牌店、自助服务店、加盟店、授权销售点等。

⑤ 电子渠道。以互联网技术和通信技术为基础，将产品的销售与服务数字化，客户借助终端设备，可自助定购产品、获取服务。

随着移动互联网时代的到来，消费者消费模式的改变，营销渠道也由传统的实体渠道渐渐向电子商务渠道转变。电信运营商需要"顺势而为"，加大电商渠道的投入和建设力度。而电子商务也将成为电信运营商的新战场。以后每年的"5·17"、"双十一"都可变成电信运营商"练兵"电商渠道的"战场"。

【案例1】2012年"5·17"世界电信日，中国联通"首届沃3G网购节"进行了电子商务全面的转型。在这次网购节上，中国联通推出了沃3G预付费20元卡，自推出后先后进行了4轮开放抢购，销售量突破40万张。中国联通首次向电商进军取得了业界的关注。

【案例2】无独有偶，中国电信在2012年加入了"双十一"大战，据统计，中国电信"双十一"总成交额高达1788万元，手机总销量达13353部。"中国电信首次参加，'1'天的拼搏，'1'千万元的交易，'1'万张天翼云卡，'1'万部智能手机。这是电信面向新模式的有益尝试。"中国电信创新业务部总经理肖金学欣喜地表示。

目前，电信运营企业采用的是混合式渠道体系，包括自建营业厅、合作营业厅、授权代办店、网站、热线电话以及大客户直销队伍等。

（2）电信市场的渠道体系构建新趋势

① 建立层次清晰、管理规范、结构合理、运行高效的营销渠道体系

移动通信市场的渠道层级主要有四级：一级渠道为紧密销售渠道，如电信运营商的营业

厅和直销队伍；二级渠道为主体销售渠道，主要有指定专营店和专营柜；三级渠道为松散型销售渠道，主要是特约代理店和普通代理店；四级渠道为辅助型销售渠道，主要有社会营销员和超市代办等。其一级渠道营业厅主要履行服务功能；二、三、四级渠道主要以售卡为主，兼有一定的服务功能。在激烈的竞争中，二、三、四级渠道往往会处于不稳定状态，特别是二级渠道忠诚度有待提高，三、四级渠道根本谈不上忠诚度。

而市场竞争的加剧导致渠道的争夺已延伸至零售网点。从长远利益考虑，电信运营商要提高对渠道资源的控制力，确保重要渠道资源为己所有。如不断扩大一级渠道的建设与渗透，为企业健康运作储备资源。特别是在 3G、4G 等多媒体通信时代，数据业务和增值服务越来越多，技术性与专业性也越来越强，这是那些未经培训的代理商、零售商所无法胜任的。因此，可以减少代理层级，分层次管理，即渠道越来越扁平化，从而形成紧密型的销售渠道，达到社会渠道的扁平化。另外，可以改变原有的薪酬体系，降低计件薪酬标准，将发展用户的质量作为衡量的标准。

② 电信运营商介入手机销售领域

随着我国 3G 牌照的发放，各电信运营商采用的网络技术标准各有不同，导致通信设备制造商、手机厂商、内容供应商和销售商的做法完全不同，每个电信运营商都需要主导一个相对完整的产业链，必须更紧密地与产业链上下游伙伴合作，以应对未来更加激烈的市场竞争。例如，作为直接和用户打交道的设备，移动终端的好坏将在很大程度上影响用户使用移动业务的兴趣，业务的发展越来越依赖于移动终端的支撑能力。因此，运营商不仅加强了通信业务销售渠道的控制，还介入手机的销售领域，采用大规模采购手机，然后捆绑通信业务销售；或者直接找手机厂商定制手机；甚至成立相关销售部门尝试进入手机的销售领域。希望通过控制上下游产业链，一方面更好地满足客户对新技术、新业务的使用；另一方面加强了电信运营商在整个产业链中的地位，加快通信技术和新业务的市场化步伐，从而更大范围地施加对消费者的影响。

③ 实体渠道的变革

实体渠道作为电信运营商的主要营销渠道之一，应纳入运营商营销渠道的整体发展规划，符合其发展战略，明确其定位功能；自营营业厅应根据运营状况进行周期性的评估及优化调整。不仅从数量、布局等硬件方面规划、优化，还要着眼于内部"软"方面的建设。

参考国外运营商实体渠道建设实例，并结合我国市场环境综合考虑，营业厅是成本投入相对较高的一种营销渠道形式，从销售和服务功能上更应侧重于重点业务或高附加值的复杂业务；同时，营业厅应成为运营商客户业务体验、品牌宣传、形象展示的重要环节。因此，营业厅应提升营销能力，强化其市场功能，优化服务功能，提高资源效益。

首先，选择运营成本较高的营业厅，将部分简单的销售或服务功能进行分流、外包，转移到代理渠道、合作型渠道或自动化、电子化营销渠道上。

数据依据：如果每坐席日工作时长 9 小时，每日忙时每小时服务客户 40 人，每日忙时集中系数 0.5，每月忙时集中系数 0.5，每客户收费 250 元，则每坐席每月收费金额可达 67.5 万元；但目前实际每坐席平均月收费金额仅为 6 万元至 10 万元。因此，从财务运作角度考虑，自营营业厅的简单收费、简单服务等功能应该分流，特别是在商业繁华区域的营业厅。例如，在南方某城市商业繁华区，参考电信运营商实际数据：每坐席自营成本估算约为 10200元/月（见表 4-3）；每坐席统计平均月收费金额为 6 万元至 10 万元，按照收费外包提取 1%的手续费，则每坐席外包的成本只有 600～1000 元/月。若采用电子渠道，则成本更低。

表4-3 　　　　　　　　　　　　　　营业厅运营成本数据参考

每月每坐席成本	单　价	数　量	合　计
房租（元/平方米）	250	20	5000
人员（元/人）	2000	1.8	3600
运营成本（空调水电日用）	1000	1	1000
投资摊销/月			600
总计			10200

说明：每坐席面积含相应工作区、等候区、内部区域等配套面积；人员配置含管理人员；投资摊销为一次性装修、电脑、打印机、传输等设备以及家具等投资，分5年摊销。

其次，选择部分营业厅设置可动态调整的功能分区，如业务演示区域、卖场设置区域或出租终端柜台区域、导购区域等。针对重点业务、高附加值的综合业务或综合产品，配合整体市场计划中重点业务的推广计划，强化营业厅对重点业务的客户体验、宣传推广功能及销售功能。同时，明确销售类岗位、服务类岗位设置及职责，特别需要将销售类岗位明确化，在岗位编制以及相应的培训、激励、考核制度上予以保证，对营业厅市场营销功能进行专业化管理。

（3）中国联通、中国电信和中国移动的渠道建设案例

近年来，我国通信市场竞争日趋激烈，中国移动、中国联通和中国电信三大电信运营商开始越来越认识到渠道建设的重要性，并已根据现阶段我国通信市场竞争形势，逐步在打造相适应的渠道体系。

【案例1】3G 背景下中国联通营销渠道建设

中国联通坚持"理顺渠道结构，实现功能转移，结构战略联盟，发挥各自优势"的思路；建设"以营业厅为支持，以合作厅、大卖场为主体，以品牌店和零售店为补充"的营销渠道模式；以 WCDMA 引导渠道服务代理商，亲和营业员，实现多层次的主体化营销渠道；充分运用政府部门和邮政、保险、银行等行业的营销、服务网络优势，与其合作建立营销和服务网络体系；适当扩大自有渠道比例，布局以分片区域负责为主，同时加强终端的销售职能；逐年有计划、有步骤地提升自有渠道的服务比重、客户满意度等。

在渠道建设方面，按统一模式进行，按中国联通总部 VI 标准进行统一设计。以 10010、客户经理及自有营业厅为主；以网上营业厅和电话营业厅作为重要补充来承担日益增加的业务量；利用互联网有步骤地建设网上营业厅和电话营业厅，方便用户，从而缓解营业厅压力。通过逐步建立营销渠道业务支撑系统，充分利用互联网技术，缓解市场经营和客户服务的矛盾，同时有效地扩大经营服务范围，便利用户营业受理和售后服务，降低经营成本，扩大销售量。

3G 背景下中国联通的主要渠道建设途径如下。

（1）自有渠道规划上做好成本控制和效益提升工作。最主要的是对于在一些乡镇设立的自办营业厅，如果长期不能盈利的，就要做好"渠道的转租"工作，将亏损的自有渠道转化为合作营业厅的形式；公司对于合作营业厅的销售和服务进行严格控制，设定标准。

（2）自营渠道的战略转型。自营渠道由原来的"单纯做好规范服务"向"销售和服务

并重"的双重战略转型，并引入竞争态势，以便增加自有渠道的新客户获取和营销能力的提高。

（3）社会渠道模式选择。要做好渠道管理系统的信息化支撑，强化区域化管理的推进，强调各渠道发展的协同与互补；本着"适应竞争、强化掌控，巩固优势"的原则，采取"合适渠道、合适客户、合适产品"的渠道协同策略，优化全业务竞争格局下的新渠道体系，打造一体化渠道协同运营模式。

（4）社会渠道策略。提升农村渠道的一线覆盖率，加强与邮政的全面合作，实现低成本扩张，后期再采取规范渠道。

（5）代理体系改造。3G 业务的杀手锏是大流量的数据业务，而这些业务种类繁多、变化速度快、结构与功能复杂，用户不容易理解。为此，3G 业务要求以往以销售为主的渠道进行管理体系的改造，以转化到销售与服务并重的经营形式上来。

（6）酬金池策略。部分占有率相当高的区域，采取酬金池运作模式，强化渠道的核心客户的维系能力，牢牢掌控区域市场，同时通过大核心渠道的捆绑力度来把握优势。

（7）发挥电子渠道在全业务运营下的优势作用。未来移动通信运营商的价值在于，利用其他行业的资源和优势，把行业资源合作和保有的存量用户由两端向中间进行整合，从而为全社会提供平台式的电信服务。如借助于信息系统，用户可以在电信运营商那里办理银行业务，也可以在银行办理电信业务。

（8）建立直销渠道。可通过和核心零售商、卖场等合作，如国美、苏宁等大量的共享渠道来实现客户需求的无缝覆盖。还可以与 SP/CP 等渠道合作来加大 3G 终端和业务的推广，从而占领制高点。

（9）利用互联网建立直复营销渠道。面对 3G 用户的个性化和与众不同的电信需求、千差万别的业务组合以及不同的业务对手机终端的配置提出的不同需求，一个理想的模式是，运营商获得终端制造商的支持，在同一地点提供业务组合和终端配置的"大规模定制"，即出现移动通信行业和手机制造行业联合的"Dell 模式"。而互联网较好地支撑了这一销售目的，且 3G 中很多数据业务依赖于互联网来实现，因此二者具有较好的目标人群同一性。

（10）渠道经理等一线人员队伍建设。提升一线渠道经理等人员的经营意识，辅导代理商拓展渠道意识，加强能力培养。

【案例2】全业务背景下中国电信社会渠道建设

社会渠道作为中国电信全业务运营体系中的重要环节之一，是加快业务发展、改善客户服务的重要途径，也是整合社会资源、扩大市场份额的主要渠道。引入社会渠道并加大对社会渠道的扶植力度，则是当前提升实体渠道、实现渠道协同的重要方式之一。

1. 目前中国电信社会渠道建设的待解难题

① 通过社会渠道发展的用户 ARPU 值较低、流失率较高。自全业务运营以来，3G等业务成为中国电信发展的重点。但通过社会渠道发展的用户 ARPU 值比同期通过其他渠道发展的用户 ARPU 值低相近 10 元。

② 新发展的社会渠道未能有效发挥作用，业务发展量普遍较低。第一，大多数代理商网点规模小，终端种类少，且基础管理不到位，营销能力较弱；第二，许多新建网点代理商不具备扎实的业务知识，不能有效地解决客户提出的问题，客户满意度较低；第三，代理商的主动营销能力不足，"走出去"的自觉性不强，在开展促销活动方面缺乏主动探

索精神。

③ 复杂的套餐设计影响客户认知度。代理商反映，目前的天翼套餐设计太复杂，加入融合套餐后就更加复杂，造成代理商和用户理解难，进而影响业务的开展。

④ IT系统支撑不够完善造成业务受理难。代理商反映，由于IT系统不支持，存在无权收取异地话费、资料录入繁琐、出错工单无法退回等问题，影响工作正常开展。

2．结合其自身特点大力开展社会渠道建设

通过对上述问题的分析，可见加强社会渠道建设对中国电信的全业务运营至关重要。中国电信需结合其自身特点，大力开展社会渠道建设工作。

① 充分利用资源，积极拓展社会渠道代办点。继续加快对新增电信合作营业厅、客户服务部、天翼专柜等网点的建设，切实提高网点覆盖，统一建立"中国电信业务代理点"形象标识，强化社会渠道代办的规范形象。

② 实施同步管理，提升社会渠道的运营能力。将营业厅全业务运营管理规范贯彻落实到社会渠道，推进分等级管理；适时调整重点业务项目和发展指标，调动代理网点工作重点同步调整；提高回报，充分调动代理商的积极性。

③ 增强合作共赢的理念，加大对社会渠道销售的政策补贴力度。如以"存话费送话费"政策带动终端销售量的提升，有效维护代理商利益；此外，对终端销售价格设置入网销售和裸机销售两种零售价，即入网销售按电信的价格体系执行，但裸机零售价格略为确保上调30%的毛利率，以提高代理商的终端销售收入。

3．积极引导经销商，培养员工主动营销能力

一方面，加强对社会渠道管理人员的培训，确保社会渠道合作营业厅、专营店符合规范要求。另一方面，引导社会渠道经销商强化对业务知识和营销技巧的学习，向用户推广增值业务，提升客户的综合价值，最终实现与电信优质客户的双赢。此外，还要做到简化套餐，便于用户和营销人员理解。相关部门需要进一步简化现有的天翼业务套餐，减少套餐档次，提炼卖点，突出重点，让用户和销售人员更好地理解。

4．注意事项

社会渠道是中国电信发展业务的重要渠道之一，在与其建立良好合作关系的同时，也应警惕一些问题的发生，这就需要相关人员做到以下几点。

第一，引入经销商丰富的经验，建立利益捆绑关系。社会渠道商直接面向大众消费者，既是联系客户与企业的重要纽带，又是对三家运营商政策差异的直接感受者。因此，与社会渠道经销商建立利益捆绑关系有助于增进对用户及竞争对手的了解。

第二，提高掌控能力，警惕垄断性利益联盟。一方面，相关部门要提高对社会渠道的掌控能力，从地域分布、业务权限、利益分配等多角度加强对社会渠道商的引导，同时用相应的准入机制和限制条款来平衡渠道商之间的利益，减少渠道商之间垄断结盟的可能性；另一方面，要充分发挥自有渠道在谈判过程中的牵制力量，强化直销渠道、电子渠道、实体渠道等自有渠道的立体覆盖，为客户提供多样化的服务选择途径，从而削弱社会渠道商的谈判风险。

第三，处理好社会渠道与自有渠道的关系。社会渠道的发展离不开自有渠道的支撑，特定的渠道能够为特定客户提供专业的服务。因此，将不同渠道的销售网络连接，提高销售管理手段的信息化，并将同一品牌的资费政策、服务标准相统一，保证消费者在任意网点上都能得到同质化的服务。

5．中国电信 3G 营销渠道建设

中国电信根据自身特点启动以"大客户经理制、社区经理制、农村统包责任制、10000号客服中心制"四个主渠道为核心的营销服务体系建设。

【案例3】3G 竞争格局下中国移动的渠道建设

1．面对 3G 竞争，中国移动的渠道建设思路

① 增强渠道在 3G 时代对于客户规模与收益的控制力。

② 提升渠道总体盈利能力及杠杆效率。

③ 使渠道的高运作效率成为企业不可模仿的能力。

④ 提升渠道触点的销售品的陈列、体验与影响能力。

⑤ 使渠道成为企业资源与客户需求的最佳衔接点。

⑥ 形成立体、协同的有机渠道网络体系。

2．3G 竞争格局下中国移动的渠道建设策略

（1）渠道定位发展策略

① 从客户发展到客户发展与客户保有并重；

② 从客上我门到客上我门与我上客门并重；

③ 从门店经营到片区经营；

④ 从客户销售服务管理到客户全生命周期维护；

⑤ 从部分职能承载到全产品（终端）承载。

（2）渠道的价值提升与再造策略

① 面向微利时代的自有实体渠道赢利性保障；

② 发挥网络效应的自有实体渠道杠杆效率提升；

③ 面向长期客户维系与开发的自有实体渠道执行力纵深化、区域化。

（3）渠道的效率提升策略

① 基于业务规则、流程构成、人员动作等足够细颗粒的渠道要素的"深度运营"，从根本上实现实体渠道的效率管理；

② 通过规模性的标准化建设实现渠道内在意义上的连锁经营。

（4）渠道的适配优化策略

① 面向 TD 服务营销整个生命周期的渠道适配能力建设；

② 面向海量且存在明显商业模式差异的数据及信息业务的渠道适配能力建设。

（5）渠道的体验优化策略

① 将体验作为转型核心服务营销模式之一而非简单的形式改造；

② 将互动而非简单物理陈设作为渠道体验的精髓；

③ 时刻保持对于竞争对手体验能力的压制性优势。

（6）渠道的协同策略

聚焦于重点客户群、重点服务营销应用的渠道协同模板化建设以及建立在数据融合基础上的支撑系统建设。

3．运营商电子销售渠道的建设

（1）电子渠道及其特点

电子渠道是以互联网技术和通信技术为基础，将产品的销售与服务数字化。客户借助终

端设备，可自助定购产品、获取服务。

随着国内通信电子技术的发展，以及电信网、广电网和互联网的进一步融合，为用户提供电子化服务已成为不可逆转的潮流。在此基础上，电信业渠道的概念产生了更广泛的外延，这同时也引发了电信运营商的渠道变革——电子渠道的兴起。电子渠道将成为运营商宣传、销售产品和提供服务的一个重要途径。如何充分发挥电子渠道的服务职能，以及在做好服务的基础上发挥电子渠道的营销和销售职能，将成为运营商提升核心竞争力的重要战略之一。加强电子渠道的建设将帮助运营商在新的市场竞争中获得优势，助力新业务的深度运营，拓宽从企业内部到客户的通道。

电子渠道最大特点在于以客户为主导，客户将拥有比过去更大的选择自由，他们可根据自己的个性特点和需求选取产品，而不受时间和地域的限制。

世界网络化趋势对社会渠道的结构、规模和定位有很大影响。在客户需求驱动、技术演进和成本降低三大因素的驱动下，信息数字化、处理电子化、世界网络化趋势逐渐形成，人们的生产、生活、学习等逐渐迁移到互联网上，互联网以及移动互联网成为通信行业的发展重点。然而，传统的实体社会渠道在互联网业务的销售方面显得力不从心，互联网业务将更多地由电子渠道进行销售。根据日本和韩国的经验，未来的实体社会渠道将分化为网络购物实体店、高端产品和服务的体验点、不上网人群的销售和服务场所 3 个部分。

（2）电子渠道与实体渠道的互补

随着相关技术与营销模式的发展与成熟，电子渠道与实体渠道将相互补充，共同组成立体化、全方位的营销服务体系。

在电子渠道发展的初期，电子渠道将作为实体渠道的有效补充，在降低营销成本、分流实体渠道业务压力等方面发挥重要作用。

随着电子渠道的成熟与发展，电子渠道将成为提升公司核心竞争力的重要方面，也将是公司发展的重点，其所能承担的销售和服务职能也将逐步增大。

未来，电子渠道不仅将具有实体渠道的大部分功能，甚至可以提供超越实体渠道的服务。

电子渠道并不能完全代替实体渠道，网络营销也不等同于传统营销，不是所有产品都适合网上销售，也不是所有销售活动都需要在网上支持。

一个新词汇概括了未来的发展方向："SoLoMo"，即社会化、本地化、移动化，而Mobile 则使这一切成为可能。

（3）中国电信全国推广终端直供模式，扩展电子渠道

中国电信集团公司早在 2012 年就开始在全国推广终端直供模式，并组织各省分公司推介直供平台提供方，中国电信集团公司推介 4 个平台，由各省自主选择。其中，主推平台提供方为深圳一家科技公司。截至目前，广东省、江苏省已经启用该直供模式，其他省分公司也在陆续启动该模式。

中国电信集团公司在终端营销层面实行直供模式，其目的是借直供模式进行电子渠道的扩展，更大程度降低运营成本。

（4）中国联通的电子渠道建设

① 建设目标：在电子渠道建设方面，中国联通力争做到行业领先。通过一段时间的建设和运营，实现大部分联通业务的电子渠道受理；电子渠道实现的销售量与服务量在总

业务量中占有一定比例；培养建设一支在电子渠道建设、运营、支撑与管理等方面的过硬队伍。

② 主要业务：包括网上营业厅交费业务、网上营业厅一卡充业务和手机支付业务等。

网上营业厅交费业务：利用开通网银功能的银行卡以自助方式完成交费。通常有直接网上缴费、银行卡充值（直充）、充值卡充值。

网上营业厅一卡充业务：即银行卡充值（直充）和充值卡充值。

手机支付业务：将手机号码与银联卡绑定（24小时内生效），通过手机（短信或拨打电话）来实现转账支付的一种方式。将与手机绑定的银行卡的某些付款通过手机来实现，目前湖南联通实现了为银联卡绑定的手机号码充值交费，下一步将手机支付打造成可实现众多小额支付的系统，如买电影票、买福彩、买飞机票等。

③ 应用目标：首先，通过对自营渠道、经销商渠道、集团营销队伍、大客户营销队伍、固网代理商队伍以及电子自建营销渠道的培训、考核和检查，确保内部电子渠道业务通道的畅通；其次，通过电子渠道的专项竞赛，激发各营销力量发展电子渠道业务的积极性；最后，通过利用实体、弹性、集团、资源、社会等各类渠道资源对电子渠道业务的宣传与推广，培养客户对电子渠道的使用习惯，减少传统渠道的营销成本，为提高客户忠诚度，为3G业务全面推广，为公司量收双赢打下坚实基础。

（5）湖南移动的电子渠道建设

① 立体化电子渠道的崛起

早在2003年，湖南移动"网上营业厅"诞生，之后，以两年一个新平台的速度，湖南移动客服中心陆续搭建了"短信营业厅""掌上/手机营业厅""自助终端平台"和"10086热线"，五类平台协同的立体化电子渠道迅速崛起。

这些平台的设置，无论从形式到内容，以及功能设置，都更倾向于个性和互动，几乎涵盖了营业前台可办理的所有业务。2012年，湖南移动电子渠道活跃客户数超过1800万。

② 开启智能服务新模式

你问她多大，她说："年龄可是秘密呀。"你说自己失恋了，她安慰你："也许下一秒，真正的幸福就到来。"早在2011年年底，很多网友晒出了这些贴心、有趣的对话，他们聊天的对象既不是闺密也不是朋友，而是湖南移动"e豆"客服机器人。

"e豆"是当年湖南移动客服中心推出的客服机器人，除了亲情互动，她更是为方便用户办理各种业务的智能短信服务平台。智能化的短信服务也体现在收集、分析客户使用特点及需求，从而实现针对性的提醒服务上。如对当月拨打10086查询话费、账单、套餐的用户以及月份缴费开机用户，会及时发送短信告知其话费使用情况。

③ 12580，"一按我帮您"

湖南移动客服中心力图将12580打造成一个便民、惠民、利民的一站式"生活帮手"。通过这个渠道，可以获取许多生活信息，如机票酒店预订、明星演出票务预订、即时新闻播报、健康生活提示和美食问路查询等。

未来，随着"无线城市"的建设，将重点推广无线政务、医疗卫生、公共事业等十大类百余种应用，推动移动无线环保、智慧旅游、智慧医疗等信息化工程，实现公积金、交通违章查询、手机支付等便民服务，未来还会有更多便民服务纳入12580服务范围。

过关训练

一、简答题

1. 销售渠道的概念及其特点是什么？
2. 销售渠道的重要作用是什么？
3. 生产企业控制渠道的方法有哪些？
4. 什么是经销商？如何区别经销商和代理商？
5. 经销商的作用是什么？
6. 合格经销商的基本条件是什么？
7. 什么是终端商？终端商的作用是什么？
8. 企业实施终端竞争的措施是什么？
9. 销售渠道的类型有哪些？
10. 顾客期望的服务水平有哪些？
11. 渠道的目标有哪些？影响渠道的因素有哪些？
12. 渠道设计的 4 个步骤是什么？
13. 渠道长度的基本类型有哪些？渠道长度确定的法则有哪些？
14. 渠道宽度结构类型有哪些？渠道宽度确定的法则有哪些？
15. 渠道系统有哪几种类型？不同的渠道系统具有什么样的利弊？

二、不定项选择题

1. 销售基本渠道成员包括（　　）。
A. 制造商　　　　B. 代理商　　　　C. 经销商　　　　D. 用户

2. 销售渠道的功能包括（　　）。
A. 整理　　　　B. 大量分销　　　　C. 联系顾客　　　　D. 市场调查

3. 生产企业控制渠道的方法有（　　）。
A. 绝对控制　　B. 低度控制　　C. 高度控制　　D. 综合控制

4. 中间商按是否拥有商品的所有权，可分为（　　）。
A. 经销商　　B. 代理商　　C. 批发商　　D. 零售商

5. 经销商的作用有（　　）。
A. 提高流通效率　　　　　　B. 分担企业的市场营销职能
C. 调节生产与消费之间的矛盾　　D. 帮助管理企业

6. 宽渠道的优点有（　　）。
A. 快速分销　　　　　　B. 广泛分销
C. 促进中间商竞争　　　　D. 信息反馈快

7. 短渠道的优点有（　　）。
A. 降低成本　　B. 信息反馈快　　C. 快速分销　　D. 广泛分销
E. 提升企业控制力

8. 直复营销的形式有（　　）。
A. 电视营销　　B. DM　　C. 互联网

D. 信函邮寄　　　E. 电话销售

9. 按渠道的每个环节中使用同类型中间商数目的多少来划分，我们通常将营销渠道划分为（　　　）。

A. 长渠道　　　　B. 宽渠道　　　　C. 窄渠道

D. 短渠道　　　　E. 以上均对

10. 目前我国大致有以下几种渠道模式（　　　）。

A. 传统区域代理模式　　　　　B. 直销模式

C. 直营模式　　　　　　　　D. 直复营销模式

E. 利益共同体模式

11. 家乐福、沃尔玛等大型超市是（　　　）。

A. 终端　　　　B. 终端商　　　　C. 经销商　　　　D. 供应商

12. 影响渠道设计的产品特性因素包括产品的（　　　）。

A. 自然属性　　　B. 技术性　　　C. 标准性　　　D. 时尚性

E. 价格　　　　F. 种类规格

13. 影响渠道设计的市场因素包括（　　　）等。

A. 市场需求　　　B. 顾客集中程度　　C. 顾客购买习惯

D. 市场潜力　　　E. 市场竞争性

14. 影响渠道设计的企业自身因素包括（　　　）。

A. 企业实力与声誉　　　　　　B. 企业销售能力

C. 管理决策　　　　　　　　D. 企业服务能力

E. 市场信息收集能力

15. 下列有关零阶渠道说法正确的是（　　　）。

A. 也叫直接渠道　　　　　　　B. 可以极大地降低厂家的销售成本

C. 可以有效降低产品的销售价格　　D. 可以降低厂家对终端的控制

16. 下列有关三阶渠道说法正确的是（　　　）。

A. 也叫间接渠道

B. 适用于大多数日用消费品的渠道类型

C. 适用于专用性较强的工业品

D. 有利于厂家较好掌握市场信息和动态

E. 可以快速将厂家产品进行大范围分销

17. 下列有关渠道系统结构说法正确的是（　　　）。

A. 传统渠道系统是一种松散的合作关系

B. 垂直型渠道系统是渠道成员基于某一特定关系而结成的产销联合体

C. 合同式垂直渠道系统又叫契约式垂直渠道系统，如宝洁的渠道系统就属于此类

D. 共生型渠道系统往往是一种横向的渠道联合

E. 在管理型渠道系统中，核心企业往往充当了管理者角色

18. 特许经营在国内很流行，特许经营中的渠道一般属于（　　　）。

A. 宽渠道　　　B. 窄渠道　　　C. 长渠道　　　D. 短渠道　　　E. 间接渠道

三、分析与讨论题

1. 找一个自己认为在中国做得比较好的渠道建设的案例（可以是渠道中的某一个环节

或部分，例如国美的成功经验）；（1）介绍案例过程；（2）总结成功之处；（3）讲述自己对此案例的看法、观点或感受。

2．分析我国通信企业适宜采取哪种类型的销售渠道，并阐述理由。

四、实训操作题

1．受训者 4～5 人一组，采取自由组合方式形成，每组设组长 1 名。

2．在规定的时间内完成渠道设计方案，每个小组派成员进行 PPT 汇报。

3．指导老师组织受训者就设计方案进行讨论，形成基本判断。

4．评分标准：小组完成方案设计的表现（40%）；

小组成员的团队合作表现（20%）；

PPT 汇报的表现（40%）。

模块五

通信产品销售渠道的管理

【本模块问题引入】通信产品要到达用户的手中依赖于销售渠道，在销售渠道已经建立的情况下，我们怎样让销售渠道发挥最大的效能？怎样对其实施有效的管理？怎样解决渠道中已经存在的冲突？这是我们学习本模块要解决的问题。

【本模块内容简介】本模块介绍销售渠道督导、手机售点管理、营业厅前台管理和电信渠道冲突的管理。

【本模块重点难点】重点掌握督导巡店的步骤、手机售点 KA 店的权利和责任设计、营业厅四大服务能力、影响营业厅服务质量的原因及提升措施、电信渠道冲突的应对等。

【本课程模块要求】

1. 识记：督导巡店的步骤、KA 店的权利和责任设计、营业厅四大服务能力、影响营业厅服务质量的原因及提升措施、电信渠道冲突的类型、应对冲突的策略。

2. 领会：督导巡店准备、怎样掌握手机销售终端、怎样培养营业厅四大服务能力、深入理解电信行业分销渠道冲突。

任务1 通信产品销售渠道督导

【问题引入】通信产品销售渠道，包含电信业务销售渠道和手机终端销售渠道等，在销售渠道已经建立的情况下，需要对其进行严格并卓有成效的管理，这就需要市场督导的全方位的管理工作。

【本任务要求】

1. 识记：督导巡店的步骤。

2. 领会：督导巡店准备。

形成了完整的通信产品销售渠道后，关键的环节就是对通信产品渠道进行有效的管理，对门店进行全面的督导，建立销售渠道的良好形象，促进销售的良好发展。

本任务重点介绍销售渠道管理的重要流程：市场督导巡店流程。

巡店是市场督导对导购员的一种有效的管理方法，也是市场督导日常工作的主要内容。

通过实地巡视，我们可以全面了解店面的情况：店面陈列、导购员的实际表现、促销活动的执行、客户对我们的支持程度、客户服务以及市场情况等，从而发现提高销量和终端销售份额的机会，同时为我们改进行动计划打下基础。

那么，怎样才能通过有效的巡店来达到我们所制定的目标呢？

在对零售店的巡店工作中，由于各家零售店的状况和人员情况各不相同，没有任何两次的巡店工作目的及内容会是完全一样的。因此，我们在每次巡店前，都应该针对该次巡店的目标，做好相应的准备工作。

在做巡店准备的时候，关键是你对每个零售店及导购员的了解，只有这样，你才能根据你所了解的情况，预先估计会有什么样的问题出现，你的准备工作越充分，就越能避免突发事件的发生。

当你的计划和准备工作都已经完成后，就要到实地去执行巡店计划，按照巡店的七个步骤来对每一个零售店的巡视，当然，这七个步骤不会是一成不变的，可以根据实际情况来调整顺序。

一、巡店准备

1．选好巡店路线

这样，可以确保按照计划进行巡店，保证对不同门店的巡店频率均衡。

2．确定巡店目标

对每一个导购员，确定你的工作目标（如销售技能辅导、服务技能辅导、产品知识辅导等）。

对每一个零售店，在下列各个方面，评估并计划至少两项改进内容：店面陈列、促销活动的执行、客户服务、竞争对手信息的收集、协调与商场的关系等。

3．准备巡店和辅导材料

巡店需要准备的工具和辅导材料，如表 5-1 所示。

表 5-1　　　　　　　　　　　巡店需要准备的工具和辅导材料

工 具 名 称	用　　途	注 意 事 项
1．工作背包	装载所需材料	形象统一
2．透明胶带及双面胶	粘贴 POP 或海报等	随时补充
3．美工刀	清除 POP	保持锋利
4．抹布	清理陈列品及柜台	保持清洁
5．工作报告、报表及笔	工作记录	准确、完整、及时填写
6．名片	介绍自我	统一印制
7．POP/价格表/宣传册	供零售店使用	注意更新
8．培训资料	随时翻阅	保持清洁、及时更新
9．客户、促销人员档案	联络客情关系	尽量牢记

4．个人形象的准备

业务人员在拜访客户之前一定要衣着整洁、精神抖擞，保持良好的精神面貌。基本注意事项如下。

① 身体：使用香水时切忌香气过于浓烈。

② 头发：整洁、黑发、无头皮屑、发式简洁职业。丝带和发夹的式样、颜色不得太过华丽，长发拢起，刘海不得太长。男生以短发为主，要求干净利落。

③ 眼睛：要干净有神，不能有黑眼圈和红血丝，不要有渗出的眼线、睫毛膏。

④ 化妆：健康大方，女生可化淡妆，香水不可过浓。

⑤ 服装：要求大方整洁，衣服上无头皮屑、头发及污渍，内外装搭配得当，扣子无脱落。

⑥ 胸章：别在正确的位置（左胸）、端正。

⑦ 手：指甲不得过长或内有淤泥，指甲油的颜色不得太过艳丽，指甲、手心清爽洁净。

⑧ 首饰：不可太过醒目或珠光宝气，最好不要佩戴三件以上的首饰。

⑨ 丝袜：束紧的部分不得太松，不得有破损，颜色不得太过艳丽。

⑩ 鞋子：颜色和样式不得太过华丽，不得不洁，要与服饰颜色款式相搭配。

5. 进店前再次准备

在进入零售店前，复查一下你的计划和巡店目的。翻阅以前的"巡店记录报告"，对一些关键的信息如客户情况、客户需求、促销人员情况、促销机会等加深记忆。

复习一下你准备使用的工作方式，并预计会出现的问题。最后，检查确保你为这次巡店准备的材料都在手。利用这一复查，加深你对巡店目的印象。

二、巡店步骤

总结众多优秀市场督导的经验，我们得出了以下巡店步骤。

步骤 1：店外巡查

在店外我们需要巡查以下方面的内容。

（1）人流量及流向

观察街道、商圈内人流量及人流方向，了解街道、商圈中最好的零售店。

观察零售店的人流量及人流方向，确定零售店内陈列区域和陈列要素的位置是否合理。

（2）店外陈列要素的使用

门头、灯箱、立牌、橱窗是否完好、清洁。是否可以得到竞争对手的陈列位置。

步骤 2：观察导购员

在进入零售店后，先在导购员未察觉的情况下观察其工作表现，这时导购员的表现最能反映其实际工作情况。需要注意的是，你要选择一个合适的位置。

（1）外表形象

着装、发型是否规范。

（2）服务技能

是否主动、热情地迎送顾客。

能否很好地影响周围顾客。

（3）销售技能

是否有良好的沟通技巧。

能否及时展示产品。

能否熟练使用促销工具及促销品。

通过以上几点的观察，发现问题，再与当天的计划和目标作一个比较，为下一步的辅导做好准备。

步骤 3：店面巡查

在评估完导购员的表现以后，你通常会走到专柜前与导购员和零售店人员问好，然后让他们知道，你打算看一下我们产品的陈列与销售状况，并在几分钟内返回你的下一步工作，在这个步骤中，你要确保完成以下事项。

（1）检查店面陈列情况，记录可以改进之处。

产品陈列区域（专柜、陈列架）。

产品陈列空间（专柜内的产品摆放）。

产品、专柜陈列位置（位于店内热区、冷区、一般区域）。

POP（店头陈设）的种类及使用。

店内陈列要素是否整洁。

（2）检查脱销情况：记下柜台上的你的品牌及规格情况，注意哪些品牌和规格在零售店已经脱销。

（3）留意并收集顾客的有关我们产品的投诉和建议，重点在于产品质量、售后服务等方面。

（4）检查店内资源：了解店铺需要公司在销售和促销活动方面的支持；以及公司所提供的资源的利用状况。

（5）检查竞争情况：记下竞争对手产品在店面陈列、促销活动、新产品、客户服务等方面的最新信息，并做好记录。

（6）了解品牌的首推率：观察店铺内店员向顾客的首推情况，建议通过与店员的沟通来增加我们产品的首推率。

每次巡店时，都必须检查以上方面的情况。如果客户了解你的建议是以准确的记录、真实的数字为依据的，那么，他对这一建议的信心会大大增加。

步骤4：跟进促销活动的执行情况

促销活动非常重要，我们需要确保所有的促销活动都得到有效的执行。

在跟进促销活动的执行情况时，我们需要了解以下方面。

（1）促销销量。

（2）促销资源是否到位。

（3）赠品的管理。

（4）促销活动店面陈列。

（5）商场配合情况。

（6）竞争对手的反应。

（7）礼品的数量和发放。

（8）促销商品及赠品的库存。

（9）对于顾客及零售店来说促销活动的吸引度。

（10）导购员目前碰到的问题。

通过对促销活动执行情况的跟进，我们可以尽快制定相应的纠偏措施。

步骤5：进行现场辅导

针对现场发现的问题，对导购员进行辅导和纠正。

步骤6：与零售店负责人沟通

通过以上的巡店步骤，我们对导购员的表现，以及店面陈列、销售、促销活动的执行等方面有了一个完整的了解。我们还需要与零售店有关人员进行沟通。在这一步骤中，我们主要希望得到以下两方面的信息。

（1）了解导购员情况

向零售店负责人反映相关情况；提出有关的建议。

（2）了解客户对此看法，并作出回应

订立行动计划；记录并报告。

步骤 7：完成记录与报告

每次巡店结束后，应该有详细的报告，记录你今天巡店的成效，对照结果与目标，分析做得好的地方和需要提高的方面，为你的下一步工作做好准备。因此你需要填写以下报表。

（1）每日巡店报告；（2）辅导报告；（3）竞争对手报告；（4）导购员工作评估表；（5）零售店缺货、补货单。

任务 2　手机售点管理

【问题引入】手机销售有庞大的市场和庞大的用户群，从手机厂商的角度出发，要实现良好的销售，一是参与运营商定制；二是依靠完整的手机销售终端渠道实现。怎样实现对手机售点的有效管理？这是本任务需要解决的问题。

【本任务要求】

1．识记：KA 店的权利和责任设计。

2．领会：怎样掌握手机销售终端。

一、怎样掌握手机销售终端

1．抓大店，要销量

从手机销售大店中，销售代表可以得到比较大的销量，另外和其他品牌的手机可以形成连带销售，共同促进销量的提升。但因为大店是所有厂家和代理商的重点，因此各个厂家都投入了大量的资源，大牌厂商的支持尤其巨大，所以小品牌或小代理商掌控大店就比较困难。但无论是谁，都要重视大店，即使暂时没有掌控大店的实力，也要为今后掌控大店做好准备，毕竟大店是大销量的来源。

2．抓形象店，要宣传

销售代表还要掌控在当地有影响力的店，这些店的销量可能很大，是 A 类、B 类店，或者也可能销量不算很大，但在当地商业格局中很重要。

这些店按业态来看是运营商的营业厅、连锁店、商场中的手机专柜。运营商的营业厅每天都有很多人进进出出交纳电话费，办理各种电信手续，那里的人群都是目标消费群体。商场的手机专柜，虽然目标群体不是很明确，但是总的人流量巨大，也可以帮助厂家起到很好的宣传作用。作为市场代表——这样的形象店，是产品宣传的基础，在新产品推广和促销活动中尤其重要。

3．抓特色店，要忠诚

零售店的经营策略有三种：价格策略、差异化策略、集中型策略。

A 类店和部分的 B 类店往往采取的是集中型策略，如迪信通的宣传口号是"买手机，迪信通。"特色是各种品牌手机都有，消费者在那里什么手机都能买到。

二、手机销售终端 KA 管理模型

1．KA 管理基础知识

（1）KA 定义

KA 是 Key Account 的简写，是指核心客户。一般而言，是指占据了 80%终端销量的 20%左右的零售店。根据管理学经典的二八原则，在终端的管理中，我们必须把重点资源和精力倾斜到这 20%的客户上，从而以最小的成本获取最大化的收益。

（2）KA 店确任原则

选择在城市集中地段，以点带面形成集团军。

① 城市销量要求：一级城市、二级城市、三级城市的月销量高于公司制定的标准。

② 单店销量要求：地理位置优越，处于商圈范围内，客流量大，手机整体零售量大，零售能力强。

③ 真机上柜要求：实现全系列真机上柜。

④ 终端建设要求：有专业背景板、销售专柜；有灯箱、看板及门头等形象建设；保持日常规范与维护。

⑤ 价格管理要求：严格按照指定零售价销售，不抬高或降低价格标示。

⑥ 忠诚度要求：认同厂家的经营理念，积极配合厂家各项营销推广工作的开展。

（3）KA 分类

① 从终端形态上，KA 大致分类见表 5-2。

表 5-2　　　　　　　　　　　　　按终端形态 KA 店的分类

类　型	特　征	主　要　客　户	重要指数
超级大卖场	连锁经营、跨区域经营，经营面积 500 平方米以上，有完善的管理体系	国美、苏宁等	★★★★★
手机商超	公司连锁经营、经营面积 500 平方米以内	迪信通	★★★★★
专卖店	只经营特定品牌	苹果、三星手机专卖店	★★★★
运营商营业厅	各地营业厅，有垄断性		★★★
普通手机店	聚集在手机街或通信市场		★★
小店铺	私人独立经营，经营面积 50 平方米左右		★

② 从重要性方面，KA 店可分为三类：S 类、A 类、准 KA，见表 5-3。

表 5-3　　　　　　　　　　　　　按重要性 KA 店的分类

级　别	说　明
S	按月度销量对零售店进行大小排序，排在最前面的占到公司销量的 30%的 KA 店
A	紧排在 S 类后面的占到公司销量 30%的 KA 店
准 KA	排在 A 类后面的占到公司销量 20%的售点

备注：
- 把区域所有售点的销量进行排序，对于产品销量较小而竞品销量较大的售点可划入

准 KA 店加以培养，待影响销售的其他因素解决后再发展为 KA 店。

- 销量只是确定 KA 店的一个条件，同时 KA 店必须接受协议约定的其他条件。
- 对 KA 店要进行动态调整，一般来说每个季度调整一次。
- 对不同类别的 KA 店，应作不同的要求，准其在产品供应、促销支持、销售奖励政策方面享受不同待遇。

2．建立 KA 联盟

KA 运作的核心在于厂家和 KA 店形成战略联盟，双方均实现利益最大化。在以下四个基础点上可以形成有效的战略联盟。

- 产品：厂家向 KA 店提供最好的产品，保证和 KA 客户一起组合出一个更合理、更有效的产品组合。
- 形象：配合优秀产品组合，争取最好的形象专区位置，做一流的产品主题陈列，保证传播统一的品牌形象。
- 人力：KA 店要有与之相匹配的人力，组建 KA 店专项管理团队，加强人力筛选和培训。
- 资源：要有源源不断的优势资源注入与 KA 店的合作当中，协助店方进行销售，获得最大利润。

（1）KA 运作的系统政策

① 核心售点努力实现渠道扁平化，最大化发挥终端商的积极性，力争终端商主推本公司产品。

② 核心售点全面导入市场代表定点的精细化管理，提高对售点的服务支持力度。

③ 核心售点全面导入 KPI 考核，加强对其售点的全方位管理和引导。

④ 核心售点全面导入促销活动的年度、月度、周末及节假日的终端促销活动。

⑤ 核心售点全面导入不定期媒体广告宣传支持。

⑥ 核心售点全面导入季度、年度销售奖励。

⑦ 核心售点全面导入活动主题，完全配合陈列布置，根据不同阶段的促销主题进行终端及展柜的配套包装，打造终端个性化、时尚化。

（2）KA 店的权利设计

权利 1：销售发展支持

① 优先享受公司各项销售政策。

② 旺季优先供应畅销机型，优先供应新上市的新机型。

③ 每月会员的各项评比和奖励，月度、季度和年度的销售奖励与竞赛。

④ 优先享受制定的省包、地包的提货政策。

权利 2：推广发展支持

① 建设支持。经确认的 KA 联盟会员厂家应投入资金进行形象店、专区等标准 VI 建设。

② 广告支持

- 所有发布经销商名单的广告，KA 联盟会员优于一般零售商。
- S 类 KA 店每月一期以上的省级报纸媒体店名推广支持。
- A 类 KA 店每季度一期的省级报纸媒体店名推广支持。
- 各种公关广告的形象宣传，宣传单广告的特别支持，当地户外广告的支持，其他形式广告的特别支持。

③ 活动支持：KA 店上市推广活动的主战场之一
- 优先安排中小型的促销活动。
- 联盟会员开业庆典的活动支持。
- 各种时尚活动和其他活动的支持。

④ 推广物品支持
- 授权统一编号铜牌的支持。
- 常规宣传品的优先支持（单页、海报、展架、专柜等），时效性宣传品支持（条幅等），特制宣传品支持（服装）。
- 联盟会员特备小礼品，不定期地提供。
- 公司与 KA 店进行联合促销。

权利 3：客服发展支持

① 特约服务站的优先设立：KA 联盟可优先考虑设立特服站（零售量达到特服站的标准）。

② 换机点的设立：KA 联盟可优先设立换机点（零售量达到特服站的标准）。

③ 客服的优先服务原则：当地客服中心优先处理 KA 联盟会员的服务请求。

权利 4：培训支持

① 店员每周一次例会，总结周销售及推广情况。
② 每月一次专业技能培训或销售技巧交流会。
③ 经销商每月一次行业培训沟通座谈会。
④ 其他方式的各种培训支持，旅游，沟通联谊活动。

（3）KA 责任设计

① 保证对厂家手机的第一主推。
② 完成承诺的销量。
③ 完成甲方规定的终端形象要求。
④ 提供足够的销售人员配合甲方的销售工作。
⑤ 竞品销售与促销信息共享权。
⑥ 最有优势的场地，广告发布位置的优先选择。
⑦ 其他协议要求的标准和规范。
⑧ 对公司推广促销品、灯箱门头终端建设等的维护。

3．KA 优秀案例

【案例 1】某品牌重庆新世界通信 KA 店

（1）在进行综合考察分析后，明确其销售核心地位，并在实际的接触中深入了解其对我品牌的销售倾斜动向。

（2）通过营销主管、市场代表的积极沟通，与 KA 店负责人建立了良好的沟通、合作关系。

（3）新世界通信 KA 店设立了十几处销售我产品的柜台、3 个专卖区，同时其节假日等主题宣传包装均为我公司制作。此 KA 店也在终端建设和渠道建设给予了极大的支持，免费提供灯箱、广告位，甚至自己制作 POP 宣传单页配合我公司宣传推广活动。

（4）通过以上努力，公司和商家达到双赢，我品牌在其卖场销量达到最大化，该 KA 店也成为重庆市区办事处产品销量第一的 KA 店。

【案例2】某品牌广州分公司东莞办事处

自总部实施"KA 攻略"策略以来，东莞办事处能紧紧围绕总部、分公司"KA 攻略"具体指导思想，严格执行策略精神，具体内容全部落实到位，主抓的是 KA 店渠道、终端建设，策略实施后对市场起了较大的作用，主要表现在销量和 KA 店主的信心方面，实现了一种以厂家资源与核心售点的强强联手模式，巩固了手机市场的份额，实现了厂家双赢的效果。

（1）严格筛选"KA 售点"，进行综合考核予以选定。KA 售点选择的考核着重于经销商的资本实力、售点的售机能力以及对我品牌手机的忠诚度，选择的售点必须能按照我公司的"KA 攻略"策略思想运作，渠道与终端建设配合来联手完成，充分体现了厂商双赢原则，大大提升了经销商的积极性，提升了我公司产品的市场占有率。

（2）渠道激励是我们的一把"利剑"。实施 KA 攻略，其中主导思想是将厂家有限资源集中扶持"KA"核心点，谋求销量最大化。现有的终端激励给予 KA，经销商的积极性提高了，地包出货也顺畅了，而且渠道激励是在自己掌握之中，手头上有资源去谈双方更深层次的合作，大大提升了业务人员的积极性。从前两次终端渠道激励来看，KA 点已经被我公司牢固掌握，厂商双方协作更密切，充分体现了"KA"策略的有效性。

（3）客情关系趋向更良好的方向发展，终端压货越来越顺畅，经销商热情高涨。资源的优化配合，使我们从"被动"变为"主动"，手头上的资源是我们的"筹码"，从一个好的起点开始，拉动了整个"KA"系统的良性发展，更容易掌控终端。

（4）"KA 攻略"是我公司终端建设的"窗口"。KA 售点的良好合作，使我公司的 KA 终端建设出现质的飞跃，终端建设日益提高，实现"终端为王"的基础。东莞办 KA 终端建设效果明显，终端建设已被我办掌控，这一事实证明了"KA 攻略"的远见性及策略性。

（5）KA 店的"以点带面"工作，深深改变了我公司渠道，从上门推销到零售商要货、零售商争取加入 KA 店的激情等表现，侧面反映出了"KA 售点"的"领头"作用，这对我公司是大有裨益的。

（6）协调理顺省包、地包对 KA 的供货、补差等问题，加快 KA 店的下货力度和终端出货能力，来增强经销商信心，使他们更加坚定不移跟随我公司共同前进。

【案例3】某品牌石家庄分公司石家庄办事处

（1）研究市场，针对市场特征开展有针对性的促销活动

石家庄办事处针对 KA 店的不同特点，以销量提升为最终目标，采取灵活机动的操作方法，因地制宜地开展终端奖励活动，联合 3 个地级经销商，对市区 KA 店的店员和三、四级市场的 KA 店零售商采取在周末旺季期间，给予奖励，这受到了终端的欢迎，极大地刺激了终端销售。具体执行方案：营业员每销售一台手机可获赠食用油一瓶，活动后凭销售联兑换。

（2）针对卖场不同特点采取差异化营销策略

针对不同的大卖场，采取细分市场的方法，并采用不同的促销策略，如在国美电器实施买赠，在苏宁电器采取抽奖促销；另外，利用大型商超的报纸广告开展促销活动的宣传，例如在迪信通购机一台均可获赠衬衫一件。

任务3 营业厅前台管理

【问题引入】营业厅是实现电信业务销售的主要渠道，有自办营业厅、合作营业厅、专营店和社会代办点。要实现对营业厅的管理，必须知道营业厅应当具有哪些能力？影响能力的因素是什么？怎样提升营业厅的服务能力？这是本任务需要解决的问题。

【本任务要求】

1. 识记：营业厅四大能力、影响营业厅服务质量的原因以及提升措施。
2. 领会：怎样培养营业厅四大能力。

一、营业厅的认知

营业厅是电信营销服务的实体渠道，是企业与客户接触和沟通的主要场所之一，也是企业进行品牌业务宣传和营销服务的重要窗口。营业厅的服务必须从客户感知出发，逐步实现由被动业务受理向主动业务受理、主动营销、客户体验、形象展示等综合功能的转型。通过良好的环境、诚信的服务、高效的能力等，让客户体验到卓越的品牌、文化和服务。

1．营业厅的分类

根据营业厅的归属关系和管理模式，将营业厅划分为自办营业厅、合作营业厅、专营店和社会代办点。

2．营业厅的分级

一般仅对自办营业厅进行分级，分级标准主要依据营业厅的地理位置、功能和规模。

自办营业厅是指由电信企业全额出资、经营和管理的营业厅，划分为一级营业厅、二级营业厅、三级营业厅和四级营业厅。

一级营业厅，一般设立在省会城市和经济发达地级城市的中心城区。

二级营业厅，一般设立在省会城市主干街道、地级市中心城区以及经济发达县级城市中心城区。

三级营业厅，一般设立在省会城市非主干街道和郊县地区、地级城市主干街道、县级城市中心城区以及经济发达的农村乡镇。

四级营业厅，一般设立在地级城市非主干街道、县级城市主干街道及农村乡镇。

合作营业厅、专营店和社会代办点是指有社会参与出资或经营管理的营业厅（点），分级参照本规范自行确定。

二、营业厅四大能力

1．现场管理能力

营业厅的现场管理工作有序、服务环境优良、服务设施完备以及工作设施能对前台服务人员提供有力的支撑，是营业厅各项工作正常开展的基础条件，也是提升客户感知质量、树立良好企业形象的重要保障。

2．主动营销能力

营销是营业厅作为实体渠道的核心功能之一，是满足客户消费需求并提升客户对产品、品牌感知的重要途径。营销的核心要素是产品、人员、营销能力、营销宣传和营销活动。

3．服务亲和力

营业厅营业人员在接待客户中的举止、言行和服务等方面出现的点滴问题直接影响企业的信誉和品牌。因此，必须对营业人员实行规范化管理，以形象统一、规范服务、亲和的感染力，赢得客户的信赖。

4．业务处理能力

营业人员业务处理能力的高低直接影响到营业服务的质量和客户的感知，营业人员作为营业厅营销、服务的责任主体，必须具备较全面的业务知识、较高的业务处理能力和投诉处理技巧。

三、怎样培养营业厅四大能力

1．现场管理能力

（1）营业厅 VI 规范执行要求

以中国电信为例，营业厅门外应按照《中国电信企业视觉识别系统》（以下简称 VI 手册）要求装置营业厅门头，悬挂侧翼灯箱和营业时间牌；昼夜服务的营业厅要在明显位置设置灯光显示装置，标注"中国电信"字样。

三级以上营业厅应根据 VI 手册在显著位置装置主背板，凸显"用户至上、用心服务"的服务理念。四级营业厅是否装置，各省可视具体情况自行决定。

营业厅玻璃门、窗应装饰带有中国电信标识的防撞条；营业厅内的营业、便民等服务设施、设备，应按照 VI 手册要求式样制作或装饰中国电信标识。

在营业厅内以其他形式进行企业、服务和业务等形象展示时，要按照 VI 手册中对于企业标志及标准色、辅助色、辅助线饰等元素的规范使用，以保持营业厅的风格一致、形象一致。

（2）营业厅环境及室内布置

营业厅内布局合理，美观大方，舒适安全，空气流通，绿化适中，整洁干净；营业厅外保持一定范围的环境卫生。

营业厅功能区必须悬挂该功能区标志牌或有明显的功能区特征，引导客户快捷办理业务。

营业窗口必须设置醒目的业务和服务内容标识，要明确提供各种业务和服务的方向和位置，标识一般由窗口编号或名称等组成。一级营业厅和外宾使用电信业务较多的窗口，应提供中英文标识。

应在营业厅内公布业务办理范围与相应的资费标准和收费项目（可采取电子滚动、上墙、宣传单、手册等多种形式），公布服务标准或服务承诺、《首问负责制公约》、10000 客户服务热线和总经理热线电话。

营业厅墙面应挂有时钟和日历牌。时钟安置于营业厅适中、醒目的位置，日历牌为可更换年、月、日、星期的挂历牌。在营业厅（营业厅面积 200 平方米以上）显著位置设置服务功能区域平面示意图或引导标志。

营业厅内应有专人负责环境净化和绿化。保持良好的环境卫生和空气流通，确保客户在舒适的环境下办理业务。

应定期对 VI 标识设施、自助服务终端以及办公设施、服务设施和客户接待室的桌椅等各类设施的外表进行清洁、消毒和维护，保证各类服务设施、系统设备的正常使用。

营业人员在工作中应随时整理工作台面上的资料、物品，保持工作台面的整洁、干净。

严格按照公布的业务范围提供服务，不得擅自停办或推诿。营业厅内不能从事与电信业务无关的经营活动。

营业场所禁止拍摄（本单位和上级部门检查人员除外），对于新闻媒体的采访与拍摄要求，应根据各省公司的相关规定进行处理。

（3）营业服务设施管理

营业服务设施是指支撑营业厅各类服务提供的各业务支撑系统的终端设备，如自助服务的终端设备、多媒体查询终端、缴费终端、选号终端、电话清单、打印机、饮水机以及营业厅形象 VI 标识设施等。

营业服务设施的配备应满足相应级别营业厅的服务功能及业务需要。

三级以上营业厅可根据客流量，选择配置开放式、低矮柜台；四级营业厅一般可保留非开放式营业柜台。

营业厅应备有向客户免费提供的查号簿、长途电话区号、便民服务箱（书写用具、老花镜等）、客户意见箱（簿），有条件的营业厅可提供饮水设施。

营业厅应备有充足的业务宣传资料，对已到期或破损的宣传资料要及时更换。厅内展示宣传资料、上墙（或挂墙式广告宣传牌）张贴的宣传资料应与本公司的各种业务宣传、推广活动步调一致，确保营业厅宣传资料、展品宣传内容的时效性。在客户等候休息区应摆放适量的业务宣传单，供客户在等候办理业务时选阅，方便客户随时了解和掌握企业的各类业务。

不具备免填单功能的营业厅应设置公众书写台（放置书写工具）和座椅，以方便客户的书写。

一级营业厅应设有残疾人通道，为残疾人和行动不便的老人提供便捷的服务。其他级别的营业厅可根据条件提供相应的关爱设施。

（4）营业工作设施管理

营业工作设施是指支撑营业人员用于提供各类业务服务的支撑系统和办公设施。如营业受理支撑系统、终端设备、接口设备、系统软件、系统信息库等。

营业工作设施的配备应满足相应级别营业厅的服务功能和业务需要。

对系统硬件和软件的维护要有专人负责，应保证对系统信息的动态更新与日常障碍的及时处理。确保业务受理系统与各接口信息系统客户资料、信息库内容的一致性。

各级营业厅内均应设置安全监控设施。应在营业柜台下方的隐蔽、方便的位置安装手动或脚踏式报警装置。

电脑摆放位置统一，并可根据条件配置双面显示屏，单面显示屏要方便营业人员与客户的沟通。

2. 主动营销能力

营销是营业厅作为实体渠道的核心功能之一，是满足客户消费需求并提升客户对产品、品牌感知的重要途径。营销的核心要素是产品、人员、营销能力、营销宣传和营销活动。

（1）营业现场的精确营销

以客户是谁、客户在营业厅做什么、客户在营业厅的区域、产品或业务为四个维度实施营业现场的精确营销。

（2）精心打造营业卖场

以区域、宣传形式、宣传活动为维度，实现营业卖场的精心打造。

（3）创新营销模式

体验营销、表演营销、挽留计划、柜台推荐、召回计划、假日促销、洽谈推广、调查等。力求达到最佳营销效果。

（4）提升营销技巧，精心组织营销脚本

应精心设计营销流程和营销脚本，并加强培训和执行。

（5）创建营销型组织

建立营销型的组织，建立和加强营销力量、资源向营销倾斜、绩效向营销倾斜。

（6）加强营销管控

加强营销管控，形成闭环管理，保障执行并不断优化。

3. 服务亲和力

（1）客户接待

当客户进入营业厅时，营业人员（或引导员）应面带微笑、主动打招呼，以示欢迎。

营业人员在为客户办理业务过程中，应与客户保持适当的目光交流，将真诚的微笑贯穿于业务办理过程的始终。做到快捷、熟练；与客户物品交接时要双手递送，在交接单据时应把单据文字的正面面对客户；客户需办理的业务在本营业厅或本企业尚未开办的，须耐心向客户解释并主动介绍替代性业务。

在与客户发生现金交接时，应做到唱收唱付。

当营业厅有老弱病残等特殊客户来办理业务时，应予以照顾优先受理，并向其他客户说明情况，取得他们的理解。

当业务繁忙，客户等候较长时间才办理业务时，应向客户表示歉意，并做好安抚和说服工作。同时在保证不出差错的情况下，加快办理业务的速度，以缓解客户焦急等待的情绪。

业务较忙时，客户向营业人员咨询或提问，不能及时答复客户时，可请其他营业人员或值班经理协助以及时解答客户。

交接班暂时停办业务时，值班经理应向客户说明情况，取得客户谅解。

营业人员下班无法继续办理业务时，应提前 10~15 分钟将提示牌放于工作台前，但必须接待完正在等候的客户，并请引导员协助引导新客户到其他台席办理（本条适用于无排队叫号设施的营业厅）。

营业时间结束时，如还有客户在等待办理业务，应稳定客户在等候中的急躁情绪，待所有业务办理完毕后再结束营业。

营业人员业务受理完毕时，应告知客户所办理业务的开通时限和 10000 号服务热线电话。并递上回执和书写用具，请客户签收回执。

业务不忙时，营业人员为客户办理完业务后，应站立向客户致谢并微笑目送客户离开营业厅。

（2）节日气氛营造

逢重大节假日时，营业厅可根据当地风俗习惯和企业的实力，并结合节日特点进行策划和精心布置，营造温馨、和谐的节日气氛。

节日气氛的布置应遵循温馨、和谐、美观、舒适的原则。可通过播放背景音乐、悬挂装饰物及摆放鲜花等装饰物，突出节日特色，营造节日氛围，体现中国电信良好的人文关怀。

对不同节日，营业人员应向客户传递不同的节日问候，如"新年好""圣诞快乐"等，以体现亲和力，拉近与客户间的距离。

4．业务处理能力

营业人员业务处理能力的高低直接影响到营业服务的质量和客户的感知，营业人员作为营业厅营销、服务的责任主体，必须具备较全面的业务知识、较高的业务处理能力和投诉处理技巧。

（1）业务受理

营业人员应熟悉本岗位的业务处理程序和业务流程，熟练掌握营业系统操作方法。能迅速准确地为客户办理业务。对于不能提供免填单服务的营业厅，应指导客户正确填写业务登记单式，准确无误录入客户资料。

营业人员应了解电信业务（产品）的基本知识，掌握本岗位业务（产品）的技术性能、网络情况、功能特点、使用方法和资费等，并能正确解答客户的相关咨询问题。

营业人员在业务受理中，应认真询问客户需要使用的业务种类、业务项目，认真核对客户资料，如有效身份证件或密码身份验证、电话号码等资料。在辨别证件真伪时应态度认真、表情自然，注意时间不宜过长，更不能用审视的目光盯住客户。

在与客户签订的书面合同中，应明确双方的权利、义务和违约责任。格式条款应符合国家法律的有关规定，做到公平合理、准确全面。告诉用户的权利义务。

营业人员向客户收取费用时，应按规定出具收费凭证，防止错收、漏收等情况发生。

受理新开机业务时，应提供一组手机号码供客户选择，如客户不满意，应再出具另一组手机号码以提供客户继续选择。

对于预存话费、预付费等方式改为其他交费方式时，应按相关业务处理流程办理，以防止欠费情况发生。

（2）客户咨询和投诉处理规范

营业厅应设立专门的咨询台或值班经理台（4 级营业厅不要求设专台），承担客户的咨询服务及投诉处理等工作。

对客户提出的咨询、投诉问题，第一受理人必须履行"首问负责制"规定，不得以任何借口推诿、拒绝、搪塞客户或拖延处理时间。无论客户提出的问题是否合理，在倾听过程中都不得采用否定的语言（包括身体语言），更不得打断客户的叙述。

在解答客户咨询、投诉问题时，应确认客户是否已理解。当客户表示疑惑时，应耐心为客户再次解释，并注意选用更为容易理解的解答方式。给用户完整的解答？快速处理最重要！给用户面子，有吵闹的人需迅速带离现场，不断道歉。

不能当场答复和解决的客户投诉，应按相关的时限要求及时处理，并明确告知客户回复时间。

客户投诉不属于本部门处理范围内的，应将投诉内容、客户姓名、联系电话、通信地址等填入客户投诉处理单，在一小时以内转交给下一个部门处理。投诉处理单应一式三份，一份存档，一份转交给下一个处理部门，另一份送企业内服务质量管理部门备案。你代表企业对待客户的态度！只有4%的用户选择投诉。

处理资费纠纷的客户投诉，在纠纷解决前，应对相关的原始资料做妥善保存。

服务投的诉处理人员对客户投诉的处理过程应进行监督、检查和考核，并转交 10000 号做好回访工作。

对营业厅客户反映的各类信息，应定期进行整理、汇总和分析。对客户抱怨中涉及内部流程存在的问题、业务缺陷等信息应及时反馈给相关业务主管部门，以便决策部门及时解决或为下一步工作提供支持。

四、影响营业厅服务能力的原因分析

1．营业员整体表现不佳原因分析

（1）服务规范

迎接、送别客户声音小或没有做，服装、头饰等未按规范执行；不同地区营业厅差异化使客户感知不好。

（2）礼貌态度

与客户相遇、交谈时不能面带微笑，情绪波动比较大，服务不热情；营业厅内人情因素影响营业员对不同客户的态度表现不同；强制客户去自助缴费机缴费；推诿 VIP 客户到客户经理处办理业务；特殊客户如老年客户、VIP 客户个性化服务照顾不到位。

（3）业务能力

一些营业员业务不熟练，办理业务出差错，解释不清楚，速度慢；不知道如何去分流和安抚等候的用户；自助交费机等自助设备引导不足；营业厅内投诉问题处理不及时。

（4）服务主动性

未能主动了解客户需求，发放宣传资料时，未向用户推荐业务。

2．业务办理快捷不到位原因分析

（1）系统支撑

营业厅界面缺少优化整合，营业员多界面操作，影响业务办理速度。

营业厅电脑终端缺乏维护、检查，导致终端运行速度慢，影响了业务办理的速度。

自助设备的维护成为亟待解决的问题，需提高营业厅自助设备维修效率。

（2）人员管理

一线营业员服务营销缺乏统一口径，业务术语不能客户化。

各类单笔业务缺乏具体办理时限的要求。

人员流失率高，业务能力和熟练程度有待加强。

3．客户排队等候时间过长原因分析

社会渠道业务知晓度、美誉度不高，分流业务效果不佳。

一些地市营销活动太频繁，导致客户回流到营业厅。

营业厅自助缴费终端设备少，一些自助缴费终端出现故障不能用。

电子渠道知晓率和使用率不高。

10086/10000/10010 服务人员解决问题不彻底，将投诉客户引向营业厅。

咨询引导人员主动意识不强，分流和安抚客户的技巧缺乏。

五、营业厅服务能力的提升措施

以中国移动的营业厅为例，分析营业厅服务能力的提升措施。

1．营业员整体表现——改进要点

- 建立专业化、体系化培训体系，提高营业员综合素质。
- 提升营业厅经理现场管理能力。
- 通过客户满意度评价、服务明星评选等多项举措激励、关怀营业员成长。

省公司主要工作：

- 结合人力资源部建立省级营业内训师队伍契机，下发《移动营业厅培训基地建设指导意见》，培训营业人员的业务素质和营销能力，有效提升营业厅的运营效益。
- 下发《营业厅先进经验推广制度》，将每季度营业厅互查变更为全省片区式巡回交流、针对入围的营业厅服务管理先进经验实地考查评审。
- 开展短信互动答题培训——试题由省客户服务中心协助。
- 开展省级窗口服务管理厅经理培训。

分公司主要工作：

- 利用自身资源建立常态化学习模式，建立合作渠道人员上岗资格认证体系，并制定相关考核管理办法。
- 将《营业厅执行手册》延伸至动感厅和指定专营店，加大基层管理人员对各渠道的培训与指导力度，实现服务过程管理常态化。
- 开展自办厅与合作厅双向交流活动。对于服务较差的合作厅，通过派驻优秀自办厅营业员的方式促进其服务提升。
- 建立"傻瓜手册"（营销、服务、管理），让一线在营销、服务、管理方面能快速上手，快速见效，全面提升一线服务营销效率。
- 开展岗位练兵和技能竞赛活动，全面提升服务人员能力。

2．业务办理快捷——改进要点

- 优化营业前台 BOSS 操作界面。
- 不断强化营业员基础业务办理时限及重点新业务办理时限。
- 通过劳动竞赛提高营业员业务技能；优化前台业务推介口径。

- 丰富激励手段，开展评优、竞赛活动。

省公司主要工作：

- 逐步建立营业厅 BOSS 系统的维护和管理机制，建议将营业厅员工对 BOSS 系统的投诉量纳入对业务支撑部门、网络部门的考核。
- 建立营业厅自助设备故障及时排除的管理机制。
- 下发单项业务办理时限规定，如基础业务入网 8 分钟，补换卡 3 分钟；重点新业务：彩铃、彩信、飞信 3 分钟；开展单笔业务办理时限调研并制订超限考核措施。

分公司主要工作：

- 制定《营业厅设备检修记录表月报表制度》，做好系统故障的记录和反映，对营业厅电脑终端定期维护、检查。
- 严格执行单列排队用户 3 人以上不得主动推荐新业务的要求。
- 以班组为单位，加大内部业务技能培训和业务操作竞赛。
- 统一业务解释口径，最大限度地缩减解释时间。
- 各分公司要采取多种激励方式，提高营业人员服务的主动性。

3．营业厅排队等候——提升具体措施

（1）电子渠道的分流作用有待加强

- 加强电子渠道宣传推广。
- 培养客户对电子渠道的使用习惯。
- 搞好营销活动促进电子渠道使用普及率。

（2）营业厅设备配置及支撑不到位

- 增配复印机、配足远程写卡器：超忙营业厅每三个台席配置一台复印机，全球通专区配置独立的复印机。
- 省公司制订自助设备快速响应维护流程，明确前期遗留的问题，为营业厅正常运营提供强有力的后台支撑。
- 优化摆放位置：自助设备安装在客户办理业务必须经过且醒目处，尽量划入 24 小时营业厅，并制作指示牌。

（3）营业厅忙闲不均，现场管理能力较差

- 分公司要落实忙时提醒和忙区提醒。
- 忙时厅经理必须进行现场管理，开启所有台席并开通快速业务办理通道。
- 有针对性地制定各厅导购人员的最佳引导时机、引导技巧、引导用语。

任务 4 电信渠道冲突的应对

【问题引入】不同的客户需求各异，电信运营商只能通过多种销售渠道以满足客户的各种需求，复杂多变的市场环境不可避免产生分销渠道的冲突。如何管理好分销渠道？如何控制、利用分销渠道的冲突？这是本任务需要解决的问题。

【本任务要求】

1．识记：电信渠道冲突的应对。

2．领会：电信行业分销渠道冲突。

企业利润的源泉是市场，分销渠道更是市场的命脉。过去几年来，中国电信市场飞速增长，中国已经成为全球第一大移动用户市场和第一大固定电话市场。与此同时，经过剥离、拆分、重组一系列的动作后，中国电信业竞争格局已经形成，三大电信运营商（中国电信、中国移动、中国联通）在国内国际电信市场展开激烈竞争，运营商生产和销售的导向逐渐从面向业务转变为面向客户。不同的客户需求各异，电信运营商只能通过多种销售渠道以满足客户的各种需求，复杂多变的市场环境不可避免产生分销渠道的冲突。如何管理好分销渠道，控制、利用分销渠道的冲突将对于电信企业提高市场份额、降低经营风险、提高生产效率有重大的战略意义。

一、电信企业分销渠道冲突的类型

企业使用多种分销渠道，不可避免地就会发生数种分销渠道将产品销售给同种客户群的现象，这种情况称为分销渠道冲突。分销渠道的冲突既源于电信企业与渠道成员之间的利益动机，又迫于强烈的市场竞争压力。在目前的电信市场发展中，电信运营商与电信运营商、电信运营商与分销商、分销商与分销商之间的冲突是必然的，也是不可避免的。一般来说，渠道冲突分为以下三种类型。

1. 水平型渠道冲突

水平型渠道冲突是渠道中同一层次的渠道成员之间的冲突。这种渠道冲突主要表现出以下几种情况：在同样的分销渠道内，不同品牌的战略中心都体现在该渠道，于是发生冲突；企业为争夺分销渠道，会承诺比对方更为优惠的条件，从而引发冲突；分销渠道成员同时经营的多种品牌不可避免在分销渠道内发生冲突；不同分销成员使用同样的二级分销网络的竞争造成冲突。如电信企业使用不同品牌同时发展一项业务，如果不注意客户市场细分定位，就容易造成这种类型的分销渠道冲突。

2. 多渠道冲突

多渠道冲突是一个生产商建立了两条或两条以上的渠道向同一市场出售其产品而发生的冲突。例如，企业的分销渠道的设计和管理存在漏洞，分销层次、分销体系不健全；企业对于分销渠道成员的销售能力不满意，越过分销商直接向客户销售自己的产品；分销成员借助区域市场的资源优势扩大地盘，争取更多的市场份额都会引起这种冲突。目前，电信运营商的服务产品的销售仍然以遍布城市中的分销门店为产品出口，处理好代理商和门店（营业厅）的营销冲突是至关重要的。

3. 垂直渠道冲突

垂直渠道冲突是同一渠道中不同层次渠道成员之间的冲突。分销渠道成员的上下级由于力量对比的变化而产生变化。例如，下游分销成员不甘心安于现状，主动向上游分销成员发动挑战；分销成员的角色定位模糊和利益的趋势，导致分销成员之间的交叉销售和跨区域销售，于是爆发冲突；企业的市场需要和分销成员的能力限制，导致企业供货系统的混乱，从而加剧分销成员之间的冲突。随着虚拟电信运营商在我国的发展，他们和传统网络运营商的分销渠道的控制与反控制之争将会越来越激烈。

二、电信企业分销渠道冲突的原因

"商商矛盾"的本质是各分销渠道成员是不同的利益主体，每个渠道成员所追求的是个人利益的最大化；其次是各渠道成员在目标上有差异，一方面，电信运营商希望下游的经销商不仅仅销售自己的产品，而且需要提供符合自己企业要求的一系列的销售服务；另一方面，经销商抱怨运营商不对这些新的需求追加投入和提供相应的培训；又如有的电信运营商在某些特殊地域实行特殊政策，但是并没有在各个渠道成员之间进行良好的说明和沟通，导致有的渠道成员不理解；还有电信运营商对渠道成员的管理力度不够，没有形成一股强有力的凝聚力。这些都是分销渠道冲突的原因。

1．从电信运营商和分销成员的冲突上分析

首先是争做渠道的主导者，一方面，电信运营商希望最大限度地占有分销渠道的利益，充分享受分销渠道的资源；另一方面，分销成员则希望利用网络和终端优势牵制电信运营商；其次是利益如何分配，激烈的竞争使利益分配更加复杂，分销体系的扁平化和立体化趋势迫使企业在利益分配上很难平衡各方面因素。

2．从分销成员与分销成员的冲突处理上分析

区域市场的分销成员为提高销售范围市场占有率、占有产品覆盖等有关销售的因素而爆发冲突；行业规则，部分分销成员违反行业规则或实施创新经营，例如实施直销、团购等方式而导致规则的破坏；销售业绩，不同级别不同市场的分销成员由于追求销售最大化而产生的冲突。

归根结底，分销渠道的冲突是利益之争，不论是电信运营商不让自己的门店代理其他电信运营商的业务，甚至不允许自己的代理商代理其他电信运营商业务的举措，还是发生在各地区接连不断的分销商之间的争斗，都是为了维持市场份额，保持竞争优势，争夺分销渠道控制权。

三、电信企业处理分销渠道冲突的策略

如果某种分销渠道冲突的确隐含着巨大的危害性，而且电信运营商有大量的产品需要通过这条分销渠道，那么电信运营商就必须采取行动来缓解形势。具体措施如图5-1所示。

在作决策之前，电信运营商必须将现有批量中可获得的成本优势和现有分销渠道中获得的相关利润与进入新渠道的经济利益相比较，同时也须考虑现有分销渠道采取报复行动的可能性以及在此种情况下可引发的额外费用。对付处于不同发展阶段的渠道冲突可采用的一系列方法，如图5-2所示。

电信的产业链一环紧扣一环，电信运营商不论是采取哪一种策略都会影响到整条产业链的利益再分配问题，可能会发生各种意想不到的问题，所以必须充分考虑到自身的承受能力、电信行业特殊的政府管制政策和平衡市场各方面的利益。

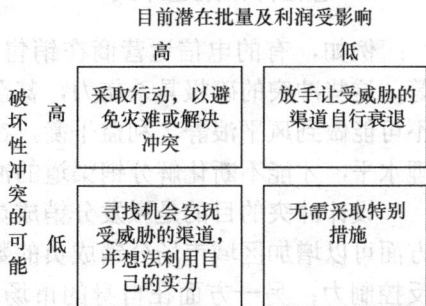

图5-1　面对冲突电信运营商采取的措施

两个或两个以上的渠道瞄准同样的客户群	⇒	渠道经济恶化	⇒	受到威胁的渠道拒绝合作甚至向运营商报复

1. 给不同渠道提供不同产品	4. 改变渠道经济程式 * 给予完成特定要求的分销商以回扣优惠 * 调整不同产品的利润以支持不同渠道的经济模式 * 公平对待各分销渠道，创造分平竞争的环境	8. 利用实力（如强大的品牌）来对抗分销渠道，阻止报复行为
2. 明确定义各分销渠道领域	5. 依据不同细分市场情况制订的不同方案（如不给予直销渠道以特定服务）	9. 将批发量转移至其他业绩较好的分销渠道
	6. 通过引进新的分销渠道来弥补现有渠道在价值定位上的不足	
3. 加强或改变分销渠道的价值定位	7. 协助整合日渐衰落的分销渠道中的分销商	10. 撤退

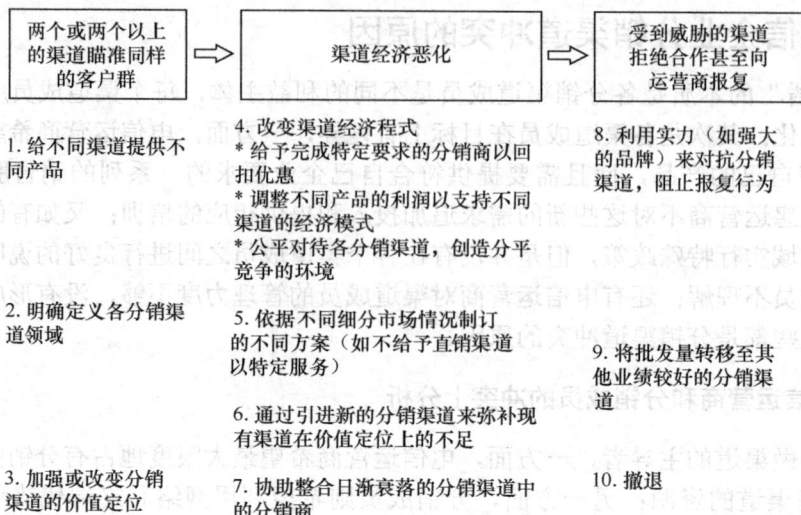

图 5-2　不同发展阶段的渠道冲突所采取的办法

四、深入理解电信行业分销渠道冲突

并不是所有的分销渠道冲突都是有害的，电信运营商需要更好地判断哪种分销冲突才是真正有危险的。从被动地处理营销渠道冲突转向主动地预防冲突、利用冲突达到驾驭营销渠道的目的，从而在市场控制的争夺中获取更大的领先优势。

1．良性分销渠道冲突

例如，分销渠道的创新、新业态的出现、分销成员因为拓展市场、扩大销量、扩大市场份额，电信企业为了推广新产品、拓展新渠道、实施新计划而发生的各种冲突。这种冲突总体上说是促进市场发展，加强流通，加快网络的发展速度的，因此它对于市场、对于消费者是有利的，同时会给分销成员带来销售的动力，给消费者带来购买的方便性和价格的实惠。能导致优胜劣汰，迫使那些过时的、运作不经济的分销商努力去适应竞争环境，从而提高行业整体的服务质量。

2．恶性分销渠道冲突

例如，有的电信运营商在销售 IP 电话卡时不计成本地随意打折，不正当竞争的泛滥等。这些冲突的确极具杀伤力，甚至足以动摇企业的经济利益。任何企业、任何分销渠道都不可能做到风平浪静，利益平衡，在分销渠道的冲突处理中，电信企业只有不断提高经营管理水平，才能不断化解分销渠道的冲突，让分销渠道在冲突中健康成长。

设计冲突的目的是激发分销成员的活力，因此，电信企业在管理条件许可的情况下，一方面可以增加区域市场分销成员的数量来制造竞争，以降低分销渠道主宰者或分销领导者的反控制力；另一方面在自身的市场占有率不高或者市场体系不健全的时候适当控制销售规模，以促进市场尽快进入火爆状态。当然，设计分销冲突必须掌握好火候，也必须能够收放自如。只有这样，才能充分地体现激发分销渠道活力的设计原则。如果掌握不好，企业将得不偿失，对分销渠道的伤害是巨大的。

对于良性冲突，电信企业可以利用管理资源、人力资源、利益资源进行充分的协调，促使良性协调在分销渠道中成为发展的动力；而对于恶性冲突，电信企业则必须采取果断的手段予以杜绝或者化解。因为恶性冲突的破坏性十分巨大，为了保证分销体系的完整和分销渠道的健康，加强企业对分销渠道的控制力和分销成员的忠诚度，采取激进有效的手段是必要的。

过关训练

一、简答题

1．督导巡店的步骤是什么？

2．店面巡查需要检查什么事项？

3．督导巡店结束后需要填写哪些报告？

4．怎样掌握手机销售终端？

5．KA 是指什么？KA 店的确认原则是什么？

6．营业厅的四大能力分别是什么？

7．怎样提升主动营销能力？

8．业务受理时，应该注意些什么？

9．客户咨询和投诉处理规范是什么？

10．业务办理快捷的改进要点是什么？

11．营业厅排队等候的提升具体措施是什么？

12．什么是良性分销渠道冲突和恶性分销渠道冲突？

13．面对冲突，电信运营商采取的措施是什么？

二、不定项选择题

1．从重要性方面看，KA 店可分为三类（　　　）。

A．S 类　　　　　B．A 类　　　　　C．准 KA　　　　　D．B 类

2．根据营业厅的归属关系和管理模式，将营业厅划分为（　　　）。

A．自办营业厅　　B．合作营业厅　　C．专营店　　　　D．社会代办点

3．营业厅的分级有（　　　）。

A．一级营业厅　　　　　　　　B．二级营业厅

C．三级营业厅　　　　　　　　D．四级营业厅

4．营业厅的四大能力有（　　　）。

A．现场管理能力　　　　　　　B．主动营销能力

C．服务亲和力　　　　　　　　D．业务处理能力

E．售后服务能力

5．营业员整体表现体现在（　　　）。

A．服务规范　　B．礼貌态度　　C．业务能力　　D．服务主动性

6．电信企业分销渠道冲突的类型，包括（　　　）。

A．水平型渠道冲突　　　　　　B．多渠道冲突

C．垂直渠道冲突　　　　　　　D．交叉渠道冲突

三、分析与讨论题

1. 分析 KA 店管理的案例之一？说说应该怎样进行 KA 店的管理？

四、实训操作题

营业厅服务能力调研实训

1. 受训者 4~5 人一组，采取自由组合方式形成，每组设组长 1 名。

2. 在规定的时间内完成某运营商营业厅服务能力的调研报告，每个小组派成员进行 PPT 汇报。

3. 指导老师组织受训者就调研报告进行讨论，形成基本判断。

4. 评分标准：小组完成活动方案的表现（40%）；

小组成员的团队合作表现（20%）；

PPT 汇报的表现（40%）。

【本模块问题引入】促销是营销组合的要素之一，与营销有很大的区别。营销是以消费者为导向而进行的一系列活动。电信业务员促销是企业将电信产品或服务向潜在的客户进行宣传，以激发其购买欲望，采取购买行动，从而扩大产品销售的活动。促销在企业经营中的重要性日益显现。什么是渠道促销？渠道促销的方法有哪些？怎样进行电信业务促销？怎样进行手机业务促销？这是本模块需要解决的问题。

【本模块内容简介】本模块介绍渠道促销的认知、渠道促销的方法、电信业务促销和手机业务促销。

【本模块重点难点】重点掌握促销的概念、促销的重要性和作用、促销的方法、电信业务促销方案、手机业务促销的手段。

【本课程模块要求】

1. 识记：促销的概念、促销的重要性和作用、促销的方法、电信业务促销方法、手机业务促销的手段。

2. 领会：促销的组合、促销的信息沟通、电信市场促销方案、手机业务人员促销的案例。

任务 1　渠道促销的认知

【问题引入】促销是企业将产品或服务向潜在的客户进行宣传，以激发其购买欲望，采取购买行动，从而扩大产品销售的活动。促销的重要性和作用是什么？促销的组合是什么？怎样进行促销中的信息沟通？这是我们学习本任务要解决的问题。

【本任务要求】

1. 识记：促销的概念、促销的重要性和作用。

2. 领会：促销的组合、促销的信息沟通。

一、促销的概念

促销是营销组合的要素之一，与营销有很大的区别。

营销是以消费者为导向而进行的一系列活动。

促销是指企业通过各种有效的方式向目标市场传递有关企业及其产品（品牌）的信息，以启发、推动或创造目标市场对企业产品和服务的需求，并引起购买欲望和购买行为的一系列综合性活动。因此，促销的实质是企业与目标市场之间的信息沟通，促销的目的是诱发购买行为。

电信业务员促销是企业将电信产品或服务向潜在的客户进行宣传，以激发其购买欲望，采取购买行动，从而扩大产品销售的活动。促销的目的是：向客户提供产品信息，以便客户有需求时知道寻找什么产品满足，说服客户在多种选择中能确定购买某一品牌，向客户强化宣传某一品牌。常用的促销组合工具有广告、人员推销、销售促进、公共关系和直接营销。

为了有效地与消费者沟通信息，企业可以通过广告来传递有关企业及产品的信息；可以通过各种营业推广的方式来增加消费者对产品的兴趣，进而促使其购买；可通过公共关系的方式来改善企业在公众心目中的形象；可通过人员，面对面地说服消费者购买产品。另外，在促销的过程中，消费者又可以通过多种途径将企业和产品以及竞争的信息反馈给企业，使企业能及时准确地掌握市场信息，为下一步的生产经营提供有益的参考。由此可见，促销是信息的双向沟通过程，而且是不断循环的双向沟通。

二、促销的重要性

促销在企业经营中的重要性日益显现，具体来讲有以下几方面。

1．提供信息，疏通渠道

产品在进入市场前后，企业要通过有效的方式向消费者和中间商及时提供有关产品的信息，以引起他们的注意，激发他们的购买欲望，促使其购买。同时，要及时了解中间商和消费者对产品的意见，迅速解决中间商销售中遇到的问题，从而密切生产者、中间商和消费者之间的关系，畅通销售渠道，加强产品流通。

2．诱导消费，扩大销售

企业针对消费者和中间商的购买心理来从事促销活动，不但可以诱导需求，使无需求变成有需求，而且可以创造新的欲望和需求。当某种产品的销量下降时，还可以通过适当的促销活动，促使需求得到某种程度的恢复，延长产品生命周期。

3．突出特点，强化优势

随着市场经济的迅速发展，市场上同类产品之间的竞争日益激烈。消费者对于不同企业所提供的许多同类产品，在产品的实质和形式上难以觉察和区分。在这种情况下，要使消费者在众多的同类产品中将本企业的产品区别出来，就要通过促销活动，宣传和介绍本企业的产品特点，以及能给消费者带来的特殊利益，增强消费者对本企业产品的印象和好感，从而促进购买。

4．提高声誉，稳定市场

在激烈的市场竞争中，企业的形象和声誉是影响其产品销售稳定性的重要因素。通过促销活动，企业足以塑造自身的市场形象，提高在消费者中声誉，使消费者对本企业产生好感，形成偏好，达到实现稳定销售的目的。

三、促销的市场作用

1．缩短产品入市的进程

使用促销手段，旨在对消费者或经销商提供短程激励。在一段时间内调动人们的购买热情，培养顾客的兴趣和使用爱好，使顾客尽快地了解产品。

2．激励消费者初次购买，达到使用目的

消费者一般对新产品具有抗拒心理。由于使用新产品的初次消费成本是使用老产品的一倍（对新产品一旦不满意，还要花同样的价钱去购买老产品，这等于花了两份的价钱才得到了一个满意的产品，所以许多消费者在心理上认为买新产品代价高），消费者就不愿冒风险对新产品进行尝试。但是，促销可以让消费者降低这种风险意识，降低初次消费成本，而去接受新产品。

3．激励使用者再次购买，建立消费习惯

当消费者试用了产品以后，如果是基本满意的，可能会产生重复使用的意愿。但这种消费意愿在初期一定是不强烈的，不可靠的。促销却可以帮助他实现这种意愿。如果有一个持续的促销计划，可以使消费群基本固定下来。

4．提高销售业绩

毫无疑问，促销是一种竞争，它可以改变一些消费者的使用习惯及品牌忠诚。因受利益驱动，经销商和消费者都可能大量进货与购买。因此，在促销阶段，常常会增加消费，提高销售量。

5．侵略与反侵略竞争

无论是企业发动市场侵略，还是市场的先入者发动反侵略，促销都是有效的应用手段。市场的侵略者可以运用促销强化市场渗透，加速市场占有。市场的反侵略者也可以运用促销针锋相对，来达到阻击竞争者的目的。

6．带动相关产品市场

促销的第一目标是完成促销产品的销售。但是，在甲产品的促销过程中，却可以带动相关的乙产品销售。例如，茶叶的促销，可以推动茶具的销售。当卖出更多的咖啡壶的时候，咖啡的销售就会增加。在 20 世纪 30 年代的上海，美国石油公司向消费者免费赠送煤油灯，结果其煤油的销量大增。

7．节庆酬谢

促销可以使产品在节庆期间或企业庆祝日期间锦上添花。每当例行节日到来的时候，或是企业有重大喜庆的时候（以及开业上市的时候），开展促销可以表达市场主体对广大消费者的一种酬谢和同庆。

四、促销的步骤

促销的过程实际上是一个信息传播与沟通交流的过程。在促销的过程中要时时关注信息传播的效果。促销过程中营销信息的传播必须遵循如下步骤：确定目标受众，确定信息传播目标，设计信息，选择信息传播渠道，编制促销预算，决定促销组合，衡量促销成果，管理和协调总的营销传播过程。

1. 确定目标受众

促销信息的传播者在一开始就要在心中有个明确的目标受众。这些受众可能是公司产品的潜在购买者、目前使用者、决策者或影响者。这些受众可能是个人、小组、特殊公众或一般公众。目标受众决定了信息传播准备说什么，打算如何说，什么时候说，在什么地方说和向谁说。信息传播者要认真研究受众的需求、态度、偏好等，对受众分析的一个主要内容是评价受众对公司、产品和竞争对手的现有印象。

2. 确定信息传播目标

电信营销员要寻求目标受众的认知、情感和行为反应，通过向客户头脑中灌输某些东西改变客户的态度或使客户行动。电信业务员对客户进行信息传播希望得到的最终反应是购买，但客户购买行为的出现是客户一系列长期决策过程的终点或结果。这一决策过程经历了6个步骤，分别是知晓、认识、喜爱、偏好、信任和购买。

① 知晓：如果大多数的受众不知道企业或者产品，信息传播者的首要责任是促使人们知晓。

② 认识：目标受众可能对产品或者企业已经知道，但还认识不清，这时传播的目的是使受众对产品和企业有一个清楚的认识。

③ 喜欢：如果目标受众已经了解产品，信息传播者就需要知道他们对产品的反应如何，是喜欢还是不喜欢。此时传播的目标就是着重宣传产品或者企业的特色和长处。

④ 偏好：目标受众可能喜欢这一产品，但并没有形成偏好。在这种情况下，信息传播者可以通过宣传产品的质量、价值、性能和其他特征，设法建立客户偏好。

⑤ 信任：如果目标受众对企业或产品已形成偏好，但还没有下决心购买，这时信息传播者的任务是努力促使他们建立和强化购买决心，使他们认识到购买这种产品是最佳的选择。

⑥ 购买：目标受众已处于信任阶段，尚未做出购买决定，他们可能在等待进一步的信息，计划下一步的行动。信息传播者必须引导他们做出购买决定。

3. 设计信息

明确了受众期望以后，信息传播者应该开发一个有效的信息。一个有效的信息应能引起注意，提起兴趣，唤起欲望，导致行动，制定信息需要解决4个方面的问题：说什么（信息内容）、如何合乎逻辑地叙述（信息结构）、以什么符号进行叙述（信息格式）和谁来说（信息源）。

4. 选择信息传播渠道

信息传播渠道有两种，人员传播和非人员传播。

5. 编制促销预算

促销预算的编制方法有4种，即量力支出法、销售额比例法、竞争对等法、目标任务法。

① 量力支出法：促销预算的大小根据企业自身的情况决定。

② 销售额比例法：根据目前的或预期的销售额确定促销费用水平。

③ 竞争对等法：按竞争对手的大致促销费用确定自己的费用。

④ 目标任务法：首先确定营销目标，根据确定的目标再确定需要完成的任务，最后再估算完成这些任务需要的促销费用。

6．决定促销组合

促进销售的方式可分为人员促销与非人员促销两大类。

人员促销是由企业派出推销人员直接把信息传递给消费者，说服和帮助选用产品。

非人员促销：广告、公共关系、营业推广、销售促进。

促销组合就是促销方式的选择、组合和应用。

无论何种方式，均有优势和补助，实际运用中，应根据产品的具体性质，灵活运用。

7．衡量促销成果

促销计划贯彻实施后，信息传播者必须衡量它对目标受众的影响，包括目标受众能否识别或记住该信息，看到它几次，记住了哪几点，对信息的感觉如何，过去和现在他们对产品和公司的态度。同时，信息传播者还要收集受众反应的行为数据，诸如多少人购买了这一产品，多少人喜爱并与别人谈论过它。

8．管理和协调营销传播过程

对整个营销传播过程进行协调管理是为了提高信息传递的质量，实施整合营销传播。整合营销传播是指营销传播计划，就是确认评估各种传播方法战略作用的一个增加价值的综合计划，并且结合这些方法，通过对分散信息的无缝结合，以提供明确的、连续一致的和最大传播影响力的信息。

五、促销信息的有效沟通

企业促销的过程首先是企业与客户的沟通过程。要进行有效的沟通，企业的营销人员必须考虑：由谁来说？说什么？怎么说？对谁说？有什么效果和反应？如何才能减少沟通过程中的噪音影响？

一般而言，最理想的信息沟通，应对客户产生四个方面的影响。

引起注意（attention）
产生兴趣（interest）
激起欲望（desire）
促成行动（action）

AIDA 模式

六、影响促销组合的因素

1．促销目标

实现目标的促销方法，具体如表 6-1 所示。

表 6-1 实现目标的促销方法

目 标	促 销
树立企业形象，提高产品知名度	广告为主，辅以公关
让客户充分了解某产品的性能和使用方法	印刷广告、人员推销或现场展示
要在短期内迅速增加销售	营业推广辅以人员推销、适量广告

整体而言，广告、公关在客户购买的初期阶段成本效益最优，人员推销、营业推广在购买决策的后期更有成效。

2. 促销策略

从策略角度看，包括推式策略和拉式策略

所谓推式策略是指企业通过人员推销为主的促销组合来影响中间批发商和零售商，使中间商接受企业的产品并加强销售活动，最终达到客户购买的策略。

使用要求：针对不同客户、不同产品采用相应的推销方法。

常用策略：示范推销法、走访销售法、网点销售法以及服务推销法。

所谓拉式策略是指企业利益营业推广、广告和公共关系，直接影响、吸引客户、激发其购买动机，通过客户需求来刺激中间商的需求，使中间商增加对生产企业的订货。

常用策略有会议促销法、广告促销法、代销、试销法和信誉销售法等。

推式策略和拉式策略差别见图 6-1。

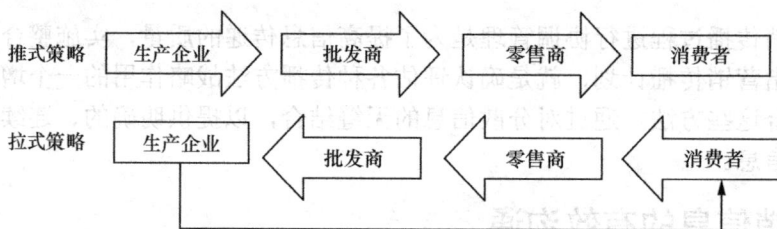

图 6-1 推式策略和拉式策略差别

3. 市场性质

对不同的市场需求，采取不同的促销组合和策略。

首先，组合应随着市场区域范围的不同而变化：（1）范围小且集中，应以人员促销为主；（2）范围广而分散，应以广告宣传和公关为主。

其次，组合应随着市场类型的不同而不同，消费品市场的买主多而分散，不可能由推销人员广泛地、个别地促销，应以广告、产品保证说明以及产品陈列吸引客户。而主要生产资料市场，产品性能、质量要求高，技术标准严，应以人员促销为主。

再次，应视市场上的潜在客户的数量类型而定：（1）客户数量少，业务量大，采用人员推销；（2）客户数量多而分散，采用广告。

4. 产品特点

（1）消费品市场客户多，分布面广，购买频率高，应以广告宣传为主。

（2）工业品市场客户数量少，分布集中，购买批量大，应以人员推销，结合公关辅助。

5. 产品生命周期

产品生命周期与促销目标、促销方式的关系如表 6-2 所示。

表 6-2   产品生命周期

产品生命周期	促 销 目 标	促销主要方式
投入期	认识了解产品	各种广告
成长期	增进兴趣与偏好	改变广告形式
成熟期	增进兴趣与偏好	改变广告形式为主，辅以营业推广
衰退期	促成信任购买	营业推广，辅以提示性广告
产品生命周期各阶段	消除不满意感	改变广告内容，利用公共关系

6. 促销费用

促销费用受到制约，一般而言，人员推销费用最高，广告其次，营业推广和公共关系最低，企业可根据自己的情况来决定选择和综合促销组合。

任务 2　渠道促销的方法

【问题引入】电信业务员促销是企业将电信产品或服务向潜在的客户进行宣传，以激发其购买欲望，那么有哪些方法可以应用于渠道促销呢？我们应该怎样去运用这些方法进行促销呢？这是我们学习本任务要解决的问题。

【本任务要求】

1. 识记：常用的五种促销方法及其概念。
2. 领会：几种促销方法的实施要领。

在渠道促销的过程中，常用的促销方法有广告、人员推销、销售促进、公共关系和直接营销等。

一、广告

营销活动中的广告是指由特定的广告主有偿使用一定的媒体，传播商品和服务信息给目标受众的行为。确定广告时，需要进行 5 个方面的决策，即广告的目标是什么，需要多少费用，要传送什么信息，使用什么媒体，如何评价效果。

1. 建立广告目标

广告目标是指在一个特定时期内，对于某个特定的目标受众所要完成的特定的传播任务和所能达到的沟通程度。广告的目标可根据通知、说服、提醒或强化来分类。

① 通知性广告是使客户知晓和了解新产品或现行产品的新特点。

② 说服性广告是使客户对一个产品或服务产生喜欢、偏好、信任，并且购买该产品或服务。

③ 提醒性广告是刺激客户重复购买产品或服务。

④ 强化性广告是说服现有的客户，使他们相信购买产品的决策是正确的。

2．确定广告预算

确定广告预算要考虑 5 个方面的因素，即产品生命周期、市场份额和客户基础、竞争情况、广告频率、产品替代性。

3．选择广告信息

选择广告信息包括 4 个方面，即信息的产生、信息的评价和选择、信息的表达、信息的社会责任感。

4．媒体决策广告信息

是通过媒体提供给受众的，现有的广告媒体有电视广告、广播广告、报纸广告、杂志广告、直邮广告、户外广告、交通广告等。选择媒体时要考虑广告的频率、触及面、时间、费用、媒体的类型等因素。

5．广告效果评估

广告效果评估包括两个方面：一方面是传播效果；另一方面是销售效果。传播效果评估是测定广告是否能将信息有效地传递给目标客户，具体表现为受众对广告注意、理解和记忆的程度。销售效果是通过把广告费与销售额的增加进行比较来衡量的。

二、人员推销

人员推销是通过电信营销人员深入到中间商或客户中进行直接的宣传介绍活动，使其采取购买行为的促销方式。进行人员推销对电信业务员的素质要求较高。人员推销具有针对性强、弹性大、灵活多变、及时促成购买等特点。

推销员是实现公司与消费者双向沟通的桥梁和媒介之一，推销员在公司的营销活动、特别是促销活动中的地位和作用是不容忽视的，是公司里最重要、最宝贵的财富之一。在推销过程中，推销员就是企业的代表和象征，推销员有市场经理、市场专家、销售工程师等称号。越是在竞争激烈、复杂的市场上，企业就越需要应变能力强、创造力强的开拓型推销员。

1．推销员的任务

（1）顺利销售产品，扩大产品的市场占有率，提高产品知名度。公司经营的中心任务就是占领和开拓市场，而推销员正是围绕这一中心任务开展工作的。推销员的重要任务就是利用其"千里眼"和"顺风耳"在复杂的市场中寻找新的、尚未满足的消费需求。他们不仅要说服顾客购买产品，沟通与老顾客的关系，而且还要善于培养和挖掘新顾客，并根据顾客的不同需求，实施不同的推销策略，不断扩大市场领域，促进公司生产的发展。

（2）沟通信息。顾客可通过推销员了解公司的经营状况、经营目标、产品性能、用途、特点、使用、维修、价格等诸方面信息。刺激消费者从需求到购买行动的完成，同时，推销员还肩负着搜集和反馈市场信息的任务，推销员应及时了解顾客需求、需求特点和变化趋势，了解竞争对手的经营情况，了解顾客的购后感觉、意见和看法等，为公司制订有关政策、策略提供依据。

（3）推销商品、满足顾客需要、实现商品价值转移。推销员在向顾客推销产品时，必须明确他推销的不是产品本身，而是隐藏在产品背后的对顾客的一种建议，即告诉顾客，通过购买产品，他能得到某些方面的满足。同时，要掌握顾客心理，善于应用推销技巧，对不同顾客使用不同的策略。

（4）良好的服务是推销成功的保证。推销员在推销过程中，应积极向顾客提供多种服务，如业务咨询、技术咨询、信息咨询等。推销中的良好服务能够增强顾客对企业及其产品的好感和信赖。

2．推销员的业务素质

（1）推销员必须对所代表的公司有一个全面的了解。熟悉公司发展史，对公司历年财务、人员状况、领导状况及技术设备都了如指掌，因为这些知识都有助于增强顾客对推销员的信任感。推销员还必须掌握公司经营目标和营销策略，并能够灵活运用和解释它们。同时，还应该学会巧妙运用统计资料来说明公司的地位，力争在顾客心目中树立起良好的公司形象。

（2）推销员应该是产品专家。应全面了解从产品设计到生产的全过程，熟悉产品性能、特点、使用、维修，熟知产品成本、费用、价格。还应全面掌握产品种类。另外，还必须了解竞争产品情况。

（3）推销员一方面需要了解顾客购买的可能性以及希望从中得到的利益，另一方面还需要了解顾客购买决策依据，顾客购买决策权在谁手中，谁是购买者，谁是使用者和消费者。了解顾客的购买条件、方式和时间，深入分析不同顾客的心理、习惯、爱好和要求。

（4）推销员还要掌握相关知识。主要包括营销策略、市场供求情况、潜在顾客数量、分布、购买动机、购买能力、有关法规等。

（5）优秀的推销员还应具备良好的文化素质。对推销员来说，同行竞争的焦点往往是文化素质的差异。在文化素质方面，要求推销员具有一定的专业知识，如经济学、市场学、心理学、经济法、社会学等，除此之外，还应在文学、艺术、地理、历史、哲学、自然科学、国际时事、外语等方面充实自己。博学多才是推销员成功的重要因素。

（6）推销员也应具备相应的法律素质。工作中要有强烈的法律意识和丰富的法律知识。推销工作是一种复杂的社会活动，受到一定的法律法规制约。推销过程中，推销员应注意衡量自己的言行是否合法，以及会给社会带来什么后果。

（7）人员推销实际上是一种交际活动。推销员是公司的"外交官"，要求他们讲究必要的推销礼仪。

仪表虽不能绝对反映一个人的内心世界，但作为一个推销员，则必须注意仪表，推销员留给顾客的第一印象往往取决于推销员的外表，顾客喜欢仪表优雅、风度翩翩的推销员，而不喜欢不修边幅、形象拖沓的推销员。推销员的衣着以稳重大方、整齐清爽、干净利落为基准，提出以下供推销员参考的衣着标准。

a．正统西服或轻便西式上装。

b．干净、烫平。

c．衣服颜色要慎重选择，尽量保持大方、稳重。

d．尽可能不佩戴代表个人身份或宗教信仰的标志，除非确知推销对象与自己的身份或信仰相同。

　　e. 发胶勿擦过多，以免使人感觉油腻恶心。

　　f. 不要戴太阳镜，因为只有眼神才能给顾客可信赖感。

　　g. 首饰不要佩戴过多，以免使人觉得俗不可耐。

　　h. 装饰物或配物不要佩戴过多。

　　i. 可适当配戴公司标志或与推销品相符的饰物，以使顾客对企业及推销品加深印象和联想。

　　j. 公事皮包要大方。

　　k. 配以高档笔。

　　l. 领带要质地优良。

　　m. 尽量不脱去上装，以免削弱推销员的权威和尊严。

　　n. 出发前从头到脚自检。

　　推销员的穿着要反映时代气息，朝气蓬勃、健康活泼、进取向上、庄重大方的衣着可增强推销员的自尊心和自信心，而只有这时，他才勇气十足，信心百倍，推销效果最佳。

　　推销员在言谈方面，应做到语言表达准确，避免措辞含糊不清；注意使用规范语言，除特殊场合外，一般应讲普通话和官方语言；使用礼貌语言，杜绝粗野语言；不要口头语；还应注意讲话的语音语调，发音清晰，速度适中，避免病句和错别字；讲话不应声嘶力竭或有气无力。总之，讲话要准确规范，富于表现力。

　　推销员在举止方面，应注意遵守一些基本的准则，如敲门要轻，并稍远离门；打招呼、问候应主动、热情、适当；登门拜访顾客时应后于顾客落座，切忌乱动顾客的东西；谈话时态度关切、温和，坐态端正并稍向前倾，倾听认真、用心，切忌东张西望、心不在焉，回答问题时不要直接顶撞，需要否定对方意见时可用委婉语气；谈话时应不慌不忙，动作适度，站立时切忌双手倒背，交换名片时应双手呈递和双手接受，以示对对方的尊重，切忌一边访谈一边摆弄顾客的名片；必须注意克服不停眨眼、挖鼻孔、皱眉、瓣手、咬嘴唇、搔头、挖耳朵、吐舌头、耸肩膀、颤腿颤脚、踏地板、不停地看表、东张西望、慌慌张张、皮笑肉不笑等坏习惯。

　　（8）其他相关礼节。

　　要注意顾客身份、年龄、选择适当的话题，不要千篇一律地用同一种形式打招呼。若除顾客外还有其他人，如顾客的朋友在场，不能忽略他们，否则是不礼貌和不明智的。

　　打电话时语气要温和、礼貌，接电话时最好先自报姓名和单位；若拨错号码，要向对方表示歉意。

　　在通常情况下，推销员不要吸烟，因为吸烟本身就是不文明的行为，它不仅对自己的健康有害，而且对他人危害更大。推销时吸烟，往往会分散顾客的注意力，甚至冒犯顾客，不利于推销工作。当然，在某些特殊地区和环境下，吸烟是不可回避、甚至是必不可少的。传统的推销与烟酒结下了不解之缘，因此，若推销员在推销过程中发现吸烟不可回避或有助于推销，那么，他也可灵活掌握。但不要随意抖烟灰，开始面谈后，最好灭掉香烟，全神贯注地倾听顾客讲话。

　　推销员在接受顾客的饮料时，要起身双手接过来并道谢，饮用时忌牛饮、出声。若要宴请顾客，在宴请地点和选菜方面考虑顾客的心理和喜好，注意陪客人数不宜超过顾客人数，不能饮酒过量、醉酒，不能留下顾客，自己先离席，不要当着顾客的面付账。

三、销售促进

1．销售促进的概念

销售促进是运用多种短期性的刺激工具，刺激客户迅速购买产品或服务。如果说广告提供了购买的理由，销售促进则提供了购买的刺激。常用的销售促进工具有："有奖销售""发放奖券""折价优惠""买一送一""商品展销""免费试用"等活动。从理论上讲，销售促进是除人力推销、广告、公共宣传以外任何非周期性、非连续性的短期促销活动的总和，它通过提供额外刺激来加速产品从产方到需方的流动，直接诱导购买，以促进销售。它实际上是促使销售过程加快的加速器，一般都以直接诱惑形式，如现金、奖品、免费商品、礼品等出现。

应指出的是，销售促进具有非周期性、短期性和直接性等特点，很少单独被使用，它与广告或人力推销配合使用时效果更佳。由于销售促进往往在销售遇到困难或急需提高商品销量时被作为"应急"手段而采用，不具有周期性。不宜长期使用，因为这种手段，不仅成本太高，而且对商品的形象也会有所损害。

销售促进的主要目的是增加商品销量，是广告和人员推销的补充，对增强二者的效果有良好的作用。同时，它在很多情况下会对那些不为广告和人员推销所左右的消费者产生有效的驱动作用，面对众多相似的同类产品，它可以促进消费者对某特定品牌产品的选择需求。

销售促进可分为两类：一类是直接针对消费者的销售促进，或叫以消费者为导向的销售促进；另一类是针对中间商的销售促进。

2．销售促进目标

销售促进的主要目的是加速商品流通，促进商品销量的增加。销售促进的目的，其具体目标如下。

（1）向市场和消费者介绍新产品，为消费者提供机会，并促使他们对新产品进行试用，或诱导消费者接受和购买新产品。

（2）将同类产品或替代品的消费者吸引到自己产品的一方，特别是在竞争产品与本产品给消费者提供的利益差别微小时，销售促进方法对消费者则更具吸引力。

（3）使消费者在众多同类产品中选择自己的产品而拒绝其他品牌的产品，从而增加特定品牌产品消费者数量。

（4）刺激现有消费者的购买和消费量的增加。美国比尔斯波利食品公司就曾通过向消费者免费发送食谱和烹调方法等材料使他们掌握了更多的使用该公司产品的机会和方法，大大增加了现有消费者对该公司食品的购买和消费量。

（5）让更多的消费者了解有关产品的信息。展览会、展销会、消费者使用产品培训班等活动都属于销售促进的范畴。

（6）增加顾客对零售店的光顾量。

（7）对于季节性强、需求时间性强的产品能稳定商品销量的波动作为一个重要的努力目标。

（8）增加中间商的库存量。

（9）抵制和反击竞争对手的进攻，维持原有的市场占有率。

总之，在具体的促销计划制订过程中，公司必须根据实际情况，注意准确地选择切实可行的销售促进目标。

3．销售促进方法

销售促进方法一般可分为两大类型。

（1）针对消费者的销售促进方法

它往往被用于鼓励和刺激消费者光顾商店、尝试新产品、增加对商品的购买量、提高购买频率、增加对产品的了解。具体有 8 种方式。

① 赠券

赠券是一种折价券或有价票券，在特定时间和地点、针对特定商品相当于一定量的现金。它通常将折价值或优惠值明码标于券面。如果消费者去券面指定商店购买指定商品时，可在以低于正常价的价格购得商品，少付的数额为券面所标数值。它实际上是对消费者的一种价格优惠。

作为一种独特的销售促进方法，赠券具有三条优点：一是公司可通过对赠券发放数量的控制来限制获得赠券者的数量；控制成本上升幅度，使其他未获赠券的消费者仍以正常价购买商品。二是公司可对赠券的发放时间和期限进行自由选择，保证与其他促销手段在促销组合中协调统一，诱发消费者的迅速反应。三是赠券可在产品缺乏吸引力的情况下创造出特性和优势，以激发消费者对该品牌产品的选择需求。

赠券通常通过报纸、杂志、邮寄、产品包装、挨户递送、销售点分发等渠道发放。在选择媒介时，发放者需充分考虑不同媒介的费用、发放效率及反馈率。一般情况下，报纸传递的赠券要比杂志传递的赠券反馈迅速，而杂志散页传递的赠券要比普通杂志传递的赠券反馈迅速。

需要注意的是，竞争对手的类似活动会削弱赠券的效果，而且，它虽然可收到短期内增加某种品牌商品销量和吸引消费者的效果，但它也会同时削弱消费者对该品牌商品的忠诚。因此，这种方法不宜对同一商品频繁使用，也不宜对新产品使用。

② 购买奖励

购买奖励是公司或中间商为鼓励消费者购买某种商品而提供给他们的免费或优惠价物品，其主要目的是促使消费者对某种特定品牌商品的购买以及增加购买量或促使消费者在特定商店进行大量购买。

购买奖励分免费提供和优惠价提供两种。免费提供的奖品可以是各种各样具有吸引力且实用的小物品，如小玩具、钥匙坠、毛巾、牙刷、杯子、日历、圆珠笔；以优惠价提供的奖品是指消费者只需付奖品的成本价或低于成本价即可得到的物品。公司这种做法不是为了获利，而是为了扩大影响，增强产品的吸引力。

奖品的分发形式有邮寄、随产品包装分发、购买即时兑现等。除随推销品直接向消费者提供购买奖励品外，有些公司还发放一种奖品兑换券。奖品兑换券按一定比例并根据消费者对某种特定品牌商品或在某一特定零售店的购买量来分发，如商店可规定凡在该店购买价值 50 元的商品者均可获得一张奖品兑换券，持券者在指定柜台和期限内可得到某种奖品。有些零售店还允许累计兑换，将几次得到的兑换券积累起来兑换数量较多或价值较高的奖品。这种方法在短期内起到良好的吸引消费者增加特定品牌商品销量的作用。

③ 消费者竞赛和抽彩

其目的是促使消费者参与某特定公司或零售店的交易和宣传活动。前者需要参加者具有一定的能力和技巧；后者则纯粹是靠机会和运气取胜。前者需要参赛者运用和发挥自己的能力、知识和技巧来提出某种想法、建议、构思，如设计即将问世的产品品牌名称、挖掘老产品的新用途、构思产品广告标题，或回答一些与某特定品牌产品有关的问题，如对产品的熟悉程度、对产品的看法、态度、建议、改进意见等，然后，根据他们的回答，给予优胜者以奖励。这种方法不直接允诺或给予每个参赛者利益和好处，只允诺参赛者均等的取胜机会和可能性，提供给他们一种刺激。抽彩活动实际上是一种随机的、碰运气的游戏，参加者无需任何技巧，每人都有均等的获奖机会。它不要求参加者交钱或购买商品，只需他们在指定期限和地点登记上自己的名字、联系地址或电话等，然后通过随机抽彩方式产生幸运者。这种方法比消费者竞赛更经常被使用，因为它更具吸引力，更有趣味性和刺激性，且成本相对较低。消费者竞赛和抽彩的奖励往往都是很可观的大奖，它们不仅可使许多消费者参与公司的交易活动和广告活动，而且还可获得中间商的支持。这两种方法还可为产品广告宣传增添更多的趣味性和刺激性。但这在市场上和消费者身上的反应不易测定，使用前也无法预测效果。

使用这两种方法时，需要注意：一是配以其他适当的促销手段；二是在有关管理机构允许和监督之下进行。

④ 分发免费样品

这种方法主要被用来介绍新产品、刺激消费者对新产品进行尝试、创造消费者的重复购买、在产品处于引入阶段增加销量和扩大销售区域。在这方面，它的功能远远优于其他促销手段。当然，若没有大量的投资，也不会吸引消费者的尝试。但是，只要这种尝试能够引起消费者的重复购买，那么，这笔投资就是有价值的、成功的。吸引消费者尝试新产品并非最终目的，而引发他们重复购买才是公司真正所期望的。

对于某些产品实行分发免费样品的方法就很难奏效，如老产品、与竞争产品相比缺乏优势的产品、优势不明显的产品、利润低的产品、易腐、易碎、体积大的产品和处于成熟期的产品等。但是对于在气味、味道、色泽、浓度、感觉等方面特征明显的产品，则可发挥较佳效果。

在设计样品和制订具体计划时，要考虑产品的季节性和市场特点。样品的大小也要合理选定，一般情况下，样品大小应小于正常产品，但还应能够保证其样品正常发挥作用。

在一般情况下，免费样品分发后的几周内，消费者对产品的重复购买状况往往还不够明朗，即使能够获得这方面的信息反馈，也无法绝对确认这是由分发免费样品所致。因此，必要时应进行事后市场及消费者调查，以得到准确的情报。

分发免费样品的成本很高，因为它不仅包括样品本身的成本，而且还包括分发成本。正因为如此，分发免费样品前的预测调查是十分必要的，需要调查的内容包括样品大小、分发量、覆盖面、分发形式等。

使用分发免费样品这种手段的往往是一些产品线较宽的大型公司，因为这种方法耗资大，普通的小型公司无力承担。

⑤ 广告礼品

广告礼品是一种载有广告信息的、免费赠送的小物品，价格不高，但很实用，如温度计、烟灰缸，水果刀、气球、圆珠笔、打火机、火柴、钥匙坠、日历、尺子、太阳帽等。广告礼品上应注明品牌、标志、公司名称、地址、联系方式、服务项目、或其他一些简短的广告信息。理想的广告礼品具有较长时间的保存价值和经常性使用的性质，成为一种对消费者的提示物，长期地、连续地发挥广告作用以影响消费者的购买决策。

⑥ 示范

示范是吸引消费者、增强其购买信心的一种极好方法，目的是吸引和鼓励消费者试用或尝试、并对特定品牌产品充满信心地采取购买行动。它通过示范人员的现场表演向消费者展示和说明产品功能、特点、使用方法等。现在不少公司派出专业人员到商店指导和培训示范人员或亲自示范表演，如化妆品公司雇佣化妆师和美容师为消费者提供免费的化妆技术讲座或课程；服装公司也常常在酒店、百货公司及其他一些公共场所举办时装展览和表演。这是一种只适合短期使用的方法，因为雇佣胜任的示范人员费用很高，此方法难以得到广泛和充分的使用。

⑦ 销售点陈列

销售点陈列是一种在销售点直接向消费者传递商品信息的方法，例如，招牌、招贴、橱窗陈列、柜台陈列、货架陈列、场地陈列、自助式商品柜陈列等形式，它们都具有广告的功能。销售点陈列的作用是传递信息，吸引消费者的注意力，使推销品的特性在同类产品中突出出来。当产品生产厂家免费向零售商提供陈列品时，它还具有鼓励零售商努力推销其产品的作用。销售点陈列要求陈列品有吸引力、具有信息性；要求陈列布局合理，与商店气氛和形象协调一致。随着仓储与超市业的兴旺和发展，销售点陈列变得愈加重要，使用得愈加广泛。

⑧ 展销会和交易会

许多大公司或常常举办展销会和交易会，向市场传递更多更充足的产品信息，同时也发现其产品的新顾客。展销会和交易会规划的重要部分之一就是展览和位置设计。展位设计必须简洁明快、吸引力强、照明效果良好。

在设计和规划展销会或交易会时，需考虑这样几个方面的问题：展览所处位置及所占面积；展览所应体现的形象和气氛；展品的选择、运输、安排、安装、拆卸及其复杂性；展品数量；分发广告及其宣传材料的必要性与分发量、方式；采用展前广告或其他形式宣传的必要性和具体安排；所有活动的总费用等。

（2）针对中间商的销售促进方法

实施这类销售促进方法的目的在于鼓励和刺激中间商接受和更多地订购、贮存特定品牌产品，并促使中间商积极主动地推销这种产品。具体方式有 6 种。

① 订货奖励

订货奖励是产品生产厂家对订货量或贮存量达到一定标准的、能够积极主动推销该厂家产品的中间商的奖励。若中间商在完成合同规定的订货量后又进行了超额订货，厂家则适当降低超额部分产品的价格，作为对中间商超额订货的奖励。

② 推销奖金

推销奖金是激励推销员的一种方法。特定产品的生产企业可根据零售店推销员的工作条件和对该企业产品的推销成绩给予他们一定量的奖金以资鼓励。

③ 销售竞赛

销售竞赛是在与某特定品牌产品有关的分销渠道进行的。如公司向其产品经销店中对其产品销售成绩最佳的经销店予以奖励。但此方法效果短，成本高，有相对连续性。

④ 免费供应或提供资助

公司为了得到经销商的支持与合作，对经销商所需陈列品和必要设备免费供应或提供资助。对经销特定品牌产品成绩显著者起到激励作用，也有助于企业开发新的分销渠道。

⑤ 分担广告费用

有时中间商为其经销的特定品牌产品进行广告宣传时，会提出让产品生产公司分担部分或全部广告费用。要注意的是在公司与中间商正式达成协议和支付费用前，中间商必须出具广告制作计划或已制作完成和发布的证据。

⑥ 经销商名录

经销商名录实际上是宣传某种产品经销商的广告，它可以提高经销商的知名度，为经销商招揽更多的顾客，增加销售机会。这种方法还使经销商与公司间的关系加强，间接鼓励和刺激经销商积极主动推销其产品。

正确选择和使用销售促进方法对促销目标的实现至关重要。对这些方法的选择没有一个固定模式，但在销售促进目标和方法之间确实存在着某些联系和规律性的东西。所选方法必须符合消费者需求特点，在经济不景气、人们对价格特别敏感的情况下，价格优惠的方法效果最佳；在经济繁荣时，竞赛和奖励等方法会更奏效，这些形式更富有刺激性和趣味性。但无论选择何种方法，都应该配以其他适当的促销手段和广告宣传。

四、公共关系

1. 公关促销概述

在广告策划活动中，越来越离不开公共关系手段的使用与配合。人们可以把广告分为商品广告与公共关系广告两大类。传统的商品广告以直接推销商品为目的，而现代的公共关系广告以提高企业形象和信誉为主要内容。公共关系广告与活动的策划，已成为与广告策划相辅相成的企业营销策略的重要组成部分。

（1）公共关系与公关促销

作为一种社会实践的公共关系，已有几千年的历史。而作为一种职业或营销手段，公共关系只是近代的产物。公共关系表现为一个信息传播活动，一种管理职能，是综合了社会科学和行为科学的理论和技巧而发展起来的一门跨学科的企业管理科学，它表现为一个信息传播活动，又是一种管理职能。1978 年，首届国际公共关系协会会员大会提出的公共关系定义是："公共关系实务是艺术，也是社会科学。它分析趋势、预测后果，为组织领导层咨询参谋，实施满足本组织和公众共同利益的有计划的行动方案。"

由此，公共关系的含义可归纳为四个要点。

① 它是一种有计划、有目标、有组织的行动方案。

② 它是一项分析趋势、预测后果、参与决策咨询的管理职能。

③ 它旨在沟通组织与公众之间的联系，这种沟通是双向沟通。

④ 它所追求的目标是使组织的政策与活动和公众的利益相一致，以树立组织的良好公众形象，赢得公众的理解与支持。

总之，公共关系是在整个社会环境中运作发展的，它可以说是一个社会组织运用传播手段使自己与公众相互了解和相互适应的一种活动或职能。组织、公众和传播，是公共关系的三个基本功能要素。

而公关促销就是遵循这个基本原理，运用较为"软性"的、人情味浓的能产生较大轰动效应的手段与策略，配合广告目标与企业营销目标进行持续不断的宣传，以共同加强企业的竞争地位。公关促销的目标首先在促使特殊公众或组织了解企业，这既可表现为态度的改变，也可能表现为形成某种意见或保留某种意见，最终表现为公众去购买企业的产品。

（2）公共关系的特点

为整合营销传播的一个工具，公共关系的特点是注重长期效应，注重双向沟通，注重间接营销。

（3）公共关系的内容

公共关系的内容是处理好企业与公众的关系，处理好企业与政府的关系，处理好企业与社会团体的关系，处理好企业与新闻媒体的关系，处理好企业与其他企业的关系。

（4）开展公共关系的形式

开展公共关系一般可采取宣传报道、赞助社会活动、组织宣传展览、开展主题活动等形式。

（5）公共关系广告与商品广告的联系与区别

广告是以介绍、说服、提醒为目标，对目标消费者起到唤起注意、引起兴趣、启发欲望的作用，传统的商品广告与现代公共关系广告在目的、内容、形式上都有着明显的区别。

商品广告以推销商品为直接目的，广告内容大多以宣传产品的名称、商标、质量、功能和价格为主，注重近期的市场销售效果。表达形式直率，有强烈的刺激性，信息发布仅为单向性传播。

公共关系广告不仅向公众传递产品和劳务的信息，还向公众传递企业的其他有关信息，如方针、政策、成就等，其直接目的在于提高企业知名度与信誉度，引起公众对企业的信赖、好感与兴趣。其表达方式比较隐晦和委婉，侧重于间接促销和长期的市场效应，应用范围也已超出商品推销的领域。所以，在一定意义上可以认为，商品广告主要是推销商品，而公共关系广告则是推销企业形象。

（6）公关促销对企业营销的意义

从企业的角度来看，企业的公共关系实际上就是企业的市场关系与客户关系。企业的公关促销就是研究和调整企业的这种对外关系，包括同顾客、同其他企事业以及同整个社会的关系，从而建立、维护和改善企业在市场与公众中的形象，最终达到稳固地占有市场的目的。

随着市场竞争的日益激烈，企业面临着瞬息万变的社会环境，企业在公众中的形象也会因此而不断变化。企业要通过巧妙的公共关系策划，塑造或完善自身的形象。要有意识地逐步提高公共关系工作层次，使其发挥影响决策、参与决策的作用。公关促销对企业营销方面的意义表现如下。

① 搜集和研究各种社会环境信息。在此基础上，公关促销部门要为企业提供社会环境发展变化趋势的预测和应变对策，参与企业决策，真正起到监察、守望的雷达职能，以确保企业在不断变化的社会环境中处于有利的地位。

② 提高公众传播的科学性。有目的、系统的公共关系策划，可以改变分散的传播为围绕企业公共关系目标的传播，改变盲目的传播为充分了解对象、信息、渠道等特点的传播，改变单向的传播为有完善的信息反馈系统的传播，使公关促销能真正发挥作用。

③ 强化公共关系目标管理。公关促销要以企业目标管理为主线，使公共关系目标为实现企业目标服务，检验公共关系促销的成绩。这样不但有利于提高公关促销的效益，而且有利于公共关系本身形象的树立，促进公关促销更为科学化。

2. 公关促销的主要内容

公共关系的任务是在开放型、竞争的市场经济条件下，处理好企业各种各样的市场关系、客户关系及社会关系，为企业的生存和发展创造一个良好的社会环境。这就决定了公关促销活动的主要内容。

（1）帮助企业建立起良好的内部和外部形象。一是从企业内部做起，使员工具有很强的凝聚力和向心力。二是加强企业的对外透明度，利用各种手段向外传播信息，让公众认识自己，了解自己，赢得公众的理解、信任、合作与支持。

（2）公共关系是企业收集信息、实现反馈以帮助决策的重要渠道。公关促销可以使企业及时收集信息，对环境的变化保持高度的敏感性，为企业决策提供可靠的依据。

（3）在现代社会环境中，企业是在包括顾客、职工、股东、政府、金融界、协作者以及新闻传播界在内的各方面因素组成的社会有机体中实现自身运转的。公共关系活动正是维持和协调企业与内外公众关系的最有效的手段。

（4）任何企业在发展过程中都可能出现某些失误。企业要有应急准备，一旦与公众发生纠纷，要尽快掌握事实真相，及时做好调解工作。运用公共关系可起到缓冲作用，使矛盾在激化前及时加以缓解。

（5）及时分析监测社会环境中政策、法令、社会舆论、公众志趣、自然环境、市场动态的变化，向企业预报有重大影响的近期或远期发展趋势；预测企业重大行动计划可能产生的社会反应等。

（6）产品促销虽然不是公共关系直接的主要的工作内容，但从企业的最终目标来看，产品促销应成为公关促销的潜在的根本目的。以自然随和的公共关系方式向公众介绍新产品、新服务，既可以增强公众的购买或消费欲望，同时又树立了企业良好的市场与公众形象。

3. 公关促销方式

公共关系促销活动方式策划是一项充满创造性的工作。一般而言，主要表现为以下几种方式。

（1）充分利用新闻媒介及时对产品作宣传报道，如经常向新闻界提供新闻稿，向新闻界分发企业刊物、宣传小册子等，以求最迅速地将企业内部的信息扩散到新闻界，再利用新闻媒介形成有利于企业的社会舆论。

（2）举办各种招待会、座谈会、联谊会、茶话会、接待和专访等社交活动。近年来，很多企业都开展了丰富多彩的交际性公共关系活动，成立了企业家俱乐部、企业家联谊会、企业家文化沙龙等。这类公共关系活动具有直接性、灵活性和人情味浓等特点，能使人际间的沟通进入"情感"的层次，因而在公关促销中得到了广泛的应用。

（3）提供各种优惠服务。如企业开展售后服务、咨询服务、维修技术培训等，以行动证实企业对公众的诚意，容易获得公众的理解和好感。

（4）开展突出公益性、文化性的公共关系活动，着眼于企业整体形象和长远利益，或以企业本身的主要节日为中心，以庆典或纪念活动的形式扩大影响。或结合企业情况，举办各种有文化含义的专题活动。

（5）展销会和展览会是企业扩大其对外影响的窗口和机会。在这种场合，企业除了提供优质的产品，尽力获得销售和利润外，还应抓住机遇，营造富有特色的舒适环境，提供彬彬有礼的服务，严谨周到的安排，非商品方面的介绍等，为企业塑造良好形象创造条件。

有创意的公关促销策划，包含许多哲学理念、价值追求和人文要求，往往会给人们留下美好的记忆。因此，注意公共关系策划的开拓创新，将会不断提高公关促销的水平。

4．公关促销时机

审时度势，趁势造势，往往会产生奇效。这已被许多成功的企业公共关系活动所证实。一般而言，公共关系促销活动时机很多，从整体上讲可从三个方面去把握。

（1）把握企业内部机遇

开业是企业开展公共关系促销活动的大好时机，这时主要目标应是加强与社会各界的联系，展现企业经营宗旨，展现企业的新产品、新服务项目，广泛了解客户的需求。公共关系策划要根据这一目标展开攻势，组织好必要的开业典礼、剪彩仪式、接待新闻界朋友和各界知名人士等，尽量扩大影响。

借助企业周年庆典，宣传企业的崭新形象，明确今后的发展目标，密切企业与公众的关系。1986 年，可口可乐饮料诞生 100 周年庆典之际，可口可乐饮料公司向全世界发布各类可口可乐的信息，使人们了解可口可乐不仅历史悠久，而且已向太空时代迈进，领导着今日世界技术高度发展的软饮料行业。这些机遇的把握，大大增强了企业的竞争地位。

企业因各种原因改换名称，或通过扩张合并，组建新的生产经营单位，这时应通过各种传播渠道广而告之，维持企业原有的声誉和影响，加强新的联系，使企业形象不因改名、合并而受到损害。

当企业推出新产品或新服务时，公共关系促销宣传要走在前面，运用各种活动形式消除顾客的疑虑和观望心理，提高他们购买、使用的兴趣和新鲜感。

利用企业年终总结机会，召开各种类型的恳谈会，如领导层恳谈会、职工代表恳谈会、技术人员恳谈会、家属代表恳谈会等。通过这些形式，推动信息流动，吸取合理化建议，解决企业促销等方面的某些问题，协调各方面的关系，使企业更好地发挥整体性的功能。

（2）把握企业外部机遇

社会上的各种传统节日、国内外的重大事件以及某一时期人们议论的热点问题，某种方兴未艾的时尚等，都可以造成企业公关促销的某种机遇。如能借助这种东风，往往能起到意想不到的效果。

（3）把握最佳传播时机

能否把握住时机，及时地传播对企业有利的正面信息，引导公众舆论的发展趋向，这与增强公共关系活动的效果密切相关。策划人员必须以敏锐的触觉，注意寻找和利用公众接受信息的最佳时机，有意识地去创造这样的时机。在公关促销史上传为佳话的美国联合碳化钙公司的"鸽子事件"，就是一次"飞来"的机遇。一群鸽子无意中飞进了他们新盖的公司大楼，他们不是把鸽子一赶了之，而是备加爱护，并乘机进行企业形象策划和宣传，使公司一下子名声大振。策划人员抓住了这瞬间的机遇，让公司获得了巨大的成功。

机遇经常与危机同在。公共关系中把这种出人意外的事件称为"突发事件"或"危机公关"。在危机面前，也有许多极好的机遇可以把握，这主要取决于策划者本身的素质和经验，取决于他们对社会重大事件的判断和预测能力。1991 年，美国政府为执行反垄断法，下令洛克菲勒石油公司改组为四家小公司，以限制其发展规模。面对这种被动局面和当时极为残酷的市场竞争，老洛克菲勒果断地采取了相应措施，拿出相当部分的利润，大量捐赠给教会、大学、公共服务中心及其他慈善公益机构，设立了举世闻名的"洛克菲勒"基金会，专门资助文化公益事业，挽回了公司的危机形象。力量分散而相对弱小的四个子公司，也因此很快成了举世瞩目的企业明星。

五、直接营销

直接营销是消费者通过网络、产品目录、邮寄价格表、电话、杂志、报纸、电视或广播节目来获得产品供应信息，通过免费电话、网络、邮寄订货，用信用卡或支票支付成交。

六、其他促销活动

1．赞助促销

企业不仅是一个单纯的经济技术实体，也是一个社会性组织。企业不仅应对内部公众负责，而且也应对社会公众负有经济责任和社会责任。社会赞助是企业担负社会责任的具体表现，既有益于企业形象的塑造，也有益于整个社会。赞助活动是企业的一种软性广告，这种广告的效果是其他形式的广告所无法比拟的。虽然赞助活动增加了企业的某些费用，但从长远来看，企业可以取得经济效益与社会效益的统一。

（1）赞助的类型

企业在选择赞助项目时，应依据自身的目标及对社会的责任，选择那些不但经济来源需要整个社会的关心与帮助，而且其本身在整个社会上也具有广泛的影响，同时还会在客观上提高企业自身声誉和形象的赞助项目。

① 赞助体育活动。体育活动的各类项目是公众兴趣的热点，特别对青少年具有很强的吸引力。企业赞助体育活动可以迅速提高知名度，并对体育运动的发展产生促进作用。

② 赞助文化教育事业。"教育立国""科教兴国"已成为举国上下的共识。由于国家财力有限，对文化教育事业的投资远远不能满足实际发展的需要。通过赞助文化教育事业，对提高企业品位将产生深远的影响。

③ 赞助社会慈善和福利事业。选择适当的时机，为残疾人、孤寡老人、烈军属等提供赞助，赞助突发性自然灾害的救灾活动，为国家和政府分忧解难，向全社会表明企业的社会义务和社会作用。

④ 其他形式。例如，赞助各种展览、各种竞赛活动，赞助学术理论活动，赞助公众节日庆典活动。赞助可采取设立奖励基金、扶贫基金、送温暖基金等各种形式。

（2）赞助的技巧

在赞助活动中，应着重体现出赞助活动的社会性意义，尽可能减少商业化痕迹，使企业在开展赞助活动的过程中，突出了为社会公众利益服务的精神，获得了公众的好感，树立了良好的企业形象，也为产品做了特殊而有声势的广告。其技巧主要如下。

① 可酌情举办赞助仪式，使企业的赞助活动向社会广泛传播，引起公众的注意，达到塑造企业形象的目的。

② 在赞助活动中可以借用新闻发布会的形式，媒介的威信，对改变公众的心理倾向起着重大的作用。

③ 邀请权威人士或社会各方面的代表人物，召开不同类型的座谈会、恳谈会，对企业的赞助活动进行评价，对企业的义举进行褒扬，延长赞助活动的效应，加深社会大众对企业的印象。

2．专题促销

专题促销是有单独计划、特定目标的工作。在活动中要有明确的主题、任务、目标，以及采取的措施和步骤，因而，每次活动都要经过精心策划、充分准备，保证促销活动达到最佳的效果。

① 专题促销活动应有明确的主题，并为广大公众所接受。如 2000 年 TCL 集团与中央电视台举办的"TCL 杯我喜爱的春节联欢晚会节目"评比活动，就推动了企业的社会化进程，将企业的发展同社会密切联系起来，为企业赢得了良好的社会文化形象。

② 专题促销活动时间的选择也至关重要。逢年过节、开张吉庆都是举办专题活动的好时机。庆典活动时间选择要具有吸引力，最大限度地向公众显示公司宗旨、资金和技术实力以及发展前景，最大范围地争取公众的了解、信赖和支持，增强企业职工的自豪感和内部凝聚力，在公众心中成功树立公司的整体形象。

③ 专题促销活动还应当具有鲜明的特色，有特色的活动最容易吸引人。这种特色可以体现在形式的多样化方面，如有奖征答、比赛、游戏，或是开放参观、热点问题讲演，或是有刺激性的活动。

④ 专题促销活动可以邀请适宜的名人参加，利用名人促销，一是加强公众的注意度和信任度，增强商品的震撼力；二是迅速扩大商品的知名度，赋予商品独特的品味、格调，提升商品的地位和威望。采用名人促销方法时，要注意掌握分寸，要考虑到地域文化传统和社会背景等因素。

3．展览促销

展览促销是通过产品实物展示和现场示范表演达到宣传企业及产品的活动，这种复合性的传播方式综合了多种媒介的优点，具有鲜明、易懂、引人入胜的感染力，容易产生良好的销售效果和沟通效果。对于大宗商品的采购人员来说，展览促销提供了众多的选择余地和成交机会。因此，展览促销活动广泛受到消费者与企业的欢迎，在这期间再运用广告手段扩大影响，将会取得更好的效果。

展览促销有各类不同的形式，第一，从举办的内容来看，可分综合性展览与专题性展览。综合性展览要求较全面地介绍一个企业的情况，具有整体性和概括性；专题性展览一般围绕某个专题举办，具有一定的深度。第二，从展览的规模来看，有大型、小型或袖珍式展览，其中有长期固定形式的，有定期更换部分内容，或是一次性展览后即行撤除的。

展览促销活动在现代商战中已成为了企业竞争的重要手段。企业要精心策划，以求得最佳效益。一是要明确主题思想，围绕主题搜集参展实物、图表、照片及文字等，并形成有机组合与排列；二是依据主题构思整个展览结构；三是要做好活动期间的新闻宣传工作，扩大展览会的影响范围；四是要认真周到地做好会务工作，使活动井然有序，取得预期效果。

4．零售促销

在零售店中往往体现消费者最终购买行为，这是广告策划的重要阵地。如何抓住机遇，脱颖而出，是零售促销应该考虑的重要课题。

（1）零售促销发展趋势

在变化多端的市场竞争环境中，除了采用传统的手法经营外，零售业的发展趋势表现为如下几个方面。

① 市场定位的观念越来越受到零售业者的重视。

② 零售业主纷纷转向采取增加店铺闲置空间，而不扩充店铺数量的做法，虽然能扩展营业面积，但容易造成市场需求过剩，而且会占有企业大量资金。

③ 扩大商品种类。

④ 在市场竞争日益加剧的压力下，根据调查，一位抱怨服务质量不好的顾客往往会直接影响约 30 位消费者的不满。零售业者最担心的就是顾客的流失，使顾客在购物时得到良好服务是吸引顾客的重要手段。

⑤ 由于电脑、通信系统以及条码化商品的普及，不少零售业主已逐渐能正确、完整、迅速地掌握订货、进货、销售及存货的分析资料，并以此调整经营得失，减少损耗，以超越对手，获取利润。

⑥ 近年来，一些发达国家的知名零售业商不断努力超越贸易、经济、文化的界限，到其他新兴国家开辟零售业点。

（2）价格促销

价格本是零售促销的一种传统经营手段，近年来，商家利用价格促销精心策划，呈现了一种更高层次的竞争态势。

① 用优惠卡购物，以保住一批稳定的消费者，这是现实通行的一种促销手段。相类似的，还有发行嘉宾销售卡。消费者购物的数额累计到一定标准之后，向消费者返还相应的红利。

② 是将货仓和商场合二为一的货仓式销售。由于此方式地租便宜，装修简朴，减少了经销环节，能使商品价格比一般零售店便宜，深受广大消费者的欢迎。

③ 分期付款、赊账消费开辟了促销新途径。前者先交部分货款，拿走商品，余额按约定分若干次付清。后者是先拿走商品，以后再付款。此法好处可以使消费者提前享用所需商品，使那些急需购物而暂时手头紧的顾客美梦成真。

④ 少花钱，多办事符合现代社会人们的心理。以租代买开始成为一种新潮流。出租的形式多种多样，有汽车出租、电脑出租、餐具出租、婚纱出租等。形形色色的出租业，不仅拓宽了社会服务业的渠道，而且也为经营者带来了可观的经济效益。

（3）特许专卖店促销

专门经营同一品牌（或几种品牌）的商品或服务的商店即为专卖店。目前专卖店较多的有名牌服装专卖店、快餐店、汽车配件专卖店等。专卖店中最重要的一种类型是特许专卖店，它是特许人和特许经营人之间的契约式联合。特许人可以是生产商、批发商或服务机构，特许经营人则是购买特许专卖系统中一个或若干个品种的所有权和经营权的独立商人，各有专卖分店。在百货商店、综合商店、超级市场以及直销（无店铺销售）激烈竞争的市场经济条件下，特许专卖店能脱颖而出，充分说明了它具有强大的市场竞争潜力。这种促销方式的优势主要表现在以下几方面。

① 联购分销，进货量大，配送快捷。各专卖店和总部的密切联系，体系内部采取统一采购、长期订货的策略，能够从供应商那里获得较多的折扣和优惠。

② 多店铺经营，市场涵盖面宽。特许专卖通过快速复制，从点到线，由线及面，构成

213

广泛的销售网。

③ 与传统店铺相比，特许专卖店标准化的店铺形式、标准化的服务质量和标准化的管理，获得了消费者的青睐，极大地提高了经营管理的效率。

④ 特许专卖店体系因其规模巨大、资金雄厚，具有良好的信誉，较容易得到银行信贷，从而加快了资金周转，提高了经济效益。

⑤ 在特许专卖店体系内，总部有统一经营权，并提供各专卖店所必需的信息、商品、商标以及一整套完善的经营管理规范。分店能把主要精力放在经销商品的中心环节上，降低了企业风险系数。

特许专卖店的魅力来自于规模经济和集团优越性，符合了商业发展的规律。

随着我国商业的规模化、专业化的发展趋势，特许专卖店将在市场经济大潮中发挥更大的作用。

以上列举的是一些常见的促销活动类型，另外，近年来又出现了一些新的促销方式，如直销促销、品牌促销、文化促销、关系促销、诱导促销等。

任务3　电信企业促销

【问题引入】　电信是指利用有线、无线的电磁系统或者光电系统，传送、发射或者接收语言、文字、数据、图像以及其他任何形式信息的服务。这些信息服务也就是我们所称的电信产品。电信企业促销有什么特点？电信企业促销有什么方法？怎样通过实际的案例去了解电信业务促销的过程？这是本任务需要解决的问题。

【本任务要求】

1. 识记：电信企业促销的概念、特点及方法。
2. 领会：电信企业促销的案例。

一、电信企业促销认知

电信企业促销是指电信企业向客户传递产品信息并开展说服工作，以帮助客户认识电信产品、尤其是电信新产品功能，激发其使用欲望和购买行为，以增加电信业务量的一系列活动。

1. 电信企业促销的特点

电信企业提供的不是一般物质产品，而是一种特殊效用。这使得其促销具有以下特点。

（1）促销过程的广泛性

电信市场的触角遍及全国乃至世界各地，面对的是一个多层次的消费主体。

（2）促销方式的专业性

电信企业的生产和销售的技术含量较高，由此使得促销方式也必须适应专业性强的特点。

2. 电信企业促销的目的

（1）传递信息，沟通产需。

（2）挖掘潜力，创造需求。

（3）宣传产品，树立企业形象。

（4）增强信誉，扩大市场份额。

3. 电信企业促销的方法

促销方式可分为人员促销与非人员促销两大类。

（1）电信企业推销人员应具备良好的职业道德、全面的业务知识、较强的推销能力和良好的素质。

（2）常用的广告媒体有报纸、杂志、广播、电视、也被称为四大广告媒体。不同的广告媒体有不同的特性，这决定了企业以及广告活动必须选择正确，否则会影响广告效果。

（3）公共关系是指企业在进行市场营销活动中正确处理企业与社会公认的关系，以便创造有利的营销环境，树立企业的良好形象，赢得公众对企业的信任与支持，从而促进产品销售的一种重要传播活动。公共关系的主要方法有：向广播、电视、报纸、杂志等宣传机构传播企业和产品的有关情况；同政府机构、有关组织以及批发商、零售商建立公开的信息联系；与有关公众团体保持密切的联系，听取和收集各种不同组织的公众对本企业的营销方针、政策、产品、服务等方面的意见和要求，树立企业的信誉；同客户建立密切的联系制度，以实际行动向社会公众施加影响，向本企业职员传授经营方针，予以主动服务等。

（4）电信营销推广是指电信企业为刺激需求和扩大销售而采取的鼓励消费者迅速购买电信产品的各种营业性促销措施。营销推广的主要方式有：赠送样品或使用样品、附赠样品、有奖销售、现场演示、展销订货会、社会赞助、商品陈列及交易推广等。

二、电信企业推销人员

1. 电信企业推销人员的任务

电信企业推销人员作为企业和客户之间相互联系的纽带，他们负有维护双方利益的责任。推销人员既要使企业获得满意和不断增长的销售额，又要培养用户的友善关系，并反映市场信息和购买者的信息。

① 积极寻找和发现更多可能的客户和潜在客户。

② 把关于企业产品和服务方面的信息传递给现有客户和潜在客户。

③ 运用推销技术，千方百计推销电信产品。

④ 向客户提供多种服务，如提供咨询服务、帮助解决技术问题、安排融资、催促加快办理交货等。

⑤ 经常向电信企业报告推销活动情况，并进行市场调查和收集市场情报。

2. 电信推销人员的组织形式

① 地域型。电信企业将目标市场划分为若干区域，每个区域指派一名电信人员负责本企业各种电信产品在该地区的推销。这种组织结构最适合于同质电信产品的销售，例如销售单纯住宅电话、数据通信等，而不适宜同时推销多种产品。

② 产品型。电信企业将经营的电信产品分为若干大类，每个推销员只负责推销其中一种或者几种电信产品的结构形式。它适用于企业经营的电信产品种类繁多、差异性大、技术

性强的电信产品营销，例如，语音信箱、数据检索等，并且推销员应该具备相应的专业知识。当然，上述适用条件也不是绝对的，例如，某电信企业虽然经营多种技术性强的电信产品，但客户构成大体相同时，采用这一形式就未必适宜。

③ 客户型。电信企业将目标市场按客户属性划分，每个推销员仅负责向一类客户推销电信产品。客户可按电信类别、客户规模等进行划分。这种形式主要适用于同类客户比较集中的电信产品推销，例如开发区、商品集散地等。

④ 综合型。当前，大多数电信企业经营品种繁多，市场范围广泛，用户分散，上述任何一种单一的组织形式均无法获得预期效果。因此，通常将上述三种推销组织形式加以综合运用，即按照区域—产品、客户—产品，甚至可以按区域—产品—客户来分配推销人员。

3．电信推销人员的管理

① 坚持定期和不定期地对推销人员进行各种必要的专业培训。一般来说，根据不同的条件和具体要求，企业可以采用短期集中培训、专项实习、岗位传授和委托等多种方式对推销人员进行培训；在实际工作中应根据推销人员的具体情况使其进行企业知识、业务知识、推销技巧等多方面的重点或全面学习。

② 坚持按劳分配的原则，给予必要的激励。电信企业推销人员工作量大，比较辛苦，企业应该时刻关心推销人员的工作和生活，按业绩给予合理的报酬，不仅要做到劳有所得，还应给予适当的物质或精神鼓励，使推销人员感到促销的价值，并逐步培养他们的荣誉感和自豪感，敦促其更好地完成推销任务。

③ 定期对电信推销人员进行考核评价。要定期检查或定期审核工作报告，也可以向用户进行实地访问，听取用户的意见或反映。一般而言，可以通过以下指标考查推销人员的工作：每个推销员每天平均的访问次数，每次访问的时间、费用、收获，一定时期的成交率等。了解这些指标，有利于加强对推销员的管理，不断促进促销工作。

三、电信企业促销案例

【案例1】武汉市电信校园营销方案

1．产品定位
中国电信的产品定位采取灵活策略，以高质量、低价格、优质服务抢占市场。

2．销售对象
某市高校全体师生。

3．营销推广目标
① 品牌宣传，提高电信在该区的品牌知名度。
② 抢占市场，提高电信在该区的市场占有率。

4．品牌运作的平台
中国电信公司营销团队和各高校的营业厅等。

5．营销策略
① 价格策略（低价格，优服务，高性价比）。
② 公关策略（校园公关和零售商公关）。

③ 产品策略（主打天翼飞 Young 套餐，见表 6-3。）

表 6-3   天翼飞 Young 套餐

月基本费（元）	套餐内					套餐外	
	市话主叫（分钟）	短信（条）	Wifi 上网（小时）	手机上网（MB）	赠送增值业务	手机上网阶梯资费（元/KB）	
						20MB～200MB	200MB
19	60	60	6	20	来电显示+七彩铃音	0.00015	0.00006
39	180	180	18	20			

* 本地接听免费，套餐外拨打本地长市话一口价 0.15 元/分钟，WiFi 上网 0.03 元/分钟，手机上网单次不足 1 分钱按 1 分钱计，短信和漫游执行标准资费。

* 校园可选包（仅限对高校在校学生群体销售）：

校园 VPN：0～3 元，校园 VPN 网内市话免费。

校区包：1 元/月功能费，校园内拨打长市话一口价 0.08 元/分钟。另送本地手机上网 100MB。

亲情包：2 元/月功能费，可在全国范围内指定 1 个网内号码（固网、小灵通电话或 C 网）号为亲情号，送长市主叫 200 分钟。

天翼宽带包：15～50 元包含不等的校内有线宽带上网时长，具体资费详询当地校园营业厅或拨打 10000 咨询。

④ 销售渠道和辅助策略（校园营业厅、加盟店，活动促销）。

⑤ 终端促销实施策略。联合手机厂商，推出新型、潮流、时尚智能手机（多品牌、价格多样、形式多样）。开展购机优惠、0 元购机等活动。

⑥ 推广策略（电信 3G 时代路演，3G 网络嘉年华系列活动）。

6. 电信校园推广方案

中国电信的高校推广方案如图 6-2 所示。

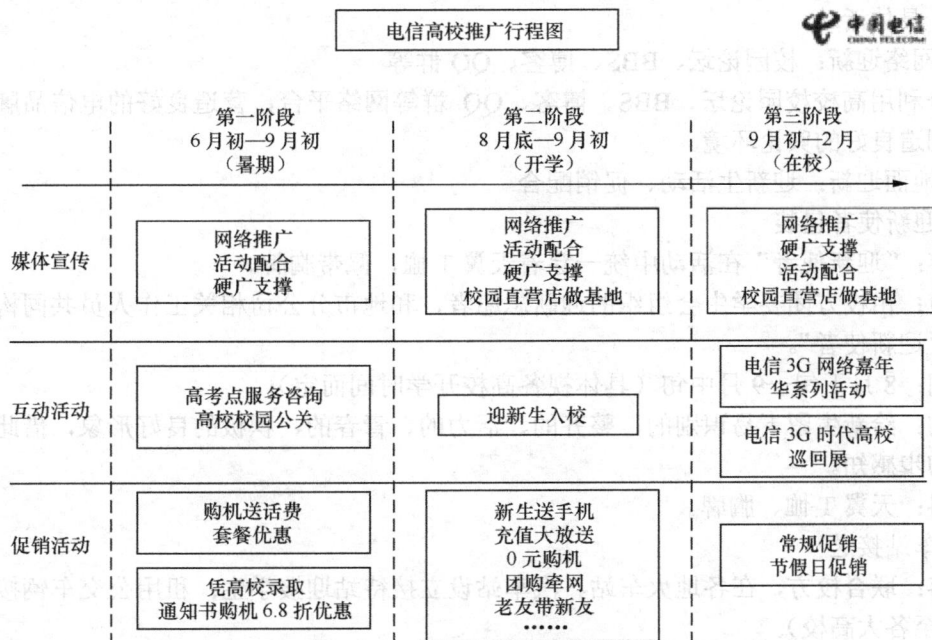

图 6-2　电信高校推广行程图

第一阶段：暑期占领（6月初—9月初）

（1）推广目标

① 提前预热、感知。

② 我对大学校园充满期待，天翼3G让我梦想飞扬。

③ 搞好校园公关，占领先机。

（2）具体安排

① 建立电信校园嘉年华网站，并下设各大高校子网页，加大媒体宣传力度

网站功能定位：主推相应时期的校园活动，同时包含天翼产品、宽带、电信3G业务介绍。

网站风格定位：形式大胆新颖、板式简洁明快。

网站形式定位：大主题内套小活动，主题站内嵌活动站。

② 高考考点服务推广

具体实施：高考期间，在各大高考考点设立服务点，给考生和家长提供矿泉水，遮阳休息服务，并分发电信天翼、宽带宣传册，宣传电信产品，赠送印有电信天翼的小礼物。

③ 电信暑期大促销

具体实施：电信各大营业点开始进行购机送话费、套餐优惠和针对准大学生们的凭高考录取通知书购机6.8折优惠促销活动。

④ 促销策略

7月份代学校向新生邮寄录取通知书，夹寄中国电信天翼宣传单。

第二阶段：开学迎新（8月底—9月初）

（1）推广目标

青春飞Young，年轻活出样，我就要天翼3G！

（2）推广重点

迎新为表，促销为主，拉新生入网。

（3）具体活动

① 网络迎新：校园论坛、BBS、博客、QQ群等

充分利用高校校园论坛、BBS、博客、QQ群等网络平台，营造良好的电信品牌形象，为电信创造良好的舆论环境。

② 地面迎新：迎新生活动、促销配合

a．迎新使者包装

内容："迎新使者"在活动中统一穿着天翼T恤，佩带胸牌。

人员：由校方团委学生会组织的迎新志愿者，和地市分公司相关工作人员共同构成本次活动的"迎新使者"。

时间：8月下旬—9月中旬（具体视各高校开学时间而定）。

目的：给新生留下易识别的、整齐的、活力的、青春的、积极的良好形象，借此建立对天翼的初步感知。

物料：天翼T恤、胸牌。

b．车站接送

内容：联合校方，在各地火车站、汽车站设立接待站迎接学生；租用公交车辆接送学生（车站送至各大高校）。

时间：8月下旬—9月中旬（具体视各高校开学时间而定）。

地点：各大火车站、长途汽车站。

服务人员：若干"迎新使者"。

目的：让外地来的学生和家长一下车就感受到天翼对他们的帮助与关怀。

场景模拟："迎新使者"热情的微笑、体贴的问候，送上冰凉的矿泉水将一身旅途劳累一扫而空；专用车将学生和家长送入大学，在这段心情异常激动的时间里，"天翼"助他前行，驶向未来的彼岸。

物料：帐篷、柜台、遮阳伞、饮水机、纸杯、条幅、座椅、地图、报纸、手持牌、公交车辆。

c. 学校迎新

内容：迎新当天在各高校校园内设立"新生接待站"。

时间：8 月下旬—9 月中旬（具体视各高校开学时间而定）。

形式：

高校门口

内容："**大学新生接待站"——赞助给学校使用。

目的：使新生产生对学校的第一印象的同时也能感受到"天翼"的热情。

物料：帐篷、柜台、遮阳伞、饮水机/纸杯、升空汽球、手持牌。

各院系集中报到区

内容：赞助大量帐篷供各院系使用，并派专人给新生派发天翼手机和进行充值活动。

目的：所有院系统一使用天翼帐篷，对整体进行包装。

物料：帐篷。

各院系集中报到区旁

内容："天翼新生服务站"。

目的：来自电信"迎新使者"热情的微笑，以及冰凉的矿泉水将新生报到办理各种手续的辛苦和忙碌都一扫而空；桌面 IP 报平安电话给家乡亲人一声平安，给朋友熟人几句问候；手机充电器为大家充电助力。

物料：帐篷、柜台、遮阳伞、饮水机、纸杯、桌面 IP 报平安电话、手机充电器、天翼折页。

售卖区

地点：学校指定区域。

内容：现场派发天翼宣传折页、讲解天翼品牌知识、礼品展示、定制手机展示、办理入网等相关业务。

物料：帐篷、柜台、遮阳伞、饮水机、纸杯、笔记本电脑、横幅、宣传折页、天翼 UIM 卡、礼品、定制手机、立架、展架、液晶电视。

指示系统

设置各种天翼形象指示牌，引导新生办理各种入学手续。

横幅

在校园主干道、广场、礼堂、宿舍、教学楼、校园医院、操场等醒目位置悬挂欢迎条幅。

迎新专用手写海报

统一设计迎新专用手写海报，可结合当地学校具体情况，手写欢迎类、提醒类、服务类、活动类等信息。可张贴于校内公告栏、宿舍楼下、食堂、操场等位置。

校方引导咨询员

对学校及各社团组织的校园服务、咨询和引导、管理人员以赞助天翼 T 恤的方式进行包装（如有其他非校方但在校园活动的群体也可进行包装，但注意管理）。

休息区帐篷

如果天气炎热，建议在校内人群聚集的主要位置（如宿舍楼下、签到处、体检处等）设置一些天翼帐篷、饮用水等，便于新生及家长休息。

③ 硬广告支持：校园媒体、校园直营店包装

充分利用广告、校园媒体和校园直营店的作用，在开学前做好迎接新生和促销的准备，在开学期间给各大同学提供良好的服务，给每位新生派发电信新生入学指南、玩转天翼 3G 宝典和办理方便快捷的天翼、宽带服务。同时开展充值大放送、0 元购机、团购宽带网、老朋友带新朋友等促销活动。

④ 重点项目：迎新晚会

9 月份与校方共同策划、承办校园迎新晚会，由中国电信提供场地布展、宣传物料、奖品，在晚会过程中进行业务、品牌宣传。

第三阶段：市场强化（9 月初—第二年 2 月）

（1）推广目标

强化市场占有率，维护客户关系。

（2）具体活动

① 电信 3G 网络嘉年华系列活动

a．校园微文化——微小说、微电影、微漫画等

利用电信和校园的网络媒体平台，宣传校园本土原创，打造一个属于广大师生的活动交流的创意平台。并设立相关奖项，吸引广大师生的参与。奖项有各大校区奖和整个地区联合奖，奖品分为现金、天翼手机以及相关电信产品服务。评选活动从 9 月份开始，到 11 月底截止。电信公司将参赛作品上传到各高校的 BBS 论坛、微博、网页等平台进行评比，并设立用户投票，根据投票结果宣布获奖名单。最后，组织一场盛大的校园微文化颁奖活动，活动将会播放获奖的校园微电影、微小说朗诵、微漫画展和相关的歌舞表演。

b．青春飞 Young——天翼校园十大歌手、篮球赛、足球赛、花样轮滑比赛等

积极赞助校园重大的文体活动，与学校师生搞好关系，突出电信专注年轻人、乐意为广大师生提供发展个性、创新校园文化、引领潮流的形象。

c．天翼 3G 商务策划大赛

与学校相关社团合作，设立天翼 3G 商务策划大赛。由学生自愿组团参赛，每组 5 人，一名指导老师，比赛内容有电信品牌策划、校园品牌推广、实战环节、最后总体汇报 4 个内容。每项分数内容都有相关的比例，其中品牌推广、实战环节所占分数比例最高，由各高校专业老师和电信公司人员进行评比。奖项分为特等奖和一、二、三等奖，以及优秀奖若干名，奖品分为现金、天翼手机、天翼充值卡和其他印有电信标志的礼品。比赛从 12 月初开始报名，1 月选拔，下学期开学进行校园品牌推广和实战环节，3 月底进行总决赛并颁奖。

d．电信节日大礼包

中秋、国庆充多少送多少；圣诞、元旦充值大礼包；寒假充值送特产、0 元购机带回

家等。

② 电信 3G 时代高校体验巡回演出

10 月份在大学校园内进行电信 3G 时代体验巡回演出，集天翼众多产品、业务于一体的体验秀，包括手机、上网本、上网卡以及 3G 业务应用。活动以模特表演、歌舞助兴、最新时尚的 3G 产品及业务展示、3G 产品及业务体验吸引广大学生的参与，活动中还会进行抽奖活动，奖品包括电信 iPhone4S 等。

【案例 2】电信 3G 手机卡促销方案

1．运营宗旨

在广州市内建立有效的渠道平台，常年促销 3G 电信卡，实现低投入高回报。

2．市场分析

目前还有很多城中村，以及白领想优惠购机，采取通过小百货商超的形式拓展他们稳定的客户群体。采取小点、多点、扫盲点的形式开展市场，市场巨大，前景广阔。

3．运作模式

采取直接开发小百货、小商超、药店门口、交通要道或者门店作为代售点，每个点铺货 1 台机、1 个卡、1 份号码表、1 条横幅、1 份海报、1 份资费表、1 个收据本、1 张名片。

4．首期所需资源

① 中国电信未激活的 3G 套卡 50 张。

② 标准手机 50 台，网络上先购买。

③ 号码表 50 张。

④ 横幅 50 条。

⑤ 海报 50 张。

⑥ 资费表 50 张。

⑦ 名片 2 盒。

⑧ 公司网站。

⑨ 配送车辆工具。

5．财务核算

① 前期投资：机 2000+广告 1000=3000 元。

② 单套成本：卡 30 元+机 100 元+广告支持 50 元=180 元，店主提成 30 元/台或 40 元/台。

③ 零售价格：280 元/套、330 元/套，一月质量问题包换。

④ 利润预期：100 元/台或 150 元毛利。

6．市场计划

前期筹备：10 天内启动进入正轨。

3 月 9 日—3 月 10 日市场调查——筹备资金 3 月 11 日——购手机 3 月 14 日到货——3 月 15 日—3 月 17 日铺货。

① 首期铺点：15 个，在元岗、河水、地铁口、黄庄、同和。

② 二期铺点：200 个，在周边地区。

③ 三期促销：找好的场地进行促销，主要以地铁口为主。

④ 四期铺点：300 个，在大广州范围内完成，主要以地铁口为主。

⑤ 小型现场促销：针对工业区、小区、信号不好的地方开展促销专场。

7．利润预期

① 15 个点的时候：每天销售 5 台机，每天利润 500 元，每个月 1.5 万元，或者 3 万元。

② 100 个点的时候，每天销售 20 台机，每天利润 2000 元，每个月利润 6 万，或者 8 万元。

③ 200 个点的时候，每天销售 50 台机，每天利润 5000 元，每个月利润 15 万，或者 20 万元。

④ 500 个点的时候，每天销售 100 台机，每天利润 1 万，每个月利润 30 万，或者 50 万元。

8．即刻需要执行的计划

10 天内完成所有启动。

① 2 天：印刷好名片，走访市场调查，30 家店去谈，还要去贴海报广告。

② 2 天：确定资金到位，选择机型。

③ 3 天：手机到货，拿好 3G 卡，宣传材料到位。

④ 3 天：开始铺货和送货。

9．其他

① 横幅口号：电信促销——预存 250 元，送手机 1 台+送话费 350 元！资费：中国电信 3G 天翼套餐，月租只要 16 元（送 300 条信息、送 10MB 上网流量、送来电彩铃、接听免费、打出 9 分钱/分钟）。

② 海报：信号超级好，套餐超级划算，可以 5 元搞集群网，10 元搞省内集群网，买部手机送爸妈。

③ 名片：广州大众通信有限公司市场经理。

④ 传单：资费的、号码的。

10．推广方案

先做一个公司推销网站，通过网站进行活动介绍和营销。

① 到处铺点：针对城中村、地铁口、工业区、小区、公交站点重点攻击。

② 网络发布：店铺发布，店铺合作。

③ 取货地点：统一到天河客运站指定地点取货。

④ 发短信：发 5000 条信息看下反应如何。

⑤ 派传单：找广州日报渠道派送 1 万份传单到天河区的家庭用户。

⑥ 刊登报纸：广州日报头版小广告。

⑦ 淘宝店销售：找家做代理。

⑧ 代理：校园代理、工业区代理，区域代理。

⑨ 团购洽谈：跟企业单位洽谈、主要针对批发市场。

⑩ 很需要配手机的客户：业务人员、售后人员、批发市场人员、家里的小孩。

⑪ 办公大厦促销：小型专场，或者跟物业管理处合作。

⑫ 宣传：到处投放招牌广告。

任务 4　手机业务促销

【问题引入】手机行业的促销，从厂家角度来说，总体上分为人员促销、销售促进、广告媒介、终端建设、公共关系等五大类。那么这五大类促销过程中应该注意什么？怎样才能成为一名合格的手机导购员？怎样进行销售促进？怎样进行手机销售终端建设？这是我们学习本任务要解决的问题。

【本任务要求】

1. 识记：导购员的工作技巧、销售促进额方法、手机终端建设方法、广告媒介。
2. 领会：人员促销的案例、销售促进案例。

手机行业的促销，从厂家角度来说，总体上分为人员促销、销售促进、广告媒介、终端建设、公共关系五大类。

一、人员促销

人员促销主要指和终端密切相关的导购人员所做的推广活动。在手机行业中，这些层级的人员主要包括导购员、导购主管、市场代表、市场督导等。在大多数公司，导购员、导购主管、市场督导等开展工作所花的费用在推广费用中列支。

导购人员分为直接销售人员和间接销售人员。

直接销售人员，即导购员。导购员所做的日常工作的目的就是促进终端销售。主要是通过自己对产品知识的掌握，服务于消费者，促使消费者购买自己导购的产品。

间接销售人员，即带有部分管理性质的销售人员，主要包括：导购主管、市场代表、市场督导等。市场督导或者导购主管的主要职责除了销售手机外，还肩负着培训和管理导购员、使团队发挥最大工作效能的责任。

1. 导购员终端导购技巧

（1）AIDA 模式

我们应掌握如下推介产品的步骤：首先引起顾客注意（Attention），然后使其产生兴趣（Interest），接着激起欲望（Desire），最后促成行动（Action），简称 AIDA 模式。

① 引起注意（Attention）

应先开口说话，掌握主动权。

规范销售现场，利用广告宣传品吸引顾客注意力。

② 引起兴趣（Interest）

以生动的解说吸引顾客。

及早演示产品，适当与顾客交流。

充分利用现场声像资料、宣传资料和直观的辅助工具。

③ 激发购买欲望（Desire）

认真询问顾客的需要，把产品和顾客的实际问题和需要联系起来。

指出产品会给顾客带来的益处，如功能特性、产品优势、品牌优势、售后服务等；

讲解产品的独特性；

把顾客的潜在需要与产品联系，不断进行心理暗示。

④ 促成行动（Action）

排除异议（价格、质量等）。

适当地鼓励，强有力地促成行动。

（2）接近顾客

万事开头难，再多的销售技巧，也需要首先能够将顾客吸引过来。以下讲的接近顾客的办法，均为 AIDA 模式中 Attention 的部分，具体如下：

① 如何把握时机

把握接近顾客的时机，主要有如下方面，如表 6-4 所示。

表 6-4　　　　　　　　　　　　　　　　把握接近顾客的时机

情　　景	顾 客 类 型	应 对 方 式
顾客直奔导购员	看上某品牌	不要犹豫，鼓足勇气，主动向前，微笑服务
顾客来到柜台前，寻寻觅觅	已在众多型号中挑花了眼	主动且谨慎地接近，以专业人士的口气与姿态帮助他
顾客由其他品牌来到柜台前	拿不定主意买哪家的	尽快出手，向他介绍本公司产品的特色、重要功能等优势
顾客有几个人，其中一人像买主，另外几位像参谋	顾客已有购买意向，带来专业"顾问"	机会难得，要稳住他，注意回答问题要谨慎，多介绍自己非常明白的功能，不要不懂装懂

② 如何接近顾客

如何接近顾客，具体方法如表 6-5 所示。

表 6-5　　　　　　　　　　　　　　　　接近顾客的方法

方　　法	所 用 语 言	特　　点
个人接近法	先生/小姐：您好！	热情
POP 单页接近法	您好，请看一下某手机的产品介绍	自然
单刀直入法	您好，请问想看哪款手机？	直接
服务法	您好，有什么可以帮您的吗？	婉转
产品接近法	您好，这是××手机	实用

③ 接近顾客时的注意事项

a．主动、适度热情地接近顾客。

b．微笑至关重要。

c．善于倾听。

d．给顾客安全感。

e．面对拒绝：顾客说"随便看看……"

——礼貌地请他单独观看，并表示愿随时为其服务。

——寻找机会继续接近。

——给他留下良好的印象。

④ 了解顾客的需求

a．顾客购买的动机：工作需要、更新换代、添置第二台等。

b．顾客需要的规格、功能、外观。

c．利用适当时机或根据自己的判断掌握顾客的预算。

d. 如果是以旧换新，应了解现在使用产品的优缺点，以及顾客看重的是什么。

（3）产品介绍

产品介绍所起到的重要作用在 AIDA 模式中是 Interest 和 Desire 部分，即引起兴趣和激发购买欲望。在此过程中，还要用到 FABE 的办法来达成。

① 找到销售诉求点（卖点）

销售诉求点是以商品知识为基础、以顾客需求为中心的商品说明的凝缩。如果从顾客角度出发考虑问题，也可以称为买点。

② 销售诉求点的制定方法：FABE

FABE 推销法是非常典型的利益推销法，它通过四个关键环节，极为巧妙地处理好了顾客关心的问题，从而顺利实现产品的销售（见表 6-6）。

表 6-6　　　　　　　　　　　　　　FABE 法的内容

Feature（特征）	功能、外观、构成、耐久性、经济性、设计、价格等商品的属性（如:精钢外壳）
Advantage（优势）	特点起到什么作用（如照相像素高、CPU 速度快）
Benefit（利益）	给顾客带来的利益（如很有品味、商务功能强）
Evidence（证据）	技术报告、报刊文章、照片、示范、网上测评等证据（如你看，照出来的相片多清晰）

FABE 法的中心原则：商品的特征——顾客的利益。

③ 产品说明的要点及技巧

a. 满怀信心。

b. 配合演示说明，并邀请顾客参与。

c. 着眼于产品的特点给顾客带来的益处。

d. 微笑面对拒绝。

e. 避免使用过多的术语。

f. 耐心很重要，避免说得太快。

g. "先价值，后价格"，避免过早主动提到价格。

h. 避免过早主动提到售后服务。

i. 善于倾听。

j. 说出最能够打动顾客、最能够帮助他下决心的语言来。

小贴士：如何更有吸引力和说服力？

技巧：听——问——答

销售人员往往习惯将他们知道的东西，特别是产品信息灌输给顾客听，而忽视了倾听顾客的需求。如果我们想要成为一名优秀的销售员，必须改正这种不良习惯。让我们从内心开始，去克服把"灌输"作为"推销武器"的习惯。不要着急，请顾客先说，然后问几个问题，更好地了解顾客，最后介绍一些他们想要知道的信息。这不是很容易吗？但对某些人来说，却可能很困难，因为这样就需要改变一个人的习惯。只要我们在每次想要"灌输"的时候，都提醒自己要其"倾听"，我们便一定能成功。

（4）克服异议，促使成交

即 AIDA 中 Action 的部分。当激发了顾客购买欲望后，要迅速导入成交流程，这时，可能顾客会突然反悔，或者下不了决心，要针对不同类型的顾客采取不同的接待技巧（见

表 6-7）。

表 6-7　　　　　　　　　不同类型的顾客采取不同的接待技巧

顾客				导购员交谈与接待的方式方法
基本类型	基本特点	次要特点	其他特点	
爱好辩论者	对各售货员的话都持异议	不相信售货员的话，力图从中寻找差错	谨慎缓慢地作出决定	出示商品，使顾客确信产品是好的。介绍有关商品知识，交谈适宜用"对，但是"这样的话语
"身上长刺"者	明显的心情/脾气不好	稍遇到一点惹人恼怒的事，就勃然大怒	其行动好像是预先准备的、故意设的陷阱	避免争论，坚持基本事实，根据顾客需要出示各种花色品种
果断者	懂得他要的是什么样的商品	相信他的选择是正确的	对其他的见解不敢兴趣，愿意售货员的话简洁一些	争取做成买卖，不要争论，自然销售，机智、老练地加入一些见解
有疑问者	不相信售货员的话	不愿受人支配	要经过谨慎的考虑才能作出决定	用加工、制造商的品牌做介绍的后盾。出示商品，让顾客查看、触摸商品
注意了解实际情况者	对有事实根据的信息很感兴趣，愿意具体一些	对售货员介绍中的差错很警觉	注重查看现行的商标	强调商标和加工、制造厂商的真实情况，自动提供详细信息
犹豫不决者	不自在、敏感	在非惯常的价格下购买商品	对自己的判断没有把握	对顾客友好，尊重他们，使他们感觉舒服
易于冲动者	会很快地作出决定或选择	急躁、无耐性	易于突然停止购买	迅速接近，避免过多地推销，避免讲话过多，注意关键点
四周环顾者	看看有什么新产品	不要售货员说废话	可能不购买	注意购买迹象，有礼貌地、热情地突出商品

2．疑难问题应变原则

（1）对价格的异议

① 利益化解法：通过强调产品带给顾客的利益和实惠，来化解顾客就价格提出的不同意见。

② 强调优点法：对产品的优点详细分析（性价比分析），使顾客认识到花的钱是值得的。

③ 优势比较法：遇到顾客将产品与其他厂家的同类产品价格作比较，可突出自己产品所独有的优势。

（2）对质量的异议

① 证言法：利用报纸、杂志、消费者的话来证实。

② 实证法：用产品的品质、技术参数和获得的荣誉来证明。

③ 排除后顾之忧法：强调售后服务的优势，如包换、保修等。

（3）回答异议的原则

① 用心倾听，并表示你已听懂，切不可不懂装懂。

② 不要正面反对顾客的意见。

③ 不好正面回答顾客的问题，可避开主要矛盾。

④ 要有耐心，如果问的不止一个问题，应一一回答。

⑤ 不能欺骗顾客。

⑥ 对于具备一定专业知识的顾客，如果他提出一些你难以回答的技术性问题，应该虚心向他请教。

3．疑难问题回答案例分享

【案例1】客人问手机可不可以更便宜

营业员首先要用肯定的态度回答客人这是实价，打消客人削价的念头。

如回答：不好意思，这个价钱是公司规定的，是全国统一的定价，您先请坐下，慢慢看一下，好吗？

假如客人仍抱着能便宜的希望，犹豫不决。

A．主动向客人解释我们服务的承诺、我们的优势。例如，拿宣传单向客人解释，用肯定的语气告诉客人，我们销售的手机绝对 100%的原装行货，告诉客人这里买的手机 7 天包退，30 天内包换，一年内全国联网免费保修，终生保养，让客人觉得售后有保障。

B．如果客人选中了某一款手机，我们可以插上卡，教客人调试功能，并说明此机的主要特色，还可以让客人试打，这种做法，让客人感到不买都不好意思。

【案例2】遇上客人买手机还价十分离谱（说我们的货贵）

我们明知客人在说谎，但切不可故意揭穿他。可以引用一些其他牌子相同价格的手机，并解说某一手机外形、功能、质量与其他手机的区别。要耐心且温和地向客人解释：我们的手机包括外壳、主机、电池、耳机等均由某公司直接生产，且如有质量问题，实行国家规定的"三包"政策，也可运用案例一的 A、B 点。

【案例3】顾客为几个人一起时

应付一个客人要坚持一对一的服务。两个店员要有主次之分，不可随便插口。其他人员只能充当助手，协助销售，例如，帮找配件，递交包装盒等。

【案例4】客人太多时

A．不可只顾自己跟前的客人。

B．同时和其他围观的客人打招呼，例如，a．点头微笑说：欢迎光临，有什么可以帮到您。b．说：请随便看看，有什么可以帮到您？

C．如短时间可以搞定的买卖，先搞定。

D．或通知其他店员先招呼。

【案例5】手机颜色缺货或其他产品缺货

A．建议客人看其他颜色或其他型号的手机。

B．如果客人坚持要求缺货的机，我们可以给同型号的但不同颜色的手机代用。前提是：a．从仓库或其他档口确认有客人需要的颜色，最迟第二天能有货。b．讲清楚代用的手机不能弄花，要有盒和全套配置，而且不可超过第二天，并在单上注明换机日期和颜色，避免日后误解。c．留下客人的联系电话，手机一到就通知他。d．叫客人留下订金，尽快提供他所需的手机。

【案例6】销售时遇到客人投诉

A．客人投诉，都是心中有气，我们要态度温和，礼貌地请客人到休闲椅去坐，奉上茶水，平息他的怒气。

B．要细心聆听客人的投诉，了解问题后，尽快给客人解决。

C．对于解决不了的问题，要及时通知零售店相关人员。

【案例7】客人购买手机后（包换期内），回来认为有质量问题

A．先了解情况，后试机，作出判断，是否是顾客心理作用（如手机听筒声音小），尽量说服客人不要换机。

B．如确有质量问题，按公司有关规定去做，让客人满意地离开。

【案例8】同事之间相互密切配合

A．在销售过程中要懂得做戏，让客人得到一种心理上的满足（价格上）。

B．在做销售资料时，要相互配合。

C．当客人处于犹豫不决时，要配合，起到推波助澜的作用。

D．在处理投诉时，要一主一次进行配合，圆满解决问题。

E．当与客人沟通到没有话题时，也要及时给自己台阶下，换另一个员工去跟客人沟通。

【案例9】客人说"告诉我你们经理的电话，这个问题我要跟他亲自谈"

A．"不好意思，我不知道我们经理的电话号码！"（肯定的语气）

B．"您这个问题，我们会让您满意地得到解决，您看这样解决是否满意……"

C．如B方案行不通，则与直属上司联系。

【案例10】当客人投诉我们所售产品的质量有问题

A．"任何产品在批量生产过程中都有一定的次品率，特别是手机，这种高科技、高集成化的商品更是复杂，这也是众厂家为何要在各地都设立维修中心的原因所在。"

B．"由此给您带来的不便和烦恼我们深表歉意（如有必要可以送一个礼品给他）。"

【案例11】当顾客只是来随便参观或咨询一些问题时

A．不能有冷落客人的感觉，做到来者都是客，进门三分亲，我们同样要热情招待。

B．主动向客人介绍公司的优势资源或促销活动，推销我们优质的服务，让顾客感觉买不买东西都是一个样。

C．派送一些资料给客人带走，让他帮我们做广告宣传。例如，有什么事情，请拨打我们的热线电话，或浏览我们的网站。

【案例 12】当遇到很不讲道理的客人时

A．不能跟顾客争吵，记住：客人永远是对的。

B．依然耐心热情向客人解释，尽量与顾客多沟通。

C．特殊事情，特殊处理，及时向上一级反映问题。

【案例 13】送别客人

A．要更热情地感谢顾客对我们的信任和支持。

B．目送顾客离开。

C．如有条件亦可送顾客出店，挥手告别。

D．对尚有犹豫之心的客人，应补充一些话，以增强他的信心，例如说："先生，选中这款，您真有眼光！"

【案例 14】如何处理突发事件

我们经常会在工作中遇上突发事件，顾客无论是表达不满还是要求退货，在弄清顾客的来意后，一定要将顾客带离售点。有时顾客不一定正确，但我们必须用友好的态度对待顾客，认真听取顾客的抱怨并与之商谈，作出正确的判断并查明原因，及时向顾客道歉。对出现的问题要尽快解决，不要推延和敷衍了事。处理突发事件具体分为四个步骤。

A．舒缓气氛和平息怒火。（例句：真对不起，请您讲一下具体情况好吗？）

B．倾听意见和抱怨。（例句：真不好意思，耽搁您的时间了。）

C．为解决问题争取时间。（例句：这样，您先喝杯水，我马上来处理好吗？）

D．给予实质性承诺和答复。（例句：这事我们在 24 小时之内一定给您处理好吗？）

4．现场导购经典案例

做好人员推广的关键点具体如下。

（1）导购员本身对产品知识和卖点的把握。导购员只有在对产品了如指掌的情况下，才能更好地为消费者服务，促使消费者产生购买行为。

（2）导购员本身的导购技能。这里没有讲技巧，因为技巧有投机取巧的意味。作为导购员，永远都是离顾客最近的。在导购实践中我们发现，销售业绩最好的导购员并非是那些最能"侃"的导购员，一些淳朴但敏锐的导购员其导购效果反而更好。因为这些导购员更能把握消费者内心的真实想法，更能通过相同心理促使顾客作出消费决策。

【案例 1】

一男顾客走进某店面。

导购员：你好，欢迎光临联想手机专柜！

顾客在柜台内无目的地走动，导购员已经拿了一款联想 I807 在手上。

导购员：请问您想看什么功能和价位的手机呢？可以看下我们联想的"粉"时尚手机 I807，可以送您三种彩壳，可随心更换手机外壳。

顾客：我想看飞利浦的手机，有 MP3 功能的。请问你们飞利浦手机在哪？

导购员：您想看飞利浦的什么型号？我可以帮您介绍一下！

顾客：飞利浦 9@9。

导购员：这款式现在我们店里没有现货了。不过这里有模型，您可以看下款式，（拿出联想 P706 模型）并且我们这里也有一款和这款式差不多，还可超长待机 15 天，原装就有两电两充配置，这样也相当于可以待机一个月了。

顾客接过模型仔细观察，导购员马上从柜台下面拿出 P706 真机。

点评：导购员在回答顾客疑问的同时，要迅速切换到自己所推销的手机的主题上。这个导购员就很聪明，通过类似的机模切入，引起了顾客的注意（Attention）。

顾客：款式是差不多。但这个品牌我没用过，我之前用过那款还不错，可惜前两天坐车时没注意被小偷偷了。那款就是电池很耐用，我用习惯了。

导购员：这款也是我们的国际化品牌联想手机。它有不锈钢的机身外壳，不仅耐磨耐用，还可以在上面雕刻自己喜欢的相片、文字和图片。这款手机很符合您的气质，联想也是国内首家给顾客提供这种个性化服务的厂家（装电池，开机），刚刚还有一个老板买了一部呢。您可以试一下，操作一下，您会发现与您之前那款操作起来是不一样的。

顾客接过手机拿在手中开始操作起来，并打开了 MP3 播放着。

点评：这段话语主要是引起了顾客兴趣（Interest）并激发了顾客购买的欲望（Desire）。如何做到的？还是使用了 FABE 中的方法。首先表明特点（F）——"国际化品牌、不锈钢外壳"，然后是优势（A）——后盖"不仅耐磨耐用，还可以在上面雕刻"，接着是利益（B）——"这款手机很符合您的气质"，最后是证据（E）"刚刚还有一位老板买了一部呢"。

导购员：怎么样？先生，是不一样吧？联想的手机在操作方面是很快捷和方便的。这比您之前用的那款肯定操作要容易得多。您是用之前那款手机习惯了才会说它好的。用习惯了这款之后您就会爱不释手哦。听听看，它还支持 MP3、MP4，您购买时随机还会送给您一张 128M 的内存卡，这样的话我马上可以免费帮您下载几十首歌。

顾客：在哪下载啊？我要下载那首《一万个伤心的理由》。

导购员：好啊。那我现在帮您下载在上面好吗？我们的电脑上还有很多的流行歌曲，像现在很多人都喜欢听的《两只蝴蝶》。

顾客：等下，我还想再看看。

导购员：是不是和您之前那款操作起来不一样啊？来，我操作给您看！其实每款手机的操作都大同小异。您只要用两三天就习惯了。我们店长也是用的这款。刚买他也是不会用，但现在用得很熟了，有时早会上他还给我们培训呢。

顾客：是吗？

导购员：当然！要不要我叫他来用给您看？（抬头四处张望了一下）哦；他今天好像上晚班。下次您不会用了就过来，我不在的时候也可以问他或我们店里的任何其他员工，他们都会的。不过我相信这款您用起来绝对没问题。

顾客：可是我没用过联想手机，不知道质量怎么样啊？

导购员：先生，这个您放心，我们是正规手机店，开有正规发票给您。并且联想质量相当稳定，您看我们老大都用这款，您还有什么可以犹豫的呢？凭保修卡和发票到全国外省外地都可享受免费保修，都有正规国家"三包"给您保障的。这款式、价格也很实惠，现在购买我们还送给您一个小礼品，（拿出礼品）您看。

顾客：恩，是很合算。不过我再考虑考虑。

导购员：要不您可以放上您的电话卡打个电话试下？

顾客点头，拿出卡来装上。刚好有电话打进来。

顾客：喂，您好！哦，是你啊。我这手机声音怎么样啊？还可以啊？好，行！那先这样，再见。

顾客：请问可以帮我下载多一点吗？

导购员：当然可以！（拿出数据线连上电脑一边下载）请问您是付现金还是刷卡呢？（开单）

点评：千万不要说"是不是现在就买单呢？"这里实际上是 AIDA 中的 A，即行动。

顾客：现金。

导购员：请在那边开发票。您回来时我也帮您下载好了。

总结：就这样，导购员通过话语技巧，把原本打算购买飞利浦的顾客转变为联想的顾客，并在顾客犹豫不决的情况下成交。

【案例2】

顾客走到联想专柜，指着 I720 说：小姐，麻烦拿这款看看。

驻店员：好的。这是我们联想的音乐手机，MP3 效果非常好，还有七彩闪灯的。给您拿款真机感受一下好吗？

顾客：好的。

驻店员：请稍等。（去仓库领机时发现只有最后一台白色）

把手机拿过来后打开真机演示着 MP3 和拍照功能。顾客接过手机操作起来。

顾客：声音还不错，有其他颜色吗？

驻店员：请问您是自己用还是送人呢？我们这款式现在是主打畅销机型来的。您看您一眼就瞧中了。

顾客：我自己用的。手机款式我很喜欢，但我不喜欢白色，其他有什么颜色呢？

驻店员（拿出黑色机模）：还有这个颜色。

顾客：嗯！这颜色我喜欢，不容易脏。

驻店员：哦！原来您喜欢耐脏一点的手机。其实我们联想手机有很多其他款式深颜色的。但我们这款音乐手机都是以白色比较畅销。您瞧！播放 MP3 时这炫彩灯光配上这白色才能显示出它的与众不同。

顾客：是，但我是个大懒人，你还是帮我拿台黑色的吧。

驻店员：好！那您先看一下。（去仓库领了一台 I750 出来）

驻店员：先生，我们那款现在只销售那种畅销颜色的，要是您一定喜欢黑色的话可以看下我们这款超人手机 I750，它不仅支持 MP3，还支持 MP4 和 MP5，您知道吗？就是说您拍的录像可以传到电视上去，这样的话就等于自己都可以上电视了。（边演示）看，效果不错吧！

顾客接过手机仔细观察着。

驻店员：这款式比您刚看的那款性价比更高。您看，我们还随机送您 128M 内存卡，很多首流行歌曲在手机上，在您休闲娱乐的时刻可以听听音乐，可以下载，要是不够用的话还可以扩展到两千多兆，之前您看的这款就机身 64M，款式又差不多，而且现在优惠价仅售999，独家优惠的，颜色也是您喜欢的。

顾客：那是很划算哦！那我更喜欢这款了。

总结：顾客本来直接就看中我们联想 i720 的，但因颜色不全，我们的驻店员还是巧妙地把它转成了价格相近、性价比更高的 I750，这样不仅没有跑单，还使顾客满意而归。

【案例 3】

驻店员看到一女顾客走进来，路过联想柜台时，马上拿出主推机型 I807 的演示机打招呼。

驻店员：小姐您好！可以了解一下我们联想粉时尚手机，这是可以换彩壳的手写大屏幕手机哦。

顾客（停下脚步，拿着手机仔细地看了一下）：我看看。

驻店员：您看今天您这身衣服配上这颜色的手机再靓丽不过了。

顾客：还有什么功能？

驻店员：支持 MP3，MP4，坐车的时候还可以听收音机。并且我们这款还有前卫功能）——蓝牙。

顾客一边操作一边听着 MP3，但始终没有明显购买欲望。

驻店员：小姐，这款式到时还可以和你男朋友一起换着用哦！

顾客：我今天主要是过来看看款式的，我男朋友有手机。

驻店员：那您觉得这款式怎么样呢？这是今年我们的流行畅销款式，主流功能都有的。出门的站台还有外面的报纸上面都是我们这款机型的广告，要是您马上拥有那该多好。并且今天我们这款式是最后一天优惠，给您 9.8 折。

顾客：是吗？可是我今天都没带钱，再说我要拿给我男朋友看看，让他给我点建议。

驻店员：哦，这个没关系啊！我们为您提供了银联刷卡服务，不会扣您一分钱的手续费的。手机是给您自己买，对吧？要是这样的话我建议只要您喜欢就定下来，到时给你男朋友一个惊喜，还可以和他换着用两天。

顾客（考虑了一下）：好建议！到时回去报销。

总结：无心买手机的顾客在我们驻店员的"软磨硬泡"下最后达成交易。

二、销售促进

销售促进主要分为终端激励、现场推广活动、买赠等形式。

1. 终端激励

终端激励主要是指针对终端零售店而制定的销售激励活动。根据零售店性质的不同，激励对象可能是店主、店长、营业员等。

（1）针对个体老板的激励。对于个体老板店来说，同样的推广投入可能对店主的激励效果会更好。因为规模不大的老板店，其管理比较集权，在有销售激励的情况下，店主会通过自身的影响力促使零售店主推某款产品，从而促进该产品的销量。

（2）针对店长的激励。大型连锁或者商场，基本上采用职业经理人管理的方式，老板对具体销售管得不会太多。故此时对店长的激励反而更能起到效果。

（3）针对营业员的激励。营业员也是终端销售一股不可忽视的力量。营业员属于零售店自身员工，一般来说还肩负着导购员管理的职责。如果能发挥营业员的销售力量，除了能够主推该品牌的产品外，对其他品牌的终端销售上也存在阻击的作用。此消彼长，便会提高导购品牌的市场占有率。

【案例】关于重点省份零售终端支持方案

公司本着支持鼓励零售终端建设、推动零售终端销量的原则，对我公司核心合作伙伴制定如下终端支持方案。

（1）本方案考核周期为一个月，考核点为省级经销商经销区域的零售终端月合计量，支持方式为现金奖励。

（2）方案。当省级经销商月终端零售量合计达到公司本月终端销量任务时（具体任务数量由公司销售计划部每月下达计划指标，其中，零售终端销售数量参考软件系统数据）：

产品月终端零售量合计=Σ各机型终端零售数量×产品系数

则

支持奖励金额=（Σ各机型月提货量×产品系数）×
（实际终端销售合计/月终端销量任务）×100%×10元/台

其中，产品系数由公司销售计划部根据每月产品销售状况制定并下发。

【案例】

对某省区域，公司销售计划部下达 6 月份终端零售任务为 3500 台，公司共有 7 种产品，产品系数、月终端销量合计及提货量合计如表6-8所示。

表6-8　　　　　　　　　　　　　公司销售情况

产品型号 类别	A	B	C	D	E	F	G
系数	1.5	1.2	1.0	1.0	0.8	0.5	0.5
本季终端销量合计（台）	700	600	800	600	600	1200	1300
本月提货量（台）	1000	1000	600	1000	800	2000	2100

月终端零售量合计=700×1.5+600×1.2+800×1.0+600×1.0+600×0.8+1200×0.5+1300×0.5=4900（台）>任务量 3500 台

则：公司支持金额=(1000×1.5+1000×1.2+600×1.0+1000×1.0+800×0.8+2000×0.5+2100×0.5)×(4900/3500)×100%×10 元/台 = (1500+1200+600+1000+640+ 1000+1050)×140%×10 元/台=97860（元）

（4）希望我公司核心合作伙伴根据本区域状况，合理地进行终端建设，并将公司支持全力用在终端建设上，形成良性循环，为长远合作打下坚实基础。

2. 现场推广活动

现场推广活动主要是指通过路演、户外宣传、抽奖等一系列活动积累人气，促使消费者关注该品牌，从而增加销售机会。现场推广活动的要点在于如下。

（1）活动目的要明确，提前设定期望的目标销量，活动后进行检查总结。

（2）活动形式要新颖，能够吸引人气，带动消费者的关注。

（3）活动组织要得力，要提前安排好场地、协议，以避免意外因素导致活动不能正常举行。

3．买赠

买赠活动也是现场推广活动的重要内容，主要是通过额外赠品，促使消费者作出购买决策，从而促进终端销售。

在手机销售实际案例中，买赠的案例层出不穷。比较常见的赠品有太阳镜、台历、水壶、冰壶、茶具、毛公仔、坐垫等。为了取得比较好的买赠效果，对赠品的选择和使用是有一定讲究的，如果赠品选择不恰当，反而有可能引起消费者的反感，从而影响销售工作的开展，以致变成费力不讨好的事情。

在实际操作中，总结出以下三大原则，作为赠品选择的依据。

（1）价值匹配化原则。所使用的赠品和你的产品本身要起到门当户对的效果。消费者买高端商务手机，如果赠品是一支圆珠笔，会让消费者觉得受到了戏弄，但如果是一支包装精美、比较高档的签字笔或者真皮名片夹，消费者的感受可能会有所不同。

（2）价格模糊化原则。对于高端消费者的赠品要尽可能的精致小巧，感觉比较上档次，可以让消费者去炫耀一下或者至少会感觉到比较有面子。至于低端产品的消费者，他们讲究的是实惠，所以赠品最好能够比较大，一方面容易形成堆头、增强卖场的氛围；另一方面可以让消费者感觉得到了好处。例如，充气枕、大的毛公仔、大水壶之类的。

（3）期望提升化原则。其实消费者是否满意，主要取决于自己的预期和实际的感受之间的比较。如果导购赠品感觉上物超所值，则会提升消费者的整体满意度，尤其是通过导购品增加了顾客让渡价值，自然促使消费者尽快作出购买决定。

销售促进讲究售点人员、氛围营造、现场活动的配合互动。在售点备货完成、销售目标明确、物料准备齐全以及现场执行到位的情况下，是可以取得相应的销售效果的。下面以"五一节"为例，看看各厂家的销售促进活动。

【案例】

主题：动感 NOKIA 购物节
内容：4 月 18 日至 5 月 31 日
买 N9 送名牌拉杆包；
买 x6 送时尚运动腰包；
买 6220c 送黑眼睛城市布包；
买 6208c 送派丽蒙太阳眼镜；
买 5320 送吉列威锋剃须刀套装；
凡购买 NOKIA 手机任何一款产品，除获赠礼品以外，均可获得刮刮卡一张。
一等奖：每千人一名，奖品为大屏幕液晶电视；二等奖：每千人两名，奖品为高档音响；三等奖：每千人十名，奖品为 DVD 播放机。
点评：NOKIA 这个促销方案以买赠为主，赠品丰富多彩，可以起到吸引消费者的效果。另外抽奖活动可以较好地激发受众的参与热情。

三、广告媒介

广告媒介推广一般适用于品牌手机厂家层面，基层的业务人员会有接触，但基本上属于认知范畴，即对公司产品所刊登的广告或媒介活动有基本的认知和判断。广告媒介推广大致分为以下四个层面。

（1）硬广告宣传。硬广告是企业发布的硬性广告，一般是在杂志和报纸上通过彩色或黑白的广告形式对产品或活动进行传播。硬广告由于形象生动、冲击力强，得到企业和消费者一定程度的接受。

（2）软文宣传。软文宣传是营销中常见的形式，随着消费者对"王婆卖瓜"式的广告越来越反感，运用软性的文章来宣传企业产品的方式逐渐被消费者所接受，并且软文宣传由于价格低廉、传播广泛也得到了企业的青睐。这也是软文的价值所在。软文常见的形态包括报纸软文和杂志软文。

（3）电视电台广告。电视、电台广告由于受众面广、传播力度强，被企业广泛采用。其缺点是成本高，要求企业产品的毛利足够支撑。

（4）户外发布。在手机行业中还存在户外发布的推广形式。包括门头、灯箱、吊顶等一系列可以发布企业形象和产品的空间。

四、终端建设

终端除了是销售的前沿阵地外，还肩负着很重要的工作：它是公司形象的窗口。经常有消费者是到了零售店，感受到某品牌的终端氛围以后才认识了这个品牌并作出购买决定的。

终端对于推广来说也有不同的形式和价值。

（1）在品牌形象方面：形象店、大型背景墙之类的终端宣传都对品牌宣传存在正向引导作用。

（2）在产品形象方面：单张、折页、海报、POP、包装盒都是公司宣传的载体。

终端推广是销售的临门一脚，在终端销售方面起着非常重要的作用。终端形象的包装应该是立体化，"从天到地"的。终端建设布局图提示了终端建设所应该关注的方面（见图6-3）。

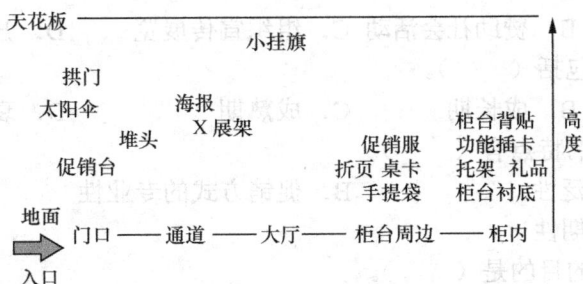

图6-3　终端建设布局图

五、公共关系

良好的公共关系是推广的重要部分。在手机零售终端实践中，需要协调好和社会职能部门以及上下游的渠道客户等各个层面的关系。这样才能有效避免突发事件，为销售创造良好的氛围。公共关系也包含客情关系的范畴，即和大连锁、运营商、重要客户之间的客情拜访与沟通。必要时需要支出一定的费用。

过关训练

一、简答题

1. 促销是什么？促销和营销的区别是什么？
2. 促销的重要性包括什么内容？
3. 促销的步骤是什么？
4. 促进销售的方式分为哪两大类？请详细说明。
5. 广告的定义是什么？进行广告促销的步骤是什么？
6. 推销员的任务是什么？
7. 推销员的仪表应该注意哪些？
8. 什么是公共关系？
9. 公关促销对企业营销方面的意义表现在哪些方面？
10. 什么是直接营销？
11. 怎样进行价格促销？
12. 电信企业促销的方法有哪些？
13. 怎样进行电信推销人员的管理？

二、不定项选择题

1. 针对消费者的销售促进方法有（　　　）。

A. 赠券　　　　　B. 购买奖励　　　C. 消费者竞赛和抽彩　D. 分发免费样品

E. 广告礼品

2. 针对中间商的销售促进方法有（　　　）。

A. 订货奖励　　　B. 推销奖金　　　C. 销售竞赛　　　　　D. 免费供应或提供资助

E. 分担广告费用

3. 公共关系的形式有（　　　）。

A. 宣传报道　　　B. 赞助社会活动　C. 组织宣传展览　　　D. 开展主题活动

4. 产品生命周期包括（　　　）。

A. 投入期　　　　B. 成长期　　　　C. 成熟期　　　　　　D. 衰退期

5. 电信企业促销的特点有（　　　）。

A. 促销过程的广泛性　　　　　　　B. 促销方式的专业性

C. 促销周期的长期性

6. 电信企业促销的目的是（　　　）。

A. 传递信息，沟通产需　　　　　　B. 挖掘潜力，创造需求

C. 宣传产品，树立企业形象　　　　D. 增强信誉，扩大市场份额

7. 手机行业的促销，从厂家角度来说总体上分为（　　　）。

A. 人员促销　　　B. 销售促进　　　C. 广告媒介　　　　　D. 终端建设

E. 公共关系

8. FABE 推销法通过（　　　）四个关键环节处理好了顾客关心的问题。

A. Feature（特征）　　　　　　　　B. Advantage（优势）

C. Benefit（利益）　　　　　　　　D. Evidence（证据）

9. 销售促进主要分为（　　）等形式。

A．终端激励　　　B．现场推广活动　C．买赠　　　　　D．广告礼品

10．手机推销时，对价格的异议可以采用（　　）等方法。

A．利益化解法　B．回避法　　　C．强调优点法　　　D．优势比较法

三、分析与讨论题

1．AIDA 模式中，怎样把握接近顾客的时机？怎样去接近顾客？怎样运用 AIDA 实现有效营销？

四、实训操作题

手机现场导购现场模拟实训

1．受训者 4 人一组，采取自由组合方式形成，每组设组长 1 名。

2．在规定的时间内完成"现场导购经典案例 1"的现场模拟，每个小组的角色进行互换。

3．指导老师组织受训者就模拟情况进行讨论，形成基本判断。

4．评分标准：小组完成现场模拟的表现（60%）；

小组成员的团队合作表现（40%）。

参 考 文 献

[1] [美]菲利普．科特勒．营销管理（第十三版）．王永贵译．北京：格致出版社，2009．

[2] 杨瑞桢，黄传武．电信市场营销基本理论与实务．北京：北京邮电大学出版社，2003．

[3] 中国邮电电信总局．电信市场与营销．北京：人民邮电出版社，1999．

[4] 唐守廉．电信服务质量与服务营销．北京：人民邮电出版社，2000．

[5] 肖金学．电信企业营销管理．北京：人民邮电出版社，2001．

[6] 刘立．电信市场营销．北京：人民邮电出版社，2003．

[7] 匡斌．电信营销——案例精选．北京：北京邮电大学出版社，2005．

[8] 郑锐洪．营销渠道管理．北京：机械工业出版社，2012．

[9] 李霓虹．电信市场营销（第 2 版）．北京：人民邮电出版社，2011．

[10] 通信行业职业技能鉴定指导中心．电信业务师/高级电信业务师．北京：北京邮电大学出版社，2008．

[11] 龚兵．中国手机市场营销攻略．北京：中国经济出版社，2009．

[12] 易淼清．销售渠道与终端管理．北京：清华大学出版社，2010．

[13] 杨瑞桢．通信企业市场营销．北京：人民邮电出版社，2009．

[14] 郭国庆．市场营销学通论（第四版）．北京：中国人民大学出版社，2009．

[15] 吴建安．市场营销学（第四版）．北京：清华大学出版社，2010．

[16] 王方华，黄沛．市场营销管理．上海：上海交通大学出版社，2003．

[17] 吕一林．现代市场营销学（第三版）．北京：清华大学出版社，2004．

[18] 梁惠琼，余远坤．市场营销．北京：清华大学出版社，2010．

[19] 徐鼎亚．市场营销学．上海：复旦大学出版社，2004．

[20] 张晓堂．市场营销学．北京：中国人民大学出版社，2003．

[21] 胥学跃．现代市场营销（第二版）．成都：四川大学出版社，2005．

[22] 叶万春．服务营销学．北京：中国人民大学出版社，2003．

[23] 涟漪．市场营销管理．北京：国防工业出版社，2004．

[24] 付彦．实战市场营销（第二版）．北京：企业管理出版社，2003．

[25] 王国才，等．营销渠道．北京：清华大学出版社，2007．

[26] 庄贵军，等．营销渠道管理．北京：北京大学出版社，2008．

[27] 常永胜．营销渠道:理论与实务．北京：电子工业出版社，2009．

[28] 郑锐洪．分销渠道管理（第 2 版）．大连：大连理工大学出版社，2010．

[29] 郑锐洪．推销学．北京：中国人民大学出版社，2011．

[30] 郭国庆．市场营销学概论．北京：高等教育出版社，2008．